铁路工程设计技术手册

铁路运量

中国中铁二院工程集团有限责任公司　主编

中国铁道出版社

2010年·北京

内 容 简 介

本手册是“铁路工程设计技术手册”丛书之一，全书共分九章。主要内容包括规定与要求，基础资料调查，运量预测方法和模型，客、货运量设计，运量规划，客、货运主要设施，货运量计算的主要参数，参考资料。

本书可供铁路运量和行车组织设计技术人员使用，也可供铁路施工、运营管理人员和大专院校师生参考使用。

图书在版编目(CIP)数据

中国工程设计技术手册. 铁路运量 /中国中铁二院工程集团有限责任公司主编. —北京：中国铁道出版社，2010.1

(铁路工程设计技术手册)

ISBN 978-7-113-10796-3

Ⅰ.①中… Ⅱ.①中… Ⅲ.①铁路工程-工程设计-技术手册②铁路运输-运输量-技术手册 Ⅳ.①U2-62

中国版本图书馆 CIP 数据核字(2010)第 013900 号

书　　名： 铁路工程设计技术手册
铁 路 运 量

作　　者： 中国中铁二院工程集团有限责任公司　主编

责任编辑： 王　健　　**电话：** 010-51873314

封面设计： 郑春鹏

责任校对： 张玉华

责任印制： 陆　宁

出版发行： 中国铁道出版社（100054，北京市宣武区右安门西街 8 号）

网　　址： http：//www. tdpress. com

印　　刷： 北京华正印刷有限公司

版　　次： 2010 年 2 月第 1 版　　2010 年 2 月第 1 次印刷

开　　本： 787mm×1092mm　1/16　印张：20.25　字数：511 千

印　　数： 1～4000 册

书　　号： ISBN 978-7-113-10796-3

定　　价： 35.00 元

前言 Preface

《铁路工程设计技术手册·铁路运量与行车组织》是由铁道部 1988 年组织铁道部第一、二、三、四勘察设计院和铁道部经济规划研究院的运量规划专业设计人员共同编制的，于 1992 年首次出版发行。使用十多年来取得了很好的效果，主要表现在统一标准、保证质量、提高效率等方面。随着时间的推移，实际应用过程中也发现手册中的一些内容有些陈旧，急需更新和调整完善。为此，铁道部建设管理司要求对该手册进行修编，经过编写组成员的共同努力，修编工作得以顺利完成。

本次修编以建设又好又快铁路为指导，贯彻“以人为本”的设计理念，主要修编内容如下：

1. 将“铁路运量与行车组织”两部分分别组织修编，各自单独出版。

2. 对章节进行了调整。由于运量规划越来越重要，为此增加“铁路客货运量规划”章节；因铁道部已单独出版“铁路建设项目经济评价办法”，因此本手册取消“经济评价”章节。

3. 第一章“规定与要求”按铁建设[2007]152 号文修改，增加《中长期铁路网规划(2008 年调整)》等内容。

4. 第二章名称修改为“基础资料调查”，增加 OD 调查和意向调查等内容。

5. 第三章“运量预测方法和模型”对当前铁路运量预测方法和模型进行重新组织分类，增加国际通用的“四阶段法”等内容。

6. 第四章“客运量设计”增加客运专线和城际客运铁路的客运量设计以及“MD 模型”等内容。

7. 第五章“货运量设计”增加枢纽(地区)货流设计等内容。

8. 原第五章“货运量设计”第四节“路网货流规划方法”提升为第六章“铁路客货运量规划”，加强铁路网客货运量规划方法和内容。

9. 原第七章“经济评价”取消，原第六章“客货运主要设施”调整为第七章。

10. 对第八章“货运量计算的主要参数”的主要参数和第九章“综合运输及经济参考资料”的参考资料进行更新和修改完善。

本手册修编中，铁二院为主编单位并负责第一、三、九章修编工作，第二、八章由铁一院负责修编，第四章由铁三院负责修编，第五、七章由铁四院负责修编，第六章由经规院和铁三院共同负责修编。主要编写人员有张小强（主编）、石群、刘殿胜、南敬林、钟绍林、王杰、何永占、陈章明、邓健儿、金琰、洪国熙、欧阳琼、范光明、陈荣湘等；原主编王国生参与了全稿的审阅工作。此外，姚鸣、陈德志、王贵平、樊跃生、顾国林、仇智勇、任利嘉、杨梅、陈健、陈诗明、邓敬春等也做了很多工作。

本手册修编过程中，铁道部建设管理司、发展计划司、经济规划研究院和各设计院领导给予了大力支持，提供了宝贵的意见，在此一并表示感谢。

由于编者水平有限，不妥之处欢迎广大读者批评指正。

目录 Contents

第一章 规定与要求

第一节 规定与依据

一、规范及部文有关规定

(一)研究年度、设计年度、规划年度

1. 研究年度

根据铁建设[2007] 152 号文,铁路建设项目预可行性研究、可行性研究采用研究年度,研究年度按国家 5 年计划拟定,分近期和远期。

2. 设计年度

根据铁建设[2003] 76 号文,铁路建设项目初步设计采用设计年度,分近期和远期。近期为交付运营后第 10 年,远期为交付运营后 20 年。

3. 规划年度

根据铁建设[1999] 398 号文,铁路枢纽(地区)总图规划文件采用的规划年度为 2020 年,并进行远景(2050 年)展望。

(二)铁路等级

结合我国的国情和路情以及未来铁路的发展,将我国铁路分为 3 类 8 级。即铁路的分类和等级,应根据其运输功能及其在铁路网中的作用、性质、设计行车速度或牵引质量以及客货运量确定:

1. 客运专线铁路

指专门(或主要)用于旅客运输的铁路。根据其在铁路网中的作用、性质、设计行车速度和客运量确定客运专线铁路的等级。其铁路等级应符合下列规定:

Ⅰ级:在客运专线网中起骨干作用,或最高设计行车速度为 250 km/h 及以上的客运专线铁路。Ⅰ级客运专线铁路即为高速铁路。

Ⅱ级:在客运专线网中起联络、辅助作用,为区域或地区服务且最高设计行车速度不高于 250 km/h 的客运专线铁路。

2. 客货共线铁路

指同时用于旅客运输和货物运输的客、货列车共线运行的铁路。根据其在铁路网中的作用、性质、旅客列车设计行车速度和客货运量确定客货共线铁路的等级。其铁路等级应符合下列规定：

Ⅰ级：铁路网中起骨干作用的铁路，近期年客货运量大于或等于 20 Mt，旅客列车最高设计行车速度宜为 160 km/h 及以上但不大于 250 km/h 者。

Ⅱ级：铁路网中起联络、辅助作用的铁路，近期年客货运量小于 20 Mt 且大于或等于 10 Mt 或者远期年客货运量大于或等于 10 Mt，旅客列车设计行车速度应为 120 km/h 及以上但不宜大于 160 km/h。

Ⅲ级：为某一区域或大型工矿企业服务的铁路，或近期年客货运量小于 10 Mt 且大于或等于 5 Mt 者，其设计行车速度不宜低于 100 km/h。

Ⅳ级：为某一地区或企业服务的铁路，或近期年客货运量小于 5 Mt 者，其设计行车速度不宜低于 80 km/h。

注：年客货运量为重车方向的货运量与由客车对数折算的货运量之和。1 对/d 旅客列车按 1.0 Mt 年货运量折算。

3. 货运专线铁路

指专门(或主要)用于货物运输的铁路。根据货运专线铁路在铁路网中的作用、性质、牵引质量以及货运量确定货运专线铁路的等级。其铁路等级应符合下列规定：

Ⅰ级：近期年货运量大于或等于 30 Mt，或实行重载运输的货运专线铁路；

Ⅱ级：近期年货运量小于 30 Mt，列车牵引质量不大于 4000t 的货运专线铁路。

(三)铁路建设项目研究设计阶段、文件主要内容与深度

根据铁建设[2007] 152 号文，铁路大中型建设项目的决策阶段应进行预可行性研究和可行性研究，在项目实施阶段开展初步设计和施工图。小型项目或工程建议的项目可适当简化，在决策阶段开展可行性研究，实施阶段开展施工图，其文件内容和深度应满足项目决策及实施的要求。

1. 预可行性研究

预可行性研究文件是项目立项的依据，根据国家批准的铁路中长期规划，收集相关资料，经社会、经济、运量调查及现场踏勘后编制。其内容和深度主要包括：客货运量预测；系统研究项目在路网、综合交通运输体系及社会经济发展中的作用；提出线路起讫点及线路走向方案和建设规模(改建铁路则应针对其运能与运量不相适应的薄弱环节拟定改建初步方案。铁路枢纽则应结合总图规划拟定研究年度的建设方案。铁路特大桥则应结合工程地质、水文条件、线路方案初拟桥址方案和桥式方案)；初步提出铁路主要技术标准、各项主要技术设备设计原则及主要工程内容；对主要工程、相关工程、外部环境(包括邻近或穿越特殊环境功能区)、土地利用、协作条件作初步分析；提出建设工期、投资预估算及资金

筹措设想；进行经济初步评价；从宏观上分析对各种保护区、集中噪声敏感区和社会环境的影响；论证项目建设的必要性、可行性。

2. 可行性研究

可行性研究文件是项目决策的依据，根据国家批准的铁路中长期规划或项目建议书，进行社会、经济和运量调查，综合考虑运输能力和运输质量，从技术、经济、环保、节能、土地利用等方面进行全面深入的论证，采用初测资料进行基础性设计。其内容和深度主要包括：落实各研究年度的客货运量；确定铁路主要技术标准，稳定建设方案（包括邻近或穿越特殊环境功能区的线路方案）和主要技术设备的设计原则（改建铁路应解决扩能方案及重大施工过渡方案，铁路枢纽则应解决主要站段方案和规模、枢纽内线路方案及其铁路主要技术标准、重大施工过渡方案，铁路特大桥则应解决桥址方案，初步拟定桥式方案）；提出主要工程数量、主要设备概数、主要材料概数、拆迁概数、用地概数、施工组织方案、建设工期、投资估算、资金筹措方案；提出满足项目用地预审要求的土地利用资料；提出建设及运营管理体制的建议；阐明对环境与水土保持的影响和防治的初步方案，以及节约能源的措施；进行财务评价和国民经济评价；论证建设项目的可行性。

可行性研究的工程数量和投资估算要有较高的准确度，环境保护、水土保持和土地利用的设计工作，应达到规定的深度。

国家或铁道部批复的可行性研究报告是建设项目规模和投资控制的依据，批准的投资估算是建设项目投资控制的法定限额。

3. 初步设计

初步设计文件是项目建设的主要依据，应根据批准的可行性研究报告进行现场调查，对局部方案进行比选，采用定测资料，依据批准的环境影响报告书、水土保持方案、地质灾害危险性评估、压覆矿产资源评估、地震安全性评价、防洪影响评价报告及通航论证报告等，进行比较详细的设计。其内容和深度主要包括：确定各项工程设计原则、设计方案和技术问题；提出工程数量、主要设备数量、主要材料数量、用地及拆迁数量、施工组织设计及总概算；确定环境保护和水土保持措施。初步设计文件经审查、修改、批准后，作为控制建设规模和总投资的依据，应满足征用土地、建筑物拆迁、进行施工准备及主要设备采购的需要。

初步设计总概算静态投资不应超过批复的可行性研究静态投资。因主要技术条件和重大工程方案变化等原因，初步设计总概算超过批复的可行性研究投资估算 5%时，应报请铁道部研究确定；初步设计总概算超过批复投资估算 10%时，需重新履行规定审批程序后批准执行。

4. 施工图

施工图是工程实施和验收的依据，应根据初步设计审批意见，采用定测及补充定测资料编制，为施工提供需要的图表和设计说明，并依据施工图工程数量编制投资检算。施工图文件应详细说明施工时应注意的具体事项和要求，说明运营管理中应注意的事项和安全施工的措施。施工图投资检算由建设单位进行审查后，按章节编制施工图预算。施工图总预算原则上应控制在批复的初步设计总概算之内，并报部核算。因特殊情况超出者，须经铁道部批准后方可实施。

5. 铁路枢纽(地区)总图规划

铁路枢纽(含地区)总图规划是铁路规划和城市总体规划的重要组成部分，是铁路枢纽建设的指导性文件，对保证铁路和城市协调发展具有重要意义。为做好铁路枢纽总图规划，配合《铁路基本建设项目预可行性研究、可行性研究和设计文件编制规定》的发布，铁道部的铁计函[1999] 398号文公布了《铁路枢纽(地区)总图规划文件编制规定》，主要内容包括规划原则、运输需求、总图方案和规模、框架结构、主要设施布局以及近期主要工程和投资。

根据铁建设[2007] 152号关于《铁路基本建设项目预可行性研究、可行性研究和设计文件编制办法》，新建铁路、改建铁路、铁路枢纽的预可行性研究、可行性研究、初步设计各阶段经济与运量说明书素材及专册设计文件组成详见本章附件一。

二、铁路网发展规划

铁路网发展规划是铁路建设项目决策研究和设计的重要依据，更是铁路客货运量预测的重要依据，建国以来，我国政府和铁道部曾多次制定了铁路长期规划。为了促进国民经济持续快速增长，落实党的十六大提出的全面建设小康社会总体目标，国家发展和改革委员会于2008年11月14日以发改基础[2008] 2901号文印发《中长期铁路网规划(2008年调整)》，这是我国铁路中长期建设的目标，也是2020年铁路网发展蓝图。《中长期铁路网规划(2008年调整)》确定了扩大规模、完善结构、提高质量、快速扩充运输能力、迅速提高装备水平的铁路网发展目标。规划到2020年，全国铁路营业里程达到12万公里以上，复线率和电化率分别达到50%和60%以上，主要繁忙干线实现客货分线，基本形成布局合理、结构清晰、功能完善、衔接顺畅的铁路网络，运输能力满足国民经济和社会发展需要，主要技术装备达到或接近国际先进水平。

《中长期铁路网规划(2008年调整)》主要内容见本章附件二。

第二节　运量设计的任务与成果

一、各阶段运量设计的任务和作用

（一）预可行性研究

1. 新建铁路

新建铁路预可行性研究运量设计应解决：

（1）从资源开发、经济发展的需要上论证铁路修建的必要性；

（2）从各种运输方式的比较、客货流疏解及在铁路网中的作用上论证铁路修建的必要性；

（3）根据政治、经济和国防的要求及其在路网中的作用，结合经济特征、资源、城镇、工矿企业、交通运输等因素，进行经济选线，提出线路接轨点、走向、应照顾的主要经济据点的意见，为选出合理的线路方案提供经济依据；

（4）预测客货运量，提出线路要求的年输送能力的意见，作为确定铁路等级、主要技术标准的选择、主要设备规模、方案比选和初步经济评价的技术依据。

2. 改建铁路

改建铁路预可行性研究运量设计应解决：

（1）从国民经济发展、客货运量增长的需要上阐明铁路改建的经济意义；

（2）从客货运量增长、运量与运能的适应情况、客货流疏解及在铁路网中的作用，论证铁路改建的必要性；

（3）预测客货运量，提出改建铁路要求的年输送能力的意见，作为改建铁路方案和主要技术标准的选择、主要设备规模和经济评价的技术依据。

3. 新建与改建铁路独立枢纽

新建与改建铁路独立枢纽，预可行性研究运量设计应解决：

（1）从国民经济发展、客货运量增长的需要上阐明新建与改建铁路枢纽的经济意义；

（2）从新线引入、客货运量增长、客货流变化论证新建与改建铁路枢纽的必要性；

（3）预测客货运量，据以确定枢纽规模、枢纽布局及主要客货运站分布、分工、性质。

（二）可行性研究

1. 新建铁路

新建铁路可行性研究运量设计应解决：

(1)从吸引范围内经济概况、新建铁路的经济意义、在路网中的作用,阐明修建的必要性;

(2)预期经济效果,分析、说明新建铁路的合理性;

(3)根据经济特征,结合城镇、工矿企业、资源及交通发展情况等因素,进行经济选线;

(4)落实各设计年度的客货运量和流向,提出下游设计专业所需要的客货运量资料;

(5)结合经济发展和运输分工,提出客货营业站分布意见。

2. 改建铁路

改建铁路可行性研究运量设计应解决:

(1)从国民经济发展、客货运量增长、货流疏解、在路网中的作用、改建铁路的经济意义,阐明改建铁路的必要性;

(2)预期经济效果,分析、说明改建铁路的合理性;

(3)落实各设计年度的客货运量和流向,提出下游设计专业所需要的客货运量资料;

(4)落实车站客货运量,据以确定客货运设备的改(扩)建规模及营业站的开站、迁站和封闭等意见。

3. 新建与改建铁路独立枢纽

新建与改建铁路独立枢纽可行性研究运量设计应解决:

(1)从国民经济发展、新线引入、客货运量增大、在路网中的地位,阐明新建与改建铁路枢纽的经济意义及新建与改建的必要性;

(2)计算地方运量、通过运量,编制货物交流表和旅客列车对数,据以确定编组站分期建设依据;

(3)计算车站客货运量,据以确定客货运设备的改(扩)建规模。

(三)初步设计

新建铁路、改建铁路、新建与改建铁路枢纽初步设计运量设计应解决:

1. 按可行性研究鉴定意见补充或修改设计运量;

2. 进一步核实车站运量;

3. 当可行性研究与初步设计相隔时间较长,经济情况有较大变化时,需按可行性研究内容重新编制设计运量。

二、各阶段运量设计成果资料内容及下游接收专业

各阶段运量设计成果资料内容及下游接收专业见本章附件三。

附件一　经济与运量说明书素材及专册文件组成内容

(一)新建(改建)铁路

Ⅰ. 预可行性研究(全一册)

预可行性研究阶段,运量设计不出专册文件,但需提供相关的文件素材。

第一章　概述

一、研究依据

二、研究范围

三、研究年度(分近、远期,按国家的五年规划年度拟定)

四、研究项目的地理位置和径路

五、研究工作概述(含项目的提出、规划,研究历史,本次研究经过,研究思路及特点)

六、研究的主要内容提要

(一)项目建设必要性

(二)近、远期运量和远景年输送能力的建议

(三)建设方案和线路走向方案的推荐意见

(四)铁路主要技术标准推荐意见

(五)运输组织和运输能力

(六)主要工程数量

(七)预估算总额和资金筹措

(八)经济评价主要指标

(九)研究结论

第二章　区域路网概况

一、区域路网概况

(一)区域路网现状

1. 区域路网构成

2. 区域路网的铁路主要技术标准

3. 区域路网的主要设施布局

4. 区域路网运营概况

(二)区域路网规划

二、既有线概况(改)(客)

(一)修建简历(建设年代以及历次改扩建概况)

(二)铁路主要技术标准

(三)主要技术设备概况

1. 线路、轨道、路基、桥涵、隧道

2. 枢纽(地区)及站场

3. 电气化

4. 机务、车辆、动车组设备

5. 给水排水

6. 通信、信号、信息

7. 电力

8. 房屋建筑

9. 其他

(四)运营特征

1. 客货运量(近几年的区段密度、客车对数及增长趋势)

2. 运输能力和列车运行速度

3. 存在的主要问题和薄弱环节(含现有环境问题)

第三章　经济与运量

一、社会经济特征

(一)研究区域界定

(二)区域社会经济特征(影响区域范围、社会和经济发展、资源分布和开发利用、产业结构特点等)

(三)沿线社会经济概况(沿线吸引范围行政区划、面积、人口;资源利用和开发,工农业现状和发展;主要城镇概况)

二、交通运输结构

(一)区域交通网(包括综合运输网现状和建设规划)

(二)区域交通运输量(社会总运量及各种运输方式合理市场占有份额分析)

(三)沿线交通运输概况

三、区域铁路网运量预测

(一)预测的主要依据(包括路网构成,预测思路及方法,影响运量的主要因素)

(二)区域铁路网运量预测(包括区域总量及流向、径路选择、相关线网运量分布态势)

四、建设项目运量预测

(一)货运量预测(地方运量、通过运量、区段密度,大宗货物品类、流量、流

向）

（二）客运量预测（客流特点、区段密度、客车对数、起讫点及径路，客运专线、城际铁路预测高峰小时区段客流密度）

（三）全线区段货流密度、旅客列车对数汇总表（含上下行，改建铁路附现状资料）

五、远景年输送能力的建议

第四章　建设必要性研究

一、既有能力与预测客货运量适应性情况分析（分析区段能力适应情况、差值和能力不足区间数等）（改）（客）

二、建设项目替代方案可能性研究（研究分析利用或改建既有线分流、修建新线分流以及利用其他交通方式替代的可能性、合理性）

三、项目的功能和定位（根据项目的主要作用和客货运市场研究，提出本项目承担的主要运输任务，分析本项目功能和定位）

四、项目建设必要性（从完善路网布局、国土开发、解决运能紧张、满足运输需求、降低运输成本、节能环保、适应国民经济和社会发展需要以及国家防务等方面分析）

五、建设时机（根据需要和可能，提出项目合理建设的时机或分期建设的意见）

第五章　建设方案研究

一、线路经过地区概况

（一）自然特征（沿线地形、地貌、工程地质、水文地质条件及环境地质评价、气象、水文、风景名胜、自然保护区、基本农田保护区、水源保护区、文物古迹、国家重点保护的野生动植物等现状、规划对线路的影响等）

（二）影响线路走向的重要因素（重要政治经济据点、复杂越岭、大河桥渡、重大不良地质、特殊岩土、矿山、各种保护区、集中噪声敏感区及军事设施等）

二、建设方案研究（客货共线、客运专线、货运专线等及其他方案的比选和推荐意见）

三、线路走向方案研究

（一）接轨点和枢纽（地区）引入方案（含联络线及疏解线）

（二）通过主要城市和经济据点方案

（三）线路走向方案

（四）线路局部方案（包括重大桥渡、越岭隧道方案、邻近或穿越特殊环境功能区方案等）

（五）推荐方案综述（推荐方案的线路起讫点和走向，运营长度、建筑长度，必

要时列出分省、市的长度，重大工程等）

四、分期建设方案意见

第六章　铁路主要技术标准

一、铁路主要技术标准的比选

（一）相邻线主要技术标准（含现状、规划或改建线路标准）

（二）主要技术标准比选

二、铁路主要技术标准的推荐意见

（一）铁路等级

（二）正线数目

（三）设计行车速度

（四）线间距

（五）最小曲线半径

（六）限制坡度或最大坡度

（七）牵引种类

（八）机车类型或动车组类型

（九）牵引质量

（十）到发线有效长度

（十一）闭塞类型或行车指挥方式、列车运行控制方式

（十二）建筑限界

第七章　运输组织

一、车站分布

二、运输组织模式及运营管理方式

三、客货列车开行方案

四、设计的通过能力、输送能力

五、客货运需求的适应性分析

六、设计列车运行速度及客货运市场竞争优势分析

七、进一步提高运输能力的措施

第八章　主要技术设备设计原则和主要工程内容

一、线路、轨道

二、路基、土地利用

三、桥涵、隧道

四、枢纽（地区）及站场

五、电气化

六、机务设备及车辆、动车组设备

七、给水排水

八、通信、信号、信息

九、防灾安全监控

十、电力

十一、综合检测与维修

十二、房屋建筑

十三、环境保护、水土保持

十四、其他

第九章　相关工程及外部协作条件

一、相关工程

二、外部协作条件

第十章　工程实施对环境的影响

阐述工程实施对自然生态、社会人文环境的主要影响及应对措施。当地(省、市级)环(水)保部门的意见及存在的问题

第十一章　建设工期、预估算及资金筹措

一、主要工程数量(含桥隧比重)、控制工程及建设工期

二、预估算

(一)编制范围和单元划分

(二)编制依据

(三)预估算总额及指标

三、资金筹措

第十二章　经济评价

一、基础资料

二、财务评价

三、国民经济评价

四、结论

第十三章　研究结论

综合说明本项目的建设必要性、工程可行性和经济合理性，提出结论性意见。

第十四章　省、市、自治区、军区及有关部门的意见

第十五章　有待进一步解决的问题

附件

一、文件组成、分发单位及份数总表(装订在说明书目录之前)

二、线路技术资料汇总表(装订在线路平纵断面示意图之后)

三、预估算诸表

四、经济评价诸表

五、有关纪要及公文

六、图纸目录

附图

一、线路地理位置图(装订在说明书目录之后)

二、线路平纵断面示意图(标注控制线路走向的主要不良地质和环境敏感区,装订在线路地理位置图之后)

三、线路平纵断面缩图(比例视具体情况选定)

四、线路方案平面图(标注控制线路走向的主要不良地质和环境敏感区),比例1∶10000～1∶50000

五、线路平面图(推荐方案和主要比较方案,标准控制线路走向的主要不良地质和环境敏感区),比例1∶10000～1∶50000

六、线路纵断面图(推荐方案和主要比较方案),比例横1∶10000～1∶50000,竖1∶1000

七、工程地质图,比例1∶50000～1∶200000

八、控制线路走向方案、地质复杂的特大桥、长隧道工程地质平纵断面示意图(装订在说明书正文内)

九、枢纽(地区)总布置示意图和接轨站、区段站及以上大站(含段、所)平面布置示意图(装订在站场正文内)

Ⅱ. 可行性研究 第二篇 经济与运量

说明

一、概述

(一)研究依据、范围及研究年度

(二)预可行性研究(项目建议书)审批意见的主要内容及执行情况

(三)路网构成

(四)远景年输送能力

(五)线路的地理位置及在国民经济与路网中的意义和作用

二、吸引范围内经济概况

(一)吸引范围的确定

(二)行政区划、面积、人口及产值

(三)资源分布及开发情况

(四)工农业现状及发展

(五)交通运输现状及发展

三、货运量

(一)预测方法及依据

(二)改建铁路现状货运量分析(区段货流密度构成的特点，近几年货运量增减趋势及存在的主要问题；客运专线铁路、城际铁路要对既有通道货运量增减趋势进行分析)(改)(客)

(三)地方运量

1. 主要品名和产、运、销分析

2. 主要站货物发到运量说明

(四)通过运量

1. 货流径路的选择

2. 主要品名的构成、流向及大宗货物的分析

(五)区段货流密度(说明地方、直通运量构成的特点及比重，主要货流方向及增长趋势；客运专线铁路、城际铁路预测通道总货运量并进行分析)

(六)货流波动系数

四、客运量

(一)预测方法及依据

(二)客流特点、主要流向及发展趋势的分析

1. 新建铁路(含路网客运量的分流及其他交通工具旅客转移量情况)

2. 改建铁路(含客运量构成的特点、旅客列车对数开行情况，近几年客运量增减的趋势及存在的主要问题)

3. 客运专线(或城际)铁路(含既有通道客运量分析等情况)

(三)主要站(大中城市所在地)旅客发送量及最高聚集人数

(四)客运量预测(说明上、下行客流密度构成的特点及增长情况；客运专线铁路、城际铁路需进行 OD、出行调查、出行分布、交通量分配、全年和最大日及高峰小时区段客流密度等说明)

(五)旅客列车对数及开行方案(含旅客列车种类、起讫点、径路、数量、配属、编组、载客量及行包专列对数等)

五、全线区段货流密度、旅客列车对数汇总表(含上下行，改建铁路附现状资料)

六、运量预测中不确定因素的分析

七、有待进一步解决的问题

附件

一、大宗货物始发终到表

二、分站货物发到运量表

三、分站仓库运量及面积表

四、分站专用线发到运量表

五、分站旅客发送量和最高聚集人数表

六、各研究年度旅客列车对数及径路表

七、枢纽货物交流表(不单独编制铁路枢纽设计文件时附)

注:以上各项,改建铁路应附近两年实际统计资料。

八、图纸目录

附图

货流图(含主要品名,改建铁路应附实际货流图)

Ⅲ. 初步设计 第二篇 经济与运量

说明

一、概述

(一)设计依据、范围及设计年度

(二)可行性研究审批意见的主要内容及执行情况

(三)路网构成

(四)远景年输送能力

(五)线路的地理位置及其在国民经济与路网中的意义的作用

二、吸引范围内经济概况

(一)行政区划、面积、人口和产值

(二)资源分布及开发情况

(三)工农业现状及发展

(四)交通运输现状及发展

三、货运量

(一)改建铁路现状货运量说明(近几年货运量增减的趋势及存在的主要问题;客运专线铁路、城际铁路要对既有通道货运量进行说明)(改)(客)

(二)地方运量

1. 全线货物发到运量及流向

2. 主要站货物发到运量

(三)通过运量(主要品名的运量、流向及大宗货流说明)

(四)区段货流密度(可行性研究批准的,客运专线铁路、城际铁路还需对既有铁路区段货流密度进行说明)

注:货运量若与可行性研究批准有较大变化时,应说明原因。

(五)货流波动系数

四、客运量

（一）改建铁路现状客运量说明（近几年客运量增减的趋势及存在的主要问题；客运专线铁路、城际铁路要对既有通道客运量进行说明）（改）（客）

（二）客流特点及主要流向

（三）主要站（大中城市所在地）旅客发送量及最高聚集人数

（四）客运量（可行性研究批准的，客运专线铁路、城际铁路还需对出行调查、出行分布、交通量分配、全年和最大日及高峰小时区段客流密度等进行简要说明）

（五）旅客列车对数及开行方案（可行性研究批准的，含旅客列车种类、起讫点、径路、数量、配属、编组、载客量及行包专列、集装箱专列及其他专列数量等）

注：旅客列车对数若与可行性研究批准的有较大变化时，应说明原因。

五、全线区段货流密度、旅客列车对数汇总表（含上下行，改建铁路附现状资料）

附件

一、大宗货物始发终到表

二、分站货物发到运量表

三、分站仓库运量及面积表

四、分站专用线发到运量表

五、各设计年度旅客列车对数、及径路表

六、分站旅客发送量及最高聚集人数表

七、枢纽货物交流表（不单独编制铁路枢纽文件时附）

注：以上各项，改建铁路应附近两年实际统计资料。

八、图纸目录

附图

货流图（含主要品名，改建铁路附实际货流图）

（二）铁路枢纽

Ⅰ. 预可行性研究（全一册）

第一章　概述

一、研究依据

二、研究范围（含枢纽范围及研究年度建设范围）

三、研究年度（按国家的五年规划年度拟定，分近、远期）

四、枢纽地理位置及在国民经济与路网中的意义和作用

五、历史沿革（含枢纽总图规划主要演变及历次改扩建概况）

六、枢纽在（拟）建项目概况

七、研究工作概述(含研究工作经过、有关背景、本次主要研究思路及特点)

八、研究的主要内容提要

(一)枢纽建设的必要性(简述枢纽建设的主要功能、在路网布局规划及促进经济发展等方面的意义)

(二)近、远期运量和远景枢纽总运输量的建议

(三)铁路主要技术标准推荐意见

(四)运输组织和运输能力

(五)推荐方案及规模(含新线引入、既有线扩能、枢纽内环线、联络线及其疏解方案,主要站、段方案及规模等)

(六)主要工程数量及预估算总额

(七)研究结论

第二章　枢纽地区现状

一、自然特征(枢纽地区地形、地貌、工程地质、水文地质、地震动参数区划、水文、气象等,并说明严重不良地质、特殊岩土以及枢纽地区有关风景名胜区、自然保护区、基本农田保护区、水源保护区、文物古迹、噪声与振动等环境敏感点的现状、规划对车站、线路的影响)

二、社会经济特征(区域社会经济特征概况,枢纽内主要工矿企业、人口和国民经济的情况)

三、交通特征(区域交通特征概况,枢纽内各种交通运输方式的情况)

四、铁路运营特征

(一)既有衔接线路及枢纽内线路概况

(二)主要站、段技术设备及分工(含路网分工及枢纽内分工)

(三)编组站性质、站型及能力

(四)客货运站性质及设备能力

五、运营特征及存在的主要薄弱环节

第三章　枢纽建设的必要性

一、研究年度路网构成

二、全社会交通运输量预测(社会客货总运量及各种运输方式合理市场占有份额的分析)

三、研究年度枢纽内及各方向客货运量增长因素分析

四、枢纽客货运量预测

(一)货运量预测(地方运量、通过运量、总运输量构成分析,大宗货物品类、流量、流向)

(二)客运量预测(客流构成特点、主要车站旅客发送量、最高聚集人数、旅客

列车对数、起讫点及径路等）

（三）枢纽货物运输量、旅客列车对数汇总表（含上下行，改建铁路附现状资料）

（四）远景枢纽总运输量的建议

五、枢纽建设的综合性分析

（一）枢纽在路网中的地位和作用（含相关枢纽布局。根据铁路运输生产力布局调整，阐述本枢纽编组站、客运站、动车段、综合管理维修中心、集装箱中心站等主要站、段在路网中的地位和作用）

（二）枢纽现有设备能力的适应状况（根据预测的客货运量，分别对研究年度进行能力分析）

（三）枢纽建设与城市、工矿企业、其他交通现状及发展规划的相互配合情况

（四）枢纽建设必要性（从路网构成、运输需求、合理分工、并结合城市规划、工矿企业发展规划等综合分析论证枢纽新建或改建的必要性）

第四章　枢纽总图布置方案

一、已审批的枢纽总图规划方案

二、枢纽所在城市的总体规划及交通专项规划

三、相关线路的铁路主要技术标准及其规划的输送能力（一般铁路的主要技术标准含铁路等级、正线数目、设计行车速度、线间距、最小曲线半径、限制坡度、牵引种类、机车类型、牵引质量、到发线有效长度、闭塞类型、建筑限界等；客运专线、城际铁路的主要技术标准含铁路等级、正线数目、设计行车速度、线间距、最小曲线半径、最大坡度、牵引种类、列车类型、到发线有效长度、行车指挥方式、列车运行控制方式、建筑限界等）

（一）既有、研究年度和远景规划枢纽衔接线路的铁路主要技术标准及其规划的输送能力

（二）枢纽内既有线路（含正线、迂回线、联络线）的铁路主要技术标准及其规划的输送能力

（三）研究年度和远景规划枢纽内有关线路（含正线、迂回线、联络线）的铁路主要技术标准选择及其规划的输送能力

四、运输组织

（一）旅客运输组织

（二）货物运输组织

1. 与相邻编组站分工及编组计划原则

2. 车流组织及货物列车对数

3. 集装箱班列开行方案

4. 枢纽内各主要车站的分工及其工作量

(三)枢纽内线路区间通过能力及加强措施(含动车底出入段线)

(四)机车(动车组)交路(附插图)

五、枢纽总图布置方案比选及推荐意见(凡需要修改已审查的枢纽总图方案时,说明变化情况并进行方案比选)

六、相关工程研究

(一)与枢纽建设直接相关的工程方案研究

(二)相关枢纽、线路的薄弱环节及加强措施意见

(三)主要客货站疏站交通方案及城市配套工程

七、分期建设方案意见

第五章　研究年度枢纽主要技术设备设计原则和主要工程内容

一、编组站、客运站、货运站(含集装箱中心站)、工业站、港湾站、动车站、综合管理维修中心等主要站、段新建或改建的类型、规模及能力

二、干、直线及主要疏解线、联络线、迂回线

三、机务设备及车辆、动车组设备

四、电气化

五、轨道、路基、土地利用、桥涵、隧道、通信、信号、信息、给水排水、防灾安全监控、电力、综合管理维修及房屋建筑等

六、环境保护、水土保持

第六章　外部协作条件

一、影响枢纽建设的主要外部环境和协作条件(地方政府、有关部门对枢纽建设的征地拆迁、施工供电供水及合资合作等方面所表达的意向)

二、需与枢纽建设同步实施的路外工程项目(如电源、市政建设等)

三、电气化铁路应着重说明外部电源条件、与路外设施相互干扰及处理的补偿原则以及需由有关部门协作配合的意见

第七章　工程实施对环境的影响

阐述工程实施对自然生态、社会人文环境的主要影响及应对措施。当地(省、市级)环(水)保部门的意见及存在的问题

第八章　建设工期、预估算及资金筹措

一、主要工程数量、控制工程及建设工期

二、预估算

(一)编制范围和单元划分

(二)编制依据

(三)预估算总额及指标

三、资金筹措

第九章　研究结论

综合以上分析与论证，说明项目建设的必要性、工程可行性和经济合理性，提出建设项目的结论性意见

第十章　省、市、自治区、军区及有关部门的意见

第十一章　有待进一步解决的问题

附件

一、文件组成、分发单位及份数总表（装订在说明书目录之前）

二、大宗货物运量表（插入相关章节内）

三、枢纽货物交流表（插入相关章节内）

四、总预估算汇总表

五、总预估算表

六、综合预估算汇总表

七、综合预估算表

八、有关协议、纪要及公文

九、图纸目录

附图

一、枢纽地理位置图（装订在说明书目录之后）

二、枢纽总布置示意图（装订在枢纽地理位置图之后）

三、客货列流表

四、枢纽总布置图（附主要比较方案、城市规划，并填绘对线路、车站方案有影响的主要地质构造线、不良地质与特殊岩土的类型及其范围），比例 1∶10000～1∶100000

五、主要大站布置图（新建或改建工程复杂者附）及联络线或疏解线布置图（简单的，可与车站布置图合并），比例 1∶2000～1∶10000

六、枢纽内正线、联络线、迂回线线路平面图（必要时附），比例 1∶10000～1∶50000

七、枢纽内正线、联络线、迂回线线路纵断面图（必要时附），比例横 1∶50000，竖 1∶1000～1∶2000

八、控制车站或线路方案的重大不良地质、特殊岩土地段和地质复杂的特大桥、长隧道的地质纵断面示意图（装订在说明书正文内）

九、接轨站、区段站及其他大站（含段、所）、疏解区平面布置示意图（装订在站场正文内）

Ⅱ. 可行性研究 第二篇 经济与运量

说明

一、概述

(一)研究依据、范围及研究年度

(二)预可行性研究(项目建议书)审批意见的主要内容及执行情况

(三)路网构成

(四)远景枢纽总运输量

(五)枢纽地理位置及在国民经济与路网中的意义和作用

二、吸引范围内经济概况

(一)吸引范围的确定

(二)行政区划、面积、人口及产值

(三)资源分布及开发情况

(四)工农业现状及发展

(五)城市经济发展方向及特点

(六)交通运输现状及发展

三、货运量

(一)预测方法及依据

(二)改建枢纽现状货运量分析(地方、通过、总运输量构成的特点,近几年货运量增减趋势及存在的主要问题;客运专线铁路、城际铁路的建设要对既有枢纽货运量进行分析)(改)(客)

(三)地方运量

1. 主要工矿企业运量说明

2. 分站运量说明(说明主要品名的发到运量及流向)

(四)通过运量

1. 货流径路的选择

2. 主要品名的构成、流向及大宗货物的分析

(五)枢纽总运输量(构成特点、各类运量比重、主要货流方向及增长趋势)

(六)货流波动系数

四、客运量

(一)预测方法及依据

(二)改建枢纽现状客运量分析(枢纽客运量构成的特点、旅客列车对数及开行情况,近几年客运量增减趋势及存在的主要问题;客运专线铁路、城际铁路的建设要对既有枢纽客运量进行分析)(改)(客)

(三)客流特点、主要流向及发展趋势的分析

(四)主要站旅客发送量及最高聚集人数

(五)枢纽客运量预测(说明客运量构成的特点及增长情况;客运专线铁路、城际铁路的建设要对普通客流和跨线客流进行分配说明)

(六)旅客列车对数及开行方案(含旅客列车种类、起讫点、径路、数量、配属、编组、载客量及行包专列对数等)

五、枢纽货物运输量、旅客列车对数汇总表(含上下行,改建铁路附现状资料)

六、运量预测中不确定因素的分析

七、有待进一步解决的问题

附件(注)

一、枢纽货物交流表

二、大宗货物始发终到表

三、分站货物发到运量表

四、分站仓库运量及面积表

五、分站专用线发到运量表

六、分站旅客发送量和最高聚集人数表

七、旅客列车对数及径路表

注:以上各项,改建枢纽应附近两年实际统计资料。

八、图纸目录

附图

枢纽货流图(含主要品名,改建铁路应附实际货流图)

Ⅲ. 初步设计 第二篇 经济与运量

说明

一、概述

(一)设计依据、范围及设计年度

(二)可行性研究审批意见的主要内容及执行情况

(三)路网构成

(四)远景枢纽总运输量

(五)枢纽的地理位置及其在国民经济与路网中的意义的作用

二、吸引范围内经济概况

(一)行政区划、面积、人口和产值

(二)资源分布及开发情况

(三)工农业现状及发展

(四)城市经济发展方向和特点

(五)交通运输现状及发展

三、货运量

(一)改建枢纽现状货运量分析(地方、通过、总运输量构成的特点,近几年货运量增减趋势及存在的主要问题;客运专线铁路和城际铁路的建设要对既有枢纽货运量进行分析)(改)(客)

(二)地方运量(分站主要品名的发到运量及流向)

(三)通过运量(主要品名、流向及大宗货流)

(四)枢纽总运输量(可行性研究批准的,并说明构成特点、各类运量比重、主要货流方向等)

四、客运量

(一)改建枢纽现状客运量分析(枢纽客运量构成的特点,近几年客运量增减趋势及存在的主要问题;客运专线铁路、城际铁路的建设要对既有枢纽客运量进行分析)(改)(客)

(二)客流特点及主要流向

(三)主要站旅客发送量及最高聚集人数

(四)枢纽客运量(可行性研究批准的,并说明构成特点,客运专线铁路、城际铁路的建设要对普通客流和跨线客流进行分配说明)

(五)旅客列车对数及开行方案(可行性研究批准的,含旅客列车种类、起讫点、径路、数量、配属、编组、载客量及行包专列对数等)

五、枢纽货物运输量、旅客列车对数汇总表(含上下行,改建铁路附现状资料)

附件(注)

一、枢纽货物交流表

二、大宗货物始发终到表

三、分站货物发到运量表

四、分站仓库运量及面积表

五、分站专用线发到运量表

六、分站旅客发送量和最高聚集人数表

七、各设计年度旅客列车对数及径路表

注:以上各项,改建铁路应附近两年实际统计资料。

八、图纸目录

附图

货流图(含主要品名,改建铁路应附实际货流图)

附件二　《中长期铁路网规划(2008 年调整)》摘要

一、发展目标

为适应全面建设小康社会的目标要求,铁路网要扩大规模,完善结构,提高质量,快速扩充运输能力,迅速提高装备水平。到 2020 年,全国铁路营业里程达到 12 万公里以上,复线率和电化率分别达到 50%和 60%以上,主要繁忙干线实现客货分线,基本形成布局合理、结构清晰、功能完善、衔接顺畅的铁路网络,运输能力满足国民经济和社会发展需要,主要技术装备达到或接近国际先进水平。

二、规划原则

(一)贯彻国家总体发展战略,统筹考虑经济布局、人口和资源分布、国土开发、对外开放、国防建设、经济安全和社会稳定的要求,并体现主体功能区规划明确的促进区域协调均衡发展的方向;

(二)根据国家综合交通发展总体要求,线网布局、枢纽建设与其他交通运输方式优化、衔接和协调发展,提高组合效率和整体优势;

(三)增加路网密度,扩大路网覆盖面,繁忙干线实现客货分线,经济发达的人口稠密地区发展城际快速客运系统;

(四)加强各大经济区之间的连接,协调点线能力,使客货流主要通道畅通无阻;

(五)节约和集约利用土地,充分利用既有资源,保护生态环境。

三、规划方案

为实现 2020 年铁路网发展目标,规划方案要在路网总规模扩大的同时,突出客运专线、区际干线和煤运系统的建设,提高路网质量,扩大运输能力,形成功能完善、点线协调的客货运输网络。

(一)客运专线

为满足快速增长的旅客运输需求,建立省会城市及大中城市间的快速客运通道,规划“四纵四横”等客运专线以及经济发达和人口稠密地区城际客运系统。建设客运专线 1.6 万公里以上。

1.“四纵”客运专线

(1)北京—上海客运专线,包括蚌埠—合肥、南京—杭州客运专线,贯通京津至长江三角洲东部沿海经济发达地区；

(2)北京—武汉—广州—深圳客运专线，连接华北和华南地区；

(3)北京—沈阳—哈尔滨(大连)客运专线，包括锦州—营口客运专线，连接东北和关内地区；

(4)上海—杭州—宁波—福州—深圳客运专线，连接长江、珠江三角洲和东南沿海地区。

2.“四横”客运专线

(1)徐州—郑州—兰州客运专线，连接西北和华东地区；

(2)杭州—南昌—长沙—贵阳—昆明客运专线，连接西南、华中和华东地区；

(3)青岛—石家庄—太原客运专线，连接华北和华东地区；

(4)南京—武汉—重庆—成都客运专线，连接西南和华东地区。

同时，建设南昌—九江、柳州—南宁、绵阳—成都—乐山、哈尔滨—齐齐哈尔、哈尔滨—牡丹江、长春—吉林、沈阳—丹东等客运专线，扩大客运专线的覆盖面。

3. 城际客运系统

在环渤海、长江三角洲、珠江三角洲、长株潭、成渝以及中原城市群、武汉城市圈、关中城镇群、海峡西岸城镇群等经济发达和人口稠密地区建设城际客运系统，覆盖区域内主要城镇。

(二)完善路网布局和西部开发性新线

以扩大西部路网规模为主，形成西部铁路网骨架，完善中东部铁路网结构，提高对地区经济发展的适应能力。规划建设新线约4.1万公里。

1. 新建中俄通道同江—哈鱼岛段，中吉乌铁路喀什—吐尔尕特段，改建中越通道昆明—河口段，新建中老通道昆明—景洪—磨憨段、中缅通道大理—瑞丽段等，形成东北、西北、西南进出境国际铁路通道；

2. 新建太原—中卫(银川)、临河—哈密线，形成西北至华北新通道；

3. 新建乌鲁木齐—哈密—兰州、库尔勒—格尔木、龙岗—敦煌—格尔木、喀什—和田、日喀则—拉萨线，研究建设和田—狮泉河—日喀则线，形成新疆至甘肃、青海、西藏的便捷通道；

4. 新建兰州—重庆、哈达铺—成都线，研究建设张掖—西宁—成都、格尔木—成都线，形成西北至西南新通道；

5. 新建拉萨—林芝、大理—香格里拉线，研究建设成都—波密—林芝、香格里拉—波密线，形成四川、云南至西藏的便捷通道；

6. 新建太原—侯马—西安—汉中—绵阳线，研究建设郑州—重庆—昆明线，形成华北、中原至西南新通道；

7. 新建重庆—贵阳、乐山—贵阳—广州、南宁—广州线，形成西南至华南新通道；

8. 新建向塘—莆田（福州）、合肥—福州、阜阳—六安—景德镇—瑞金—汕头线，形成内陆腹地至东南沿海地区新通道；

9. 新建北京—张家口—集宁—呼和浩特—包头线，形成北京至内蒙古呼包鄂地区便捷通道；

10. 新建内蒙古中西部、山西中南部煤运铁路，形成"三西"地区煤炭外运新的大能力通道；

11. 新建乌鲁木齐—富蕴—北屯、哈密—若羌、二连浩特—锡林浩特—乌兰浩特、正蓝旗—虎什哈、昭通—攀枝花—丽江、昆明—百色、柳州—肇庆、南宁—河池等铁路，研究建设安康—恩施—张家界等铁路，完善西部地区铁路网络；

12. 新建哈尔滨—佳木斯、青岛—连云港—盐城、南通—上海—宁波、广州—湛江—海口—三亚、上海—江阴—南京—铜陵—安庆、怀化—衡阳—赣州、九江—景德镇—衢州、浦城—建宁—龙岩等铁路和福州—厦门货运线，完善东中部地区铁路网络。

（三）路网既有线

加强既有路网技术改造和枢纽建设，提高路网既有通道能力。规划既有线增建二线 1.9 万公里，既有线电气化 2.5 万公里。

1. 在建设客运专线、完善路网布局和西部开发性新线的基础上，对既有线进行扩能改造，在大同（含蒙西地区）、神府、太原（含晋南地区）、晋东南、陕西、贵州、河南、兖州、两淮、黑龙江东部等十个煤炭外运基地和新疆地区，形成大能力煤运通道。重点强化"三西"地区煤炭下海和铁路直达中南、华东内陆地区通道，以及新疆地区煤炭外运通道等。

2. 结合客运专线、完善路网布局和西部开发性新线的建设，对"五纵五横"综合运输大通道内既有铁路干线进行复线建设和电气化改造。

3. 按照综合交通枢纽布局和城市发展规划，加强主要客货枢纽建设，注重与城市轨道交通等公交系统以及公路、民航和港口等其他交通方式的衔接，实现旅客运输"零距离换乘"、货物换装"无缝衔接"和交通运输一体化。以北京、上海、广州、郑州、武汉、西安、重庆、成都等枢纽为重点，调整编组站，改造客运站，建设机车车辆检修基地，完善枢纽结构，使铁路点线能力协调发展。

4. 建设集装箱中心站，改造集装箱运输集中的线路，开行双层集装箱列车。

附件三　各阶段运量设计成果资料内容及下游接口专业

Ⅰ　线路预可行性研究

序号	名　称	内　容	用　途	接收专业
1	货流密度	分上下行、分区段货流密度	计算货物列车对数，需要通过能力等	行车、牵引供电
2	大宗货流	发到地间大宗品名年运量在 30×10^4 t 以上	组织直达列车	行车
3	旅客列车对数及编组	分列车种类、起讫点、编挂辆数	计算需要能力、到发线数量、客计站设置和规模、有关客运设备数量	行车、站场、机务、车辆、给水
4	主要站、相关工程运量资料	根据需要	确定规模	行车、站场
5	说明书素材	经济概况、修建意义、运量预测	设计文件组成	总体

Ⅱ　枢纽预可行性研究

序号	名　称	内　容	用　途	接收专业
1	枢纽货物交流量	根据需要确定交流单元	车、列流组织设计	行车、牵引供电
2	大宗货流	年运量在 30×10^4 t 及以上	组织直达列车	行车
3	旅客列车对数及编组	分列车种类、起讫点、编挂辆数	计算需要能力、到发线数量、客计站设置和规模、有关客运设备数量	行车、站场、车辆、机务、给水
4	主要客货运站设置、分工及运量	设置意见、规模及分工设计运量	枢纽总布置及能力计算	行车、站场
5	说明书素材	经济概况、路网中的作用、运量预测等	设计文件组成	总体

Ⅲ 线路可行性研究和初步设计

序号	名称	内容	用途	接收专业
1	分站货物发到运量		计算车站作业量、股道数量等	行车、站场
2	库、台、散及专用线运量	按品种、性质及适宜装卸、保管的方式分出库、台、散、专用线运量	计算仓库站台、散堆场面积、货物线长度、装卸机械、特种设备等	行车、站场、机械、给水、暖通
3	货物交流表	分货物品类、主要发到点间的货流	车、列流量组织设计	行车
4	区段货流密度	分上下行	计算货物列车对数和需要的通过能力	行车、牵引供电
5	大宗货流	年运量在 30×10^4t 以上	组织直达列车	行车
6	旅客列车对数及编组	分列车种类、起讫点、编挂辆数	计算需要能力、到发线数量、客计站设置和规模、有关客运设备数量	行车、站场、机务、车辆、给水
7	车站旅客发送量及最高聚集人数	客运办理站	确定旅客站房规模及客运设备	行车、站场、房建、
8	说明书	按文件组成与内容	设计文件	总体

Ⅳ 枢组可行性研究和初步设计

序号	名称	内容	用途	接收专业
1	车站到发货运量	货运站及主要中间站	计算车站作业量及股道数量	行车、站场
2	车站库、台、散及专用线运量	按品种、性质及适宜装、卸保管的方式分出库、台、散及专用线运量	计算仓库、站台、散堆场面积、货物线长度、装卸机械、特种设备等	行车、站场、机械、给水、暖通
3	货物交流表	根据需要确定交流单元	车、列流组织设计	行车
4	大宗货流表	运量在 30×10^4t 以上	组织直达列车	行车
5	旅客列车对数及编组	分列车种类、起讫点、编挂辆数	计算需要能力、到发线数量、客计站设置和规模、有关客运设备数量	行车、站场、机务、车辆、给水
6	车站旅客发送量及最高聚集人数	主要客站及辅助客站	确定站房规模及客运设备	行车、站场、房建
7	说明书	按文件组成与内容	设计文件	总体

第二章　基础资料调查

第一节　概　　述

一、调查的目的和要求

（一）调查目的

任何一个项目开展工作之始，首先需进行调查。调查的目的和意义在于搜集必要的资料，满足运量预测和文件编写的需要。调查是设计的前期，设计的基础，也是设计的组成部分。设计阶段不同，调查的深度和广度也不同，要根据项目的需要，确定调查范围、对象、内容和方法。

（二）调查要求

基础资料调查对运量预测和文件设计有重要影响，对调查的要求是针对性、完整性、可靠性、准确性。

1. 针对性：开展调查有的放矢，针对项目特点、要求和时间、人力、财力等综合考虑，制定策划，编写实施大纲，有目的地开展调查，以取得事半功倍的效果。

2. 完整性：搜集资料要完整全面，能满足多种预测方法的需要，历史资料的搜集要有多年的数据。

3. 可靠性：调查搜集的资料要有依据，资料来源有出处，对询问意见要分析不偏信。

4. 准确性：对调查资料要多方核对，分析鉴别。

二、调查对象

铁路运输涉及社会的各行各业，要准确预测未来的需求，其调查的范围和对象也就十分广泛，包括各级政府的经济主管部门，企事业团体单位，以及社会群众。

（一）经济主管部门

铁路设计经济调查按其级别和职能可分为中央级、省级、地市级和县级，各级的侧重点有所不同。

1. 中央级

中央级调查是指对国务院各部委、直属局和全国总公司的调查。他们是全国的经济主管部门。凡涉及区域性铁路网规划、重大建设项目的研究和设计都需要进行中央级调查。

中央级调查的重点是：

(1) 国民经济发展的方针、政策和战略目标；

(2) 全国性经济发展计划；

(3) 全国性统计资料；

(4) 全国资源分布、矿产储量平衡表；

(5) 全国性产业布局，对国民经济有重大影响的建设项目建设安排；

(6) 全国性的行业规划。

2. 省级

省级调查是指对全国各省、直辖市、自治区一级政府的经济主管部门的调查。对铁路建设项目来讲，省级调查至关重要，因为省是项目的所在地，而省级各经济主管部门既掌握全省的信息，又有承上启下的作用。省级调查的重点是：

(1) 全省经济发展战略，产业重点；

(2) 全省国民经济发展计划指标；

(3) 重点产业、重大厂矿现状和发展规划；

(4) 资源开发利用；

(5) 省级统计资料；

(6) 城市规划资料。

3. 地市级

地市级调查是指省辖地级市、自治州一级的调查。地市级调查对确定铁路地方运量、车站设置、货场规模、站房容量有重要作用。调查重点大致同省级调查。

4. 县(市)级调查

县(市)级调查是指对县、自治县、旗、县级市、城市辖区等一级经济主管部门的调查，主要是计划部门，一般在可研和初步设计阶段进行。县市级调查侧重工农业现状的调查，以解决地方运量设计。

(二)企事业团体单位

企事业单位有的是铁路运输的具体需求者，有的是未来需求信息的提供者，向他们调查一是获得具体的铁路运输需求数量、流向等信息，二是运输方式选择意愿。企事业单位很多，调查对象的选择一个是运输量大的，另一个也可采用随机抽样的方法。企事业团体单位大体可分为以下几个类型：

1. 工矿企业，包括集团公司和下属企业工厂。

2. 经济社团，如行业协会、学会。

3. 设计咨询部门：各行业的规划设计、工程咨询等部门单位。

4. 城市规划部门。

5. 交通运输部门，包括铁路、公路管理局、港务局、车站、码头、机场等。

（三）社会群众

社会群众的调查主要对旅客和车辆驾驶者的调查，他们是运输需求个体。在市场经济条件下，对社会个体进行调查显得非常重要，特别是铁路旅客意向调查和交通量 OD 调查大都直接面向旅客和驾驶员个体。对社会群众调查一般采用抽样的方法选择调查对象。

三、调查种类

铁路设计基础资料调查分为社会经济调查、铁路调查和交通调查。

（一）社会经济调查

主要搜集国民经济和社会有关的历史现状和规划资料，作为运量预测和文件编制的基础资料，主要内容见本章第二节。

（二）铁路调查

主要搜集全国铁路网现状和发展规划，全路及有关局历史年度客货运量和交流量，货源调查和客流调查资料；相关线路和枢纽的标准及主要设备规模。

（三）交通调查

主要进行交通网调查，公路交通起讫点（OD）调查，交通量观测以及水运港口和民航调查等。

四、调查方法

铁路运量调查方法有以下几种：

1. 访问调查：派员向有关部门团体和单位进行直面征询意见，索取资料，必要时也可召集座谈会，征集多方面信息。

2. 信函调查：向有关部门单位发出书面函件，列出提纲征集资料。

3. 电话调查：对有长期业务联系的单位可采取电话调查的方式征集资料和信息。

4. 检索：随着社会发展，经济信息资料的发布更加公开化和规范化，各类年鉴、统计汇编、书刊、专项课题研究公开出版，很多政府信息也能见诸互联网，因此检索成为现代调查搜集资料的一种重要方法。

5. 实地调查：包括在铁路列车和车站进行的客流调查，在公路观测点（或路段)进行的交通调查等。

第二节　社会经济调查

一、社会经济基本特征调查

1. 地理位置、行政区划、土地面积、自然特征(地形地貌)、气象水文、作物生长条件。

2. 资源优势。

3. 人口资料(民族、性别、城镇与乡村、农业与非农业、自然增长率等)。

4. 产业结构、经济发展战略。

5. 主要经济指标:

(1)国内生产总值及三次产业结构;

(2)工农业总产值;

(3)工农业主要产品产量;

(4)交通运输量;

(5)国内国际贸易;

(6)有关社会和人文资料。

二、资源调查

(一)矿产资源

1. 资源分布、地理位置及勘探程度;

2. 资源的保有储量,分出工业储量与远景储量;

3. 资源的预测储量;

4. 资源的品位与质量;

5. 资源的埋藏情况及开采条件;

6. 开发利用情况。

(二)森林资源

1. 森林面积、覆盖率,主要林区的分布、树种;

2. 重点林区、疏林、活立木的面积、树种及蓄积量情况,其中分过熟、成熟和幼林;

3. 木材生长周期;

4. 木材的采伐计划和调运(或营业)计划;

5. 各林业局、储木场的规划意见。

(三)水力资源

1. 水力资源总蕴藏量,可开发的装机容量和开发利用程度;

2. 规划的电站坝址、装机容量、年发电量;

3. 拟建电站,尤其是大型水电站应调查淹没面积、迁移人口及其基建材料,设备的数量、来源地和运输方式。

(四)土地资源

1. 区域内土地总面积,分山地、平原、丘陵、台地等;

2. 土地开发利用情况,包括耕地(分旱地和水地)、林地、牧地等的数量与质量,土壤性质,缺肥程度等;

3. 宜耕、宜林、宜牧荒地的数量及利用规划;

4. 草场资源面积、草场质量、畜群的构成、载畜量及利用情况。

(五)旅游资源

1. 旅游资源分布、地理位置、景观特色、国内外知名度等;

2. 旅游资源开发利用情况及发展计划(包括景点容纳规模、接待人数等);

3. 旅游服务设施情况(交通、购物、娱乐、食宿等)。

三、工业调查

(一)煤炭工业

1. 煤田分矿区、矿井的勘探程度,煤炭品种、储量、煤质等资料;

2. 矿区总体规划、矿井划分、建设顺序和年限(含图);

3. 现有、新建和扩建煤矿的隶属关系(统配、地方、乡镇等),

分矿井的设计能力、开采方式、基建年限、投产年限和运输方式;

4. 煤矿分矿井的查定能力、年产量,煤矿自耗量、外运量、铁路运输量、装车方式及主要用户;

5. 生产期间所需要的各种材料消耗定额、来源地或方向;

6. 洗煤厂地点、设计能力、原煤来源、装车方式,入洗原煤数量,精煤、中煤、泥煤年产量、外运地点或方向;

7. 选煤厂的地点、规模、规格、品种及主要用户;

8. 原煤、洗选煤成本和售价;

9. 矿区工业广场、维修中心的位置,铁路专用线长度,装车线长度,交接地点或方式;

10. 矿区职工和家属人数、流动情况,主要生活物资数量、来源地或方向及运输方式;

11. 区域煤炭平衡资料;

12. 专用线的起讫点、长度、交接地点或方式。

（二）石油工业

1. 石油

(1)油田位置、含油面积、油质分析资料；

(2)油田的预测储量和探明储量(分已采和未采)；

(3)油田的开采规模，分油井的设计能力，统计和规划年度的原油产量、当地消费量、外运量、供应地点或方向及运输方式；

(4)油田生产和建设所需各种材料、机具设备的数量、当地供应量、运入量、铁路运输量及来源地或方向；

(5)油田后方供应基地的地点、规模及运输量；

(6)各原油加工厂的名称、地点、规模，各统计与规划年度原油加工量、来源地、运输方式、年产值、税利；

(7)各原油加工厂的主要工艺流程、生产方式，成品油及副产品的种类、数量、当地消费量、外运量、铁路运输量、供应地点或方向；

(8)各原油加工厂生产期间所需各种材料、辅助材料的消耗定额。数量、当地供应量、运入量、铁路运输量及来源地或方向；

(9)输油管线的起讫点、经由地点、长度、口径、泵站数、年输油量；

(10)油田职工和家属人数、流动情况，主要生活物资数量、来源地或方向及运输方式；

(11)区域原油和制品油平衡资料；

(12)专用线的起讫点、长度、交接地点或方式。

2. 天然气

(1)气田位置、面积、储量及质量；

(2)天然气外运方式、输气管道的起讫点、经过地点、口径、年输气量；

(3)天然气脱硫装置地点、能力、年回收硫磺数量；

(4)开采天然气所需主要原材料数量、来源地或方向。

（三）电力工业

1. 水电站、火电厂、核电站的机组数量、类型、装机容量、设备年利用小时、年发电量；

2. 区域电网构成情况，电力资源供求关系，近、远期电力工业规划设想；

3. 火电厂标准耗煤率，热电厂供热比，原煤的发热量、需要量、当地供应量、运入量、铁路运输量及来源地或方向；

4. 各种发电方式的成本，分不同使用方向的售价，输电方式及输电损失率；

5. 火电厂粉煤灰如果外运，需调查其外运量和运输方式；

6. 对新建或扩建的电厂,应了解其基建年限、投产年限、基建期间所需各种原材料、机具设备数量、当地供应量、运入量、铁路运输量及来源地或方向;

7. 电厂职工和家属人数、流动情况,主要生活物资数量、来源地或方向及运输方式;

8. 专用线的起讫点、长度、交接地点或方式。

(四)冶金工业

1. 钢铁工业

(1)采矿

①矿山位置、设计能力、外部运输方式,矿山装车地点、方式、设备及能力;

②种类、储量、品位、可采年限;

③原矿年产量、平均品位;

④采矿所需的主要原材料数量及来源地。

(2)选矿

①选矿方式,选矿厂位置、能力;

②精矿产量、品位、用户或流向。

(3)烧结

①烧结机型号、能力,烧结矿石年产量,精矿、燃料(碎焦、无烟煤或重油等)、熔剂(石灰石、白云石等)配合比及年需要量;

②球团矿生产能力、年产量,燃料、熔剂配合比及年需要量。

(4)焦化

①焦炉型号、设计能力,焦炭年产量及供应方向;

②炼焦配煤方案、结焦率;

③精煤来源、数量;

④焦化副产品数量。

(5)炼铁

①高炉型号、有效容积、设计能力(年产量);

②高炉利用系数、冶炼强度、焦比等主要技术经济指标;

③生铁产量(炼钢生铁、铸造生铁)、厂内炼钢自用量、商品铁运出量;

④矿石(高炉矿、人造富矿)、焦炭、熔剂等单耗指标及铁路运入量和来源地;

⑤水渣利用情况、外运量及方向。

(6)炼钢

①炼钢炉种类(平炉、转炉、电炉)、型号(吨位)、设计能力(年产量);

②钢锭年产量、外运量及方向;

③炼钢用金属料(生铁、废钢铁、铁合金)、富矿、锰矿以及熔剂、还原剂、耐

火材料、燃料等单耗指标和运入量。

(7)轧钢

①轧钢方式,轧机型号、配置、设计能力;

②钢锭或钢坯年耗量;

③各种钢材及粗坯年产量、运出量及方向;

④废钢铁(切头、边料)数量,其中企业自用量和外运量;

⑤燃料(碎焦、重油等)年耗量。

(8)耐火材料

①耐火材料厂(或车间)配置位置;

②耐火材料品种、年产量,企业炼铁、炼钢、轧钢自用量和外运量;

③主要原材料的数量及来源地。

(9)总图运输

①钢铁联合企业总图布置形式、分厂之间相互关系、总图运输量(分厂内运输和厂外运输);

②独立厂(独立的铁厂、钢厂和轧钢厂)位置、主要协作关系及总图运输量;

③工业站配置、交接方式、专用线接轨站及长度;

④职工、家属人数及流动情况,主要生活物资数量、来源地或方向及运输方式。

其他黑色冶金工业可参照上述内容。

2. 有色金属工业

(1)铜

①矿山地址、储量、品位、设计规模(日采选量);

②精矿产量、品位、运出量和加工地点(冶炼厂);

③粗铜冶炼方式,冶炼厂地址、设计能力、年产量,原材燃料单耗指标和总运输量;成品(粗铜)和副产品(硫酸)运出量;

④电解厂位置、设计能力,电解铜年产量、运出量及耗电指标。

(2)铝

①矿山位置、储量、品位、设计规模(日采选量)、矿石(铝矾土)年产量和加工地点(铝氧厂);

②铝氧厂(氧化铝厂)位置、设计能力、提炼方式(烧结法或联合法),主要原材燃料(矿石、石灰石、煤、碱等)单耗指标、总运输量及来源地,铝氧产量、企业自用量、商品量及流向;

③电解厂位置、设计能力,主要原材料(铝氧、炭素制品、阳极糊等)和电力单耗指标,电解铝产量和流向;

④铝材加工厂位置、规模及厂外运输量。

(3)铅锌

①矿山地址、设计规模(日采选量),矿石储量、品位,精矿运出量和加工地点(冶炼厂);

②冶炼厂位置、规模、年产量,矿石来源及数量,石灰石、焦炭、块煤的单耗指标和总运输量;

③精炼(电解厂位置、规模)。

(五)化学工业

1. 酸碱工业—硫酸、硝酸、盐酸、纯碱

(1)工厂地址、工艺方法、设计能力、投产年份;

(2)主要产品年产量、自用量、商品量及流向;

(3)主要原材燃料种类、消耗指标、运输量、运输方式及来源地。

2. 化肥工业—氮、磷、钾及复合肥料

(1)工厂地址、生产工艺流程、设计能力、投产年份;

(2)主要产品年产量,自用量、商品量及流向;

(3)主要原材料种类、消耗指标、运输量及来源地;

(4)运输方式。

3. 有机化工

有机化工包括乙烯、聚乙烯、合成橡胶、塑料等,调查内容同上。

(六)建材工业

1. 水泥

(1)水泥厂位置、生产方法(湿法、干法、半干法)、设备类型(回转窑、小立窑、窑外分解)、生产能力、熟料和水泥年产量;

(2)原料矿山位置、能力、年产量、企业自用量、外运量;

(3)主要原材燃料(石灰石、黏土、铁粉、石膏、混合材料、煤等)单耗指标、总运输量及来源地;

(4)运输方式。

2. 平板玻璃

(1)厂址、能力(重量箱或标准箱)、年产量;

(2)主要原材燃料(硅砂、白云石、石灰石、长石、萤石、纯碱、煤或重油等)单耗指标、总运输量及来源地;

(3)产品外运量及流向和运输方式。

(七)轻纺工业

1. 制糖

(1)糖厂位置、能力(日处理甘蔗或甜菜数量)、年产量；

(2)糖厂全年生产天数，甘蔗、甜菜出糖率；

(3)主要原材燃料需要量及来源地；

(4)产品、副产品外运量及方向。

2. 造纸

(1)纸浆、纸板等生产能力和年产量；

(2)主要原料(木材、竹子、芦苇、稻草、麦草等)需要量及来源地；

(3)其他材料(烧碱、硫化碱等)、燃料(煤)需要量及来源地。

3. 纺织工业

(1)纺纱规模、能力(万锭)、年产量(件)，棉花等主要原材料需要量及来源地；

(2)织布规模、能力(万米)、年产量，棉纱等主要原材料需要量及来源地；

(3)印染能力、年产量，主要原材料需要量及来源地。

(八)机电工业

1. 机电产品名称、计量单位、生产能力、年产量，全部产品折合吨位；

2. 主机单件最大吨位及运输要求；

3. 主要原材燃料需要量及来源地。

四、农业调查

1. 区域内农业生产布局，农业区划与地域分工，农业生产发展的优势农产品，商品粮基地与重点经济作物基地的分布。

2. 农田水利基本建设和农业基础设施建设情况，所需材料的运输量及来源地。

3. 主要农产品的产量，包括粮食作物、经济作物和其他农作物的播种面积、复种指数、单位面积产量和总产量。

4. 牛马猪羊等大牲畜年末存栏数、产肉量、商品量。

5. 主要农副产品的产量。

6. 主要农副产品的调拨量，特别是对商品量较高的粮食基地、重点棉产区、牧业基地、渔业基地、城市的蔬菜基地，应进行详细调查。农产品的季节性很强，其调拨方向除主要供应城市外，各个农业区之间的品种调剂也是不可忽视的。

7. 农业生产资料需要量。包括农业机械化程度，主要农业机械的需要量，燃料、电力、化肥需要量及来源地。

8. 农村主要生活物资(煤、盐等)调入量及方向。

五、流通(商业、物资)调查

(一)生产物资类

1. 钢材、生铁、有色金属、木材、燃料煤、成品油、化轻(工)原料和产品、机电产品、砖、瓦、砂、石料等建筑材料和物资年调进、调出量及流向和供应范围;

2. 化肥、农药等农用物资年调入量、来源地、中转地点及运输方式;

3. 棉花及农副土特产品年调进、调出数量及流向,专用线接轨站及长度;

4. 主要仓库、中转站分布,年周转次数,调进、调出数量及流向,专用线接轨站及长度;

5. 各类专业批发市场、物流中心的分布、营业额、批发商品种类、商品来源、运输方式等。

(二)生活物资类

1. 粮食的购、销、调、存数量及流向;

2. 主要粮食仓库的分布、库容、年周转次数和年周转量;

3. 日用百货、针纺织品、食品、食盐、五交化类等生活类物资年调进、调出数量及流向;

4. 主要商业仓库、中转站的分布、库容、年周转次数和周转量;

5. 各类大型批发市场的分布、营业额、批发商品种类、商品来源、运输方式等。

(三)外贸物资

所属各进出口公司年进出口物资品类、数量和运输方式。

六、城市调查

(一)城市规划

1. 城市特征(经济中心、政治中心、交通运输枢纽、历史文化名城、风景城市、综合性城市等)、规模、产业发展方向、经批准的城市总体规划、合理发展规模;

2. 城市的功能分区包括中心与卫星城、镇的关系,中心、近郊、远郊的关系,工矿区、商业区、文化区、居住区、市政办公区、仓库区的合理布局;

3. 城市人口的分布(分农业人口和非农业人口);

4. 城市规划图。

(二)城市交通

1. 城市主要干道规划、布局,地铁、轻轨、高速公路等市内交通发展规划;

2. 城市主要干道上的交通量、客流量及车流密度资料;

3. 城市公共交通工具数量、年客运量；
4. 主要交叉路口的客流资料；
5. 城市居民出行调查资料。
(三)城市与铁路的关系
1. 城市对主要客站、辅助客站合理布局的影响和要求；
2. 城市对货运站、专业货场布局的要求；
3. 城市对危险品货场设置的意见；
4. 城市对铁路与城市道路交叉的意见。

第三节　铁路运输调查

一、铁路网调查

(一)全国铁路发展规划
铁路发展战略、客货运量规划、线网规划、编组站规划、集装箱场站规划等；
(二)重点项目建设计划及进度
1. 年度计划；
2. 五年计划；
3. 开工报告。
(三)重点项目前期研究资料
1. 方案竞选文件；
2. 预可研及项目建议书；
3. 可研报告及批复文件。
(四)有关线路特征—主要技术标准、能力、运量及存在问题
(五)列车运行图及通过能力利用表

二、客货运量调查

(一)全路运量规划资料
(二)铁路运输统计资料
1. 铁路统计汇编。
2. 旅客运输统计。
(1)车站旅客发送量统计表(客报 1)；
(2)旅客运输量及周转量统计表(客报 2)；
(3)分界站旅客输出、输入及通过统计表(客报 3)；

(4)区段客流密度统计表。

3. 货物运输统计：

(1) 车站别发到货物统计表(货报 11)；

(2) 货物运输量及周转量统计表(货报 12)；

(3) 分界站货物输出、输入及通过统计表(货报13)；

(4) 行政区域间货物交流统计表(货报 14)；

(5) 区段平均货运密度统计表(货报 15)。

(三)全路区段别客货交流量

(四)铁路局货流图和货物交流表

(五)重车流表

三、客货运输设备调查

(一)管内专用线(路内、路外)分布表，内容包括：专用线名称、隶属、接轨站、长度、使用情况及运输量。

(二)主要编组站和区段站概况，包括股道数、有效长、解编能力，作业量，存在主要问题。

(三)货运站及主要中间站货运设备，包括货场、货区分布，装卸线长度、能力、仓库、站台(有棚、无棚)、堆场的数量、面积、能力，装卸机具数量。

(四)特种货物运输设备数量、能力，包括：

1. 集装箱场站分布、能力、装卸机械及年办理箱数；

2. 机保段分布能力，加冰所类型、容量、能力、年加冰数量；

3. 货车消毒洗刷所位置、台位、能力，年消毒、洗刷货车数量；

4. 危险品专用货场能力、运量。

5. 旅客站房面积(分广场、候车室、售票处、行包房等)、容量。站台长度、跨线设施类型、个数、能力。

四、营销调查

(一)站段货源调查资料

包括管内主要货主概况，生产经营、运输量以及他种运输工具竞争情况等。

(二)铁路局客流调查资料

1. 运行图编制客流调查：

(1)直通、管内、市郊客流图；

(2)客流特点资料。

2. 节假日及旅游客流调查资料。

五、意向调查

为研究运输分工，铁路在运输市场中的竞争优劣，确定铁路运输承担的份额，为运量预测和参数确定提供依据，必要时应开展意向调查。

(一)货主调查

货主调查宜选择有代表性的，并以问卷形式征求意见，问卷表设计内容如下：

您好！

为了加快铁路发展，适应国民经济和社会发展需要，我们即将进行××项目的前期研究工作，特此进行本次意向调查，请您在百忙之中抽出时间留下宝贵意见。

对一～六题，请将您选中项目的数码填在题后的括号中，对两个附表请予以填写。

一、您的身份

1. 企业经理　2. 运输部门负责人　3. 业务员　4. 个体老板

5. 其他　(　　)

二、您从事的行业

1. 煤炭　2. 石油　3. 电力　4. 冶金　5. 化工　6. 建材

7. 机电　8. 水泥　9. 商贸　10. 其他　(　　)

三、您(或单位)在一般情况下，首选的运输方式为

1. 铁路　2. 公路　3. 航空　(　　)

四、您认为铁路运输手续

1. 复杂　2. 正常　3. 简便　(　　)

五、您认为铁路运费比公路运费

1. 高　2. 低　3. 差不多　(　　)

六、若选择铁路运输，您关心的问题(多项选择，并按重要程度由高到低排列)

1. 车皮计划　2. 货物安全　3. 运到期限　4. 运输费用

5. 服务态度　6. 货损索赔　7. 方便程度　8. 其他　(　　)

企业产品外销情况调查表(1)

企业名称：　　　　　　　　　　企业性质：

产品名称	产品种类	年产量（万吨/年）	外销量（万吨/年）	主要销售去向	铁路运量（万吨/年）	其他运输方式

企业原材料需求情况调查表(2)

企业名称：　　　　　　　　　　企业性质：

原材料名称	产品种类	年需量（万吨/年）	外地运入量（万吨/年）	供货地	铁路运量（万吨/年）	其他运输方式

单位＿＿＿＿（章）

年　月　日

(二)旅客调查

旅客调查可选择在火车站、列车上、机场候车室、港口候车室、汽车客运站以及OD调查点等地进行，必要时也可在景区进行。旅客调查问卷表可设计如下：

客运调查问卷

调查地点：　　调查车次：　　调查时间：　　月　　日

1. 旅客职业	行政管理人员	科技人员	军人	农民	工人	学生		
	企业管理人员	个体	待业	境外	离退休人员			
2. 旅客月收入	＜500	501～800	801～1000	1001～1500	1501～2000	2000～3000	＞3000	
3. 起讫点	本次旅行原始起点	省	县	本次上车站	省	县		
	本次旅行最后终点	省	县	本次下车站	省	县		
4. 旅行目的	开会	出差	经商	购物	打工	旅游	探亲访友	其他
5. 座别	火车：	站票	硬座	硬卧	软座	软卧	票价：　元	
	汽车：	普通	豪华					
6. 从家或停留地点到车站耗时及费用	时间：	小时	分钟	费用：	元			
7. 预计从下车站到家或停留地点耗时及费用	时间：	小时	分钟	费用：	元			
8. 在车站的候车时间	小时	分钟						
9. 预计乘车时间	小时	分钟						
10. 假设下列各种运输方式都存在，您本次旅行优先考虑的是：	飞机	普通汽车	高速豪华大巴	普通列车	快速列车	高速列车	水运	
11. 近年每年总共乘车次数(100km 以上)：	火车：　次	汽车：　次	飞机：　次					
12. 您认为多少公里以上愿意乘坐火车旅行：	100km	150km	200km	250km	300km			
13. 您认为目前我国客运票价(含附加费)	(1)飞机	太高	比较高	适中	偏低	说不清		
	(2)火车	太高	比较高	适中	偏低	说不清		
	(3)汽车	太高	比较高	适中	偏低	说不清		
	(4)轮船	太高	比较高	适中	偏低	说不清		
14. 请您对以下各运输方式的舒适性进行评价	(1)飞机	舒适	比舒适	一般	较差	差		
	(2)火车	舒适	比舒适	一般	较差	差		
	(3)汽车	舒适	比舒适	一般	较差	差		
	(4)轮船	舒适	比舒适	一般	较差	差		
15. 请您对以下各运输方式的安全性进行评价	(1)飞机	好	较好	一般	较低	低		
	(2)火车	好	较好	一般	较低	低		
	(3)汽车	好	较好	一般	较低	低		
	(4)轮船	好	较好	一般	较低	低		
16. 请您对以下各运输方式的方便性进行评价	(1)飞机	方便	较方便	一般	不方便	很不方便		
	(2)火车	方便	较方便	一般	不方便	很不方便		
	(3)汽车	方便	较方便	一般	不方便	很不方便		
	(4)轮船	方便	较方便	一般	不方便	很不方便		

联系列车长调查：本次列车满员率为　　%，最高达　　%。

注：多向选择请在你认为能反映你意愿的位置打“√”。

第四节　交通调查

一、交通网调查

(一)公　　路

1. 主要公路起讫点、径路、长度、线路等级、担负的主要运输任务；

2. 客货运输量、周转量；

3. 全社会机动车辆拥有量(分车种、分运输系统)；

4. 主要观测点的交通量，主要公路断面交通流量及其有关“OD”调查资料，主要交叉点车流分解资料；

5. 客货运输的运价、成本和有关的技术经济指标；

6. 汽车客运班次；

7. 公路交通图；

8. 运量与运能的主要矛盾。

(二)水　　运

1. 主要航道里程、等级、通航船舶类型、航道能力及整治措施；

2. 水路的客货运输量和周转量；

3. 船舶拥有量、总吨位；

4. 主要港口泊位、年吞吐能力、年吞吐量(分进口、出口，分主要物资)，铁路与港口互相转运的物资数量；

5. 主要装卸机具及能力，港口仓库、堆场面积及最大存货能力；

6. 水路客运班次；

7. 水路运价与成本，主要技术经济指标；

8. 航道图；

9. 运量与运能的主要矛盾。

(三)航　　空

1. 主要航线及班次；

2. 进出港客货运量；

3. 航空运价与成本，主要技术经济指标。

(四)管　　道

1. 输油(气)管道起讫点、径路、长度、标准、能力、泵站数；

2. 年输送量及供应单位；

3. 运价率及运输成本等技术经济指标。

二、公路交通起讫点(OD)调查

(一)公路交通起讫点(OD)调查的目的和作用

公路交通起讫点(OD)调查是交通量专项调查,其目的在于获取交通流量起讫点、流向、车辆类型、荷载品类、客流数量、出行目的等交通现状数据资料,为公路项目前期研究、公铁分工研究提供基础资料。公路交通(OD)调查不仅为高等级公路项目研究所必须,也为铁路项目研究所需要。因为铁路运输现状 OD 比较齐全,而公路运输相对缺乏,需通过组织 OD 调查才能取得。特别是公路竞争比较激烈的交通走廊建设客运专线时更需要公路交通未来趋势的比较资料。因此,公路交通 OD 调查已成为铁路项目建设前期研究不可缺少的工作。

(二)OD 调查的区域划分

为了调查分析的需要将项目影响区分为直接影响区和间接影响区。以建设项目直接经过的市、县等以行政单位划分作为直接影响区,对直接影响区范围之外,凡是车辆所波及的范围,作为间接影响区。为了将交通起讫点汇总在适当的区域内,进而分析客货流可能的上路点以及进行流量分配,一般将直接影响区再划分为若干交通小区。OD 小区的划分结合区域公路网构成以及影响区域与项目的关联程度,原则上直接影响区的小区范围较小,间接影响区地域较大。

(三)OD 调查地点的选择

OD 调查地点的选择,对调查数据和今后的分析预测都有很大影响,它是整个 OD 调查工作的关键。

OD 调查地点的选择,通常需考虑下列几点:

1. 选定的调查点,应以能够全面掌握项目直接影响区与间接影响区之间、直接影响区内各小区之间以及小区内部等各主要线路交通流情况为基本原则。
2. 与拟建项目平行或竞争的路线,应是主要考虑的设点路线。
3. 与拟建公路交叉的主要路线,应考虑设点(目的是掌握互通交通量)。
4. 设点应稍远离城镇以避免市内或短途交通的影响。
5. 应选择路面较宽,线形较直(视距 250 m 以上)的路段。上行与下行调查处(指同一调查点)之间应留有不少于 150 m 的距离。
6. 在不影响调查目的的前提下,应适当结合调查经费和调查人员的数量而考虑设点的多少,避免作用重复的点。
7. 为核实日常交通量观测值和掌握昼夜交通量之比率,可同时设置 24 h 交通量观测点。

(四)OD 调查表设计

OD 调查是为了获取公路上交通流的构成、流量、流向、起讫点、货物类型、车辆实载率等数据，是通过 OD 调查表来具体反映这些的。OD 调查表格式的设计应根据需要而定，做到格式简单、重点突出。公路机动车 OD 调查样表如下。

××～××公路机动车 OD 调查表

表格编号：______

日期：______ 星期：______ 天气：______

地点：______ 方向：______ 调查员：______

时间	车型	出发地(O)	目的地(D)	额定载荷	实载	货类	备注

填表说明：

①车型编号：1—小型客车(＜12 座)；2—大中型客车(≥12 座)；3—小型货车(＜3 t)；4—中型货车(3～7 t)；5—大型货车(＞7 t)；6—拖挂车；7—摩托车；8—拖拉机；9—集装箱车。

②货类编号：1—空车；2—煤炭；3—石油；4—农副产品；5—日用工业品；6—化肥农药；7—矿建材料；8—钢铁；9—水泥；10—木材；11—金属矿石；12—非金属矿石；13—机械设备；14—其他。

③对于从事营运客车，在调查时应询问其起讫点间日往返次数，并在表中“备注”栏予以注明。

④对直接影响区来说，出发地、目的地应问到县区，其他地市出发地、目的地问到地市即可。

为掌握昼夜交通量之比率，得出昼夜系数及核实日常交通量观测值。需要进行 24 h 交通量调查，交通量调查样表如下表所示。

××～××公路机动车交通量调查表

表格编号：______

日期：______ 星期：______ 天气：______

地点：______ 方向：______ 调查员：______

时间	车型									备注
	小货	中货	大货	拖挂	集装箱	拖拉机	摩托车	小客车	大客车	

填表说明：

时间以 1 h 为单位累计。

(五)OD 调查的实施

OD 调查方法很多，有路边询问法、给驾驶员发明信片法、记录汽车牌号法、给车辆贴标签法、家庭询问法和给车主发调查表法等。这些方法各有其优点和局限性，我国目前多采用路边访问法。为避免重复统计，采用路边询问法和贴标签法两者相结合的方法为好，即在路上选定OD调查点让驾驶员停车，分车种分时段询问该车起点和终点以及所需的其他资料。询问完毕，即发给驾驶员OD调查标签，标签上即有该调查点编号。如在108调查点被调查到的车辆驾驶员将发给印有108编号字样的标签，驾驶员将该标签贴于车窗醒目处，这样一旦该车经过其他调查点时，就不再进行调查，以避免重复统计（只有当贴有108号标签的车辆重新又回到108号点时，才再次被询问），这样就保证了重复出行的车辆及当日往返的车辆的调查不被遗漏。

路边停车，在一定程度上会影响交通。一般来说，设置一块解释调查目的醒目的标志牌，可使驾驶员对调查有所准备，比较容易取得驾驶员的合作。标志牌应设在访问点前数百米处，使驾驶员尽早减速，以避免车辆驶近调查地点时大量扬尘和发生交通事故。

这种访问可以包括一个方向或两个方向的交通，应尽一切努力避免交通阻塞，因为阻塞可能使本地驾驶员绕道避开访问点（有可供选择路线时），从而使交通流的模式产生畸变。在大流量的路线上（日流量超过8 000辆），仅作抽样调查，样本量一般取交通量的20%～50%。

OD调查时间一般选交通比较正常的星期一～星期五，在白天（7:00～19:00）进行调查，同时在同一调查点设置24小时交通量观测。在白天12 h内，双向通过车辆为8 000辆左右的路段，若进行12 h的OD调查，每个工作点可分为2个工作班，每班工作6 h。一个班可包括8名记录员和2名交通警察。交通量观测可分3个工作班，每班3人。为使工作能高质量地完成，在调查之前，应对调查员进行培训。

图2-4-1是一个典型的OD调查访问点的布置图。

（六）OD交通量的统计分析

公路机动车OD调查收集的数据资料丰富，数据的处理也比较繁重。

OD调查资料的处理包括表格核查、编码、建立数据库、输入编码及统计分析等。

OD交通量的统计分析是以交通量观测和OD调查结果为基础，换算成年平均日交通量，进行统计分析。

白天12 h调查所取得的数据，应用样本扩大系数、昼夜率、月交通不均匀系数、日交通量不均匀系数来修正，见下式：

$$Q_{ij}=v_{ij}\alpha uMW$$

式中　Q_{ij}——i区到j区的年平均日交通量；

v_{ij}——12 h OD调查所得的i区到j区的样本交通量；

α——12 h调查的样本扩大系数，α=(12 h观测交通量/v_{ij})或α=1/抽

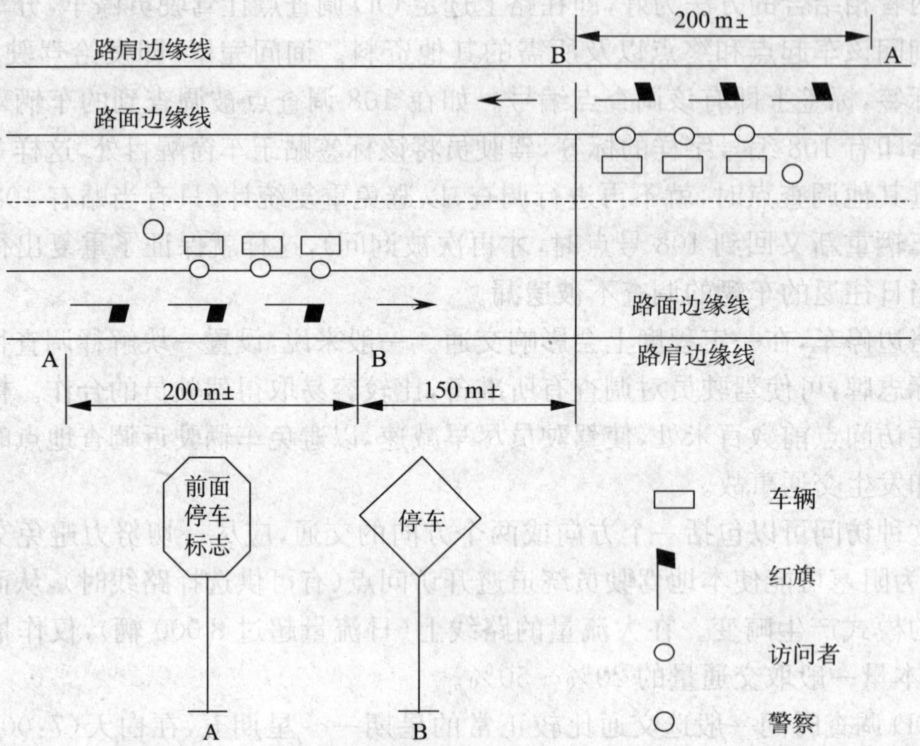

图 2-4-1 OD 调查访问点布置图

样率),若车辆被全部进行了 OD 调查访问,则 $\alpha=1$;

u——昼夜比,u=(全天 24 h 观测交通量/白天 12 h 交通量观测量);

M——月交通量不均匀系数;

W——日交通量不均匀系数。

OD 调查所收集到的大量数据,需要借助计算机进行数据处理,分析结果有两类数据。

反映交通流向方面的数据:

(1)各 OD 调查点各种车辆 OD 表;

(2)各 OD 调查点车辆汇总 OD 表;

(3)整个研究区域各种车辆 OD 表;

(4)整个研究区域车辆汇总 OD 表;

(5)各 OD 调查点货运车辆(或货运量)OD 表;

(6)各 OD 调查点客运车辆(或旅客人数)OD 表;

(7)整个研究区域货运车辆(或货运量)OD 表;

(8)整个研究区域客运车辆(或旅客人数)OD 表。

反映交通流特征方面的数据:

(1)24h各断面交通量；

(2)各种车型的比例；

(3)大型车混入率；

(4)高峰小时交通量；

(5)重交通方向系数；

(6)昼夜比；

(7)货车平均吨位、客车平均座位；

(8)货、客车载运系数,平均每辆车实载货物吨数或旅客人数；

(9)货车的载货平均构成等。

第三章　运量预测方法和模型

为了满足铁路发展规划、建设项目立项研究和工程设计，以及铁路营销的需要，都需要采取一定的预测方法对未来时期的客货运量做出科学和合理的预测。铁路运量包括发送(到达)量、周转量以及流向和负荷强度，是铁路未来市场需求在数量上的反映。运量预测是市场预测，属于经济预测的范畴，大多为中长期预测。铁路运量预测的方法很多，按技术特性可分为经验推断法、产销平衡法和经济数学预测法等三大类。

经验推断预测法，主要依靠预测者根据主观经验和掌握的信息，对未来做出判断，虽然计算比较简单，但在铁路规划研究和设计中有广泛应用，预测者的经验、水平和拥有的信息量，对于测结果起决定性作用。

产销平衡预测法在铁路大宗运量预测中被视为一个基本的方法。基于铁路运输的特点，大宗的长距离的粗杂货物和原材料运输，铁路运输是最经济合理的。据统计，煤炭、石油、钢铁、矿石、矿建材料和水泥等大宗品类货物占铁路总运量的80%以上。大宗品类货物不但数量大，而且生产和消费的企业规模大、集约化程度高，物流比较稳定。因此大宗品类运量采用产销平衡预测时需对未来发展情景作深入的研究分析，需要掌握大量的经济和技术信息，预测者的知识和掌握的信息对预测结果有重要的作用。

经济数学预测法，也称计量数学方法或数理统计统计方法，根据历史和现状的数据，建立模拟公式推导未来，模型的建立、运算和预测结果的判断主要靠数学手段，它更强调预测者的数学知识，现代计算机技术发展使很多复杂的模拟和运算过程简单化、快速化。模型的适应性和参数的选择对预测结果至关重要。

第一节　经验推断法

一、调 查 法

(一)用户调查法

用户调查法是指向运输需求企业单位、建设主管单位、设计咨询部门发出问卷或登门咨询，以搜集现状、计划（规划）资料和运输量，通过研究分析确定未来年度运量。

在货运量预测中，用户调查是不可缺少的方法。特别是对于大中型工厂、矿山、港口以及重点仓储、物流企业，这些单位的运输需求量大，提供的资料可信度大，在总运量构成中所占比重也大，是各级调查中的重点，掌握这些部门的信息和资料，在铁路规划设计中是非常重要的，也是产销平衡预测中重要的基础资料。

通过用户调查获得的计划运量，在采用时也须作一定的分析研究，如与国家产业政策是否相符，市场供求关系是否会有变化，年度是否吻合等。用户调查法获取的运量资料有的是设计运量的元素需要加以归并；有的是一种意向，用于确定模型参数。

（二）专家意见法

专家意见法是向众多专家分别征询意见，或者召集座谈会征询意见，将专家对过去历史资料的解释和对未来趋势的判断有组织地集中起来，转化为预测量的一种方法。

分别征询意见的专家法也称德尔菲法。其基本作法和程序是：

1. 确定课题。

2. 选择专家。专家人数要适当（一般可不超过 20 人），有一定代表面，对预测问题有较高的造诣和掌握充分的资料。

3. 设计咨询表。表格要简明，意图明确，并提供一定的背景材料。

4. 逐轮咨询和信息反馈。一般进行 3、4 轮。每次函询后，将专家回答的意见综合整理、归纳，匿名反馈给各位专家，再次征求意见。这样反复几轮，得出比较集中的意见。

5. 采用统计分析法对各专家预测数进行定量评价，求得最终预测。统计分析中一般使用加权的办法，对专家的权数确定要尽量客观、准确。

这种方法是一种博采众长、避免主观片面的科学预测方法。广泛应用于经济预测中，在铁路运量预测一般适用于宏观的预测。在铁路规划研究和设计中，预测者本身也是专家，可以根据掌握的资料，对未来的设计数据做出预测，以满足工作的需要。但预测者个体总有主观片面之处，为了慎重，征询多数专家的意见，加以归纳就相对客观科学。

（三）抽 样 法

向需求群体中的一部分进行调查，然后推算整体，该方法主要用于客流调查，也可用于确定预测参数，详见第二章。

二、指 标 法

(一)强度指标法

1. 人均指标

人均指标法主要应用于旅客和货物总运输量的预测,如人均旅客发送量也称乘车率,乘车率既反映人们出行强度,也反映该铁路运输的发达程度,是预测总客运量的重要指标。

$$\overline{Y}_{客}=M\times\gamma \tag{3-1-1}$$

式中 M——人口数;

γ——乘车率。

国情不同,地区和城市的差异,铁路网密度的大小对乘车率高低有很大的影响。人均乘车次数是个历史年度的平均指标,国家经济发展、居民收入提高、国家政策变化、运价调整、路网变化以及交通运输方式之间的竞争,都使人均乘车次数产生波动。我国铁路乘车率如果扣除市郊,大体在 0.8～1.0 之间。利用乘车率指标预测未来时期客运量关键在于未来年度乘车率的选用。必须在分析利用历史资料基础上,要深入研究经济和社会发展趋势、地区差异以及铁路自身发展和市场竞争能力的提高,合理拟订未来时期的乘车率。

人均指标法也可用于货运量的预测,如食盐、民用煤、粮食、食品、日用百货等生活物资运量,可以运用人均指标进行预测。

【例】 某站吸引范围内,2007 年现有人口 31.2 万人,粮食产量 5.0×10^4 t,人均消费食盐 8 kg,粮食 250 kg,试计算 2017 年盐、粮食调入量。(假定该地区未来人口自然增长率为 1.0%,未来年度粮食产量维持现状,不产盐。)

【解】 该地区调入食盐为:

$$31.2\times10^4\times(1+0.01)^{10}\times8\times10^{-3}=2\ 757(\text{t})$$

调入粮食为:

$$31.2\times10^4\times(1+0.01)^{10}\times0.25-50\ 000=36\ 160(\text{t})$$

2017 年调入盐、粮食量分别为 2 757 t 和 36 160 t。

2. 单位产值

单位产值是指亿元国内生产总值(工农业总产值)产生的货运量,这个指标有历年数据,变化有一定规律,研究未来发展规律并根据国家规划数据可得出未来年度铁路总运量。

【例】 全国历年亿元 GDP 产值产生的铁路货运量如表 3-1-1,据研究 2020 年该指标将下降到 1.15,根据国家规划,2020 年全国 GDP 为 35.0 万亿元,则铁路货运量为:

$$1.15\times35\times10^{4}=40\times10^{4}(10^{4}\ \mathrm{t})=40\times10^{8}\ \mathrm{t}$$

表 3-1-1　全国历年亿元产值铁路货运量　　单位：10^4 t

	1980	1985	1990	1995	2000	2005	2006	2007
每亿元 GDP 货运量	24.0	14.2	7.9	2.7	1.9	1.5	1.4	1.3
每亿元工农业总产值货运量	16.4	10.5	4.6	1.3	1.5	0.9	0.8	0.7
每亿元工业总产值货运量	21.8	15.4	6.1	1.6	1.9	1.1	0.9	0.8

运用历史统计数据时，要考虑未来时期的变化趋势，要考虑工业结构的变化，要考虑地区的不同特点。一般来说，现代工业正朝着轻型化、电子化、技术密集化发展，因此单位产值的相应运量呈下降趋势；在传统重工业较多、"失重型"原材料工业较多的地区，单位产值的运量指标也相对较高。

3. 产运系数

铁路运输产运系数是指某一品类货物的铁路运量与该类产品的总产量之比。采用产运系数法来测算全国或一个省市的某品类运量较为方便。例如一些大宗物资，如煤、石油、矿石、钢铁、水泥、木材等，产运系数变化较有规律，我国煤炭产运系数比较稳定，大体在 0.6～0.7 之间。只要有规划年度的产品产量，利用产运系数就可预测某品类的铁路运量。

全国大宗品类的运输系数见表 3-1-2。

表 3-1-2　大宗品类产运系数表　　单位：%

品类＼年度	1970	1980	1985	1990	2000	2005	2006	2007
煤	71.9	66.9	59.4	58.2	68.5	48.6	47.2	48.3
石油及制品①	120.8	52.5	46.5	47.2	57.6	69.8	69.0	68.2
钢铁②	171.8	163.8	159.7	64.5	44.5	44.5	41.1	36.6
金属矿石③	63.3	52.4	48.7	48.3		64.5	62.0	57.9
水　泥	50.1	29.6	21.1	16.6	6.5	3.2	3.1	2.6
木　材	75.9	79.1	74.6	65.6	101.8		54.6	53.5
粮　食	8.6	9.9	11.9	12.2	17.2	22.9	20.3	20.9
盐	79.3	53.9	59.0	55.3	39.8	27.6	22.7	22.0

注：铁路石油运量与原油产量之比；

铁路钢铁运量与钢产量之比；

铁路金属矿石运量与铁矿石产量之比。

(二)消耗指标法

根据单位产品的原材料消耗指标来匡算运量的方法称消耗指标法,也叫定额法,是计算大中型厂矿运输量的常用方法。

运输量=产品产量×消耗指标

运用消耗指标法预测运量关键是掌握某工厂(矿山)未来时期的产品产量和消耗指标。由于产品性能、工艺、技术水平、企业规模等不同,其原材料的消耗量是不同的,调查要特别注意搜集这方面资料。本册列出了常用的定额指标(详见第八章),选用时要进行分析。运用消耗指标通常可以计算出一些大宗品类的需求量,从而归纳出铁路运量。例如掌握地区发电量、电厂装机容量规模就可以计算出煤炭需求量。有了水泥厂、钢铁厂、化工厂等的规划,也都可以计算其运入运出量。

【例】 某地区年发电量(火电)为 144×10^8 kW·h,发电耗煤为 300 g/(kW·h),则全年耗标煤 432×10^4 t,折合原煤 605×10^4 t。

某火电厂装机 240 万 kW,平均每千瓦耗煤 2.5 t,则煤炭需求量为 600 万 t。

【例】 某水泥厂年产水泥 70×10^4 t,熟料 60×10^4 t,原材燃料消耗定额为:

煤炭(标煤)为 200 kg/每吨熟料(外地运入)

石膏 40 kg/每吨水泥(外地运入)

矿渣 200 kg/每吨水泥(外地运入)

石灰石及黏土 1.2 t/每吨熟料(当地供应)

计算运入量(考虑外地运入全部为铁路)

【解】 煤炭 $60\times0.2\div0.714$(原煤折标煤系数)$=16.8(10^4\ t)$

石膏 $70\times0.04=2.8(10^4\ t)$

矿渣 $70\times0.2=14(10^4\ t)$

总运入量为:$16.8+2.8+14=33.6(10^4\ t)$

水泥厂年运入量为 33.6×10^4 t。

三、比 例 法

比例法也称比例系数法,是指某一个体在总体中的比重。利用比例法预测运量也是铁路设计中常用的一种方法。这里讲的比例有的是经验数据、有的是研究的成果、有的是历史数据,用时需加以分析。

(一)品类比例

煤炭运量比例,"大其他"比例等常用于总运量或一条线路货运密度预测。多年来我国煤炭运量占总运量 40%左右,比较稳定。我国铁路运量各品类所占比例见表 3-1-3。

表 3-1-3　全国铁路运量分品类比例表　　单位:%

品类＼年度	1970	1980	1990	2000	2001	2002	2003	2004	2005	2006	2007
煤	38.2	38.2	43.0	41.4	42.9	43.8	44.3	45.7	46.4	45.8	46.7
石　油	5.6	5.1	4.5	5.7	5.5	5.5	5.4	5.5	5.5	5.2	4.9
钢　铁	4.6	5.6	5.7	7.0	7.2	7.6	7.7	7.4	7.6	8.2	8.3
金属矿石	6.1	5.4	5.9	7.9	8.4	9.0	9.1	8.9	9.6	10.5	10.6
非金属矿石	4.8	5.5	5.4	4.9	4.8	4.4	4.0	3.7	3.6	3.5	3.5
矿建材料	13.4	14.6	8.5	5.8	5.5	4.6	3.8	3.6	3.4	3.3	3.1
水　泥	1.9	2.2	2.4	2.4	2.2	1.9	1.8	1.7	1.5	1.6	1.4
木　材	4.3	3.9	2.5	2.1	1.9	1.7	1.5	1.5	1.5	1.5	1.4
粮　食	3.1	2.9	3.7	4.8	4.0	4.4	5.1	5.0	4.8	4.1	4.0
以上九类小计	82.0	83.4	81.6	81.9	82.3	82.8	82.7	83.1	83.9	83.7	83.9
焦炭、化肥、棉花、盐	4.4	4.4	4.9	6.9	6.7	7.0	7.2	7.0	7.2	7.3	7.4
其　他	13.5	12.2	13.5	11.2	11.0	10.2	10.1	10.0	8.9	9.0	8.7
总　计	100	100	100	100	100	100	100	100	100	100	100

(二)转移、诱增运量比例

转移、诱增运量很难用模型计算,因此大多运用比例法预测。

(三)中转换乘比例

大型客运站中转换乘旅客较多,确定站房设计规模时一般运用比例法计算中转换乘旅客数量。比例系数根据历史数据和发展趋势确定。

(四)高峰时段比例

高峰时段的客流量(交通量)是确定设备规模的主要依据,高峰时段比例系数一般采用经验数据,如最高聚集系数就是高峰小时占全日客流量的比例。

(五)运输方式分担比例

运输方式的份额预测可采用模型法,简单情况下也可用比例法确定。

四、增长系数法

增长系数法也称增长率法,是铁路运量预测常采用的方法,也是道路交通量预测的主要方法。

(一)常增长系数

常增长系数法也称平均增长率法,其计算公式为

$$\hat{y}=y_0(1+r)^t \tag{3-1-2}$$

式中　$\hat{y}$——预测年度运量；

y_0——基年运量；

r——年平均增长率；

t——自基年到预测年度的时间(年)。

年平均增长率根据历史年度增长率拟定，历史年度平均增长率采用"水平法"(即几何平均法)求得：

$$\bar{r}=\left(\sqrt[n]{\frac{a_n}{a_0}}-1\right)\times100\% \tag{3-1-3}$$

式中　$\bar{r}$——平均年增长率；

a_n——最后一个历史年度数据；

a_0——计算起始年度数据；

n——统计的年份。

运用平均增长率法预测运量时预测时间愈长准确度愈低，确定中长期特别是远期运量的增长率时需研究发展趋势予以调整。

(二)弹性系数

弹性系数是运量增长速度和经济增长速度的比值。即

$$E_y=\frac{A_y}{A_m} \tag{3-1-4}$$

式中　E_y——运量增长弹性系数；

A_y——运量平均增长速度；

A_m——国民经济平均增长速度。

除了运量弹性系数外，还有能源弹性系数、电力弹性系数。弹性系数反应与国民经济发展速度的关系，弹性系数大于1，说明本行业发展快于经济增长速度；弹性系数小于1，说明本行业发展慢于经济增长速度。工业化初期弹性系数一般都大于1，工业化后期弹性系数一般都小于1。运用弹性系数预测运量公式为：

$$\hat{y}=y_0(1+A_m g E_y)^t \tag{3-1-5}$$

式中　$\hat{y}$——预测年度运量；

y_0——基年运量。

【例】　2007年全国铁路货运量为31.42×10^8 t，预计2007～2020年的经济增长速度为7%，货运量弹性系数为0.55，试计算2020年全国铁路货运量。

【解】

$$\hat{y}=y_0(1+A_m g E_y)^t$$

$$=31.42\times(1+7\%\times0.55)^{13}$$

$$=31.42\times(1+0.038)^{13}$$

$$=51.34\approx 51(10^8\ t)$$

2020 年全国货运量为 51×10^8 t。

(三)有约束增长系数法

1. 平均增长系数

主要在运量 OD 分布的矩阵计算中使用,相对于一个 OD 对,起始区(i)运量增长受 I 区经济增长率影响较大,到达区(j)运量增长受 j 区经济增长影响较大,采用同一增长率则忽略了地区差异,因此计算 OD 对时可用平均增长率计算。

$$\hat{y}_{ij}=y_{ij}\times\frac{r_i+r_j}{2} \tag{3-1-6}$$

式中　$\hat{y}_{ij}$——ij 分区间未来年度运输量;

y_{ij}——ij 分区间基年运输量;

r_i——i 分区发送量增长率;

r_j——j 分区到达量增长率。

【例】 某工程项目经调查区域划分为四个区,各小区客流 OD 交流量及根据各小区未来人口、经济发展预测的未来 20 年出行量增长系数见表 3-1-4,应用平均增长系数推算未来各小区客流 OD 分布。

表 3-1-4　现状流向及未来增长系数表

区　号	现状流向分布				现状发送量合计	未来增长系数(α)
	A	B	C	D		
A		25	10	5	40	2.0
B	22		15	10	47	1.0
C	12	17		5	34	3.07
D	8	9	6		23	3.0
现状到达量合计	42	51	31	20		
未来增长系数(β)	1.9	1.1	3.5	2.8		

计算步骤如下:

第一次计算各区间的未来分布:

$$Y_{AB}=Y_{0(AB)}\times\frac{1}{2}(\alpha_A+\beta_B)=25\times(2+1.1)/2=39$$

同理可计算其他分区间运量分布,第一次计算结果见表 3-1-5。

表 3-1-5 第一次计算结果表

区 号	第一次计算流向分布				发送量	要求发送量	调整系数 (α')
	A	*B*	*C*	*D*			
A		39	28	12	78	80	1.022
B	32		34	19	85	47	0.555
C	30	35		15	80	136	1.306
D	20	18	20		58	69	1.199
到达量	81	93	81	46			
要求到达量	80	56	109	56			
调整系数 β'	0.981	0.606	1.344	1.226			

注:调整系数=要求出行量(到达量)/前次分布出行量(到达量)。

从上表可以看出,第一次计算结果,*B* 和 *C* 分区的结果差距较大,未收敛到等于或接近为 1,需经过调整后,再进行第二次计算。

第二次计算各区间的未来分布:

将调整系数作为增长系数,再进行分布计算。

$$\bar{Y}_{AB}=Y_{0(AB)}\times\frac{1}{2}(\alpha_A+\beta_B)=39\times(1.022+0.606)/2=32$$

同理可计算其他分区间运量分布,将第二次计算结果见表 3-1-6。

表 3-1-6 第二次计算结果表

区 号	第二次计算流向分布				发送量	要求发送量	调整系数 (α')
	A	*B*	*C*	*D*			
A	0	32	33	13	78	80	1.031
B	25	0	32	17	73	47	0.640
C	34	34	0	19	87	136	1.206
D	21	17	25	0	63	69	1.099
到达量	80	82	89	49			
要求到达量	80	56	109	56			
调整系数 β'	0.998	0.684	1.214	1.143			

经过第二次计算后,*B*、*C*、*D* 分区都逐渐缩小差距,但仍不理想,按此方法可继续计算下去,直到调整系数收敛到等于或接近为 1 为止。一般要求精度达到 95%以上。

2. 弗莱特法

平均增长系数法虽然考虑了不同分区间变化的差别，但这种差别仅仅反应两个直接发生作用的分区间的影响，实际上其他分区的相互作用也会对其产生影响，采用弗莱特法有较好的功效。计算公式如下：

$$\bar{Y}_{ij} = Y_{0(ij)} \times \alpha_i \times \beta_j \times \frac{L_i + L_j}{2} \qquad (3\text{-}1\text{-}7)$$

$$L_i = \frac{\sum_{j=1}^{n} Y_{0(ij)}}{\sum_{j=1}^{n} Y_{0(ij)} \times \beta_j} \qquad (3\text{-}1\text{-}8)$$

$$L_j = \frac{\sum_{i=1}^{n} Y_{0(ij)}}{\sum_{i=1}^{n} Y_{0(ij)} \times \alpha_i} \qquad (3\text{-}1\text{-}9)$$

式中　Y_{ij}——未来分区 i 到分区 j 的分布运量；

$Y_{0(ij)}$——现状分区 i 到分区 j 的运量；

α_i——分区 i 发送运量增长系数；

β_j——分区 j 到达运量增长系数。

为了满足将来小区发生交通量与吸引交通量之和相等，即满足

$$\sum_{i=1}^{n} Y_{(ij)} = \sum_{j=1}^{n} Y_{(ij)}$$

必须进行收敛迭代计算。

【例】 仍以平均增长率法例子的数据为例，按弗莱特法计算，然后进行比较。原始数据见表 3-1-7。

表 3-1-7　原始数据表

区　号	现状流向分布				现状发送量合计	未来增长系数(α)
	A	B	C	D		
A		25	10	5	40	2.0
B	22		15	10	47	1.0
C	12	17		5	34	3.07
D	8	9	6		23	3.0
现状到达量合计	42	51	31	20		
未来增长系数(β)	1.9	1.1	3.5	2.8		

以计算 Y_{AB} 为例：

$$L_A = \frac{\sum_{j=1}^{n} Y_{0(ij)}}{\sum_{j=1}^{n} Y_{0(ij)} \times \beta_j} = \frac{(25+10+5)}{(25\times1.1+10\times3.5+5\times2.8)} = 0.5229$$

$$L_B = \frac{\sum_{i=1}^{n} Y_{0(ij)}}{\sum_{i=1}^{n} Y_{0(ij)} \times \alpha_i} = \frac{(25+17+9)}{(25\times2.0+17\times3.07+9\times3.0)} = 0.3948$$

$$\bar{Y}_{AB} = Y_{0(AB)} \times \alpha_A \times \beta_B \times \frac{L_A + L_B}{2}$$

$$= \frac{25\times2.0\times1.1\times(0.5229+0.3948)}{2} = 24.24$$

同理可计算其他分区间分布运量，第一次分布结果见表 3-1-8。

表 3-1-8　第一次计算结果表

区号	第一次计算流向分布				发送量	要求发送量	调整系数 (α')
	A	*B*	*C*	*D*			
A		25.24	38.77	15.24	79	80	1.009
B	18.63		25.44	13.30	57	47	0.819
C	39.18	28.92		25.32	93	136	1.117
D	22.93	13.27	34.14		70	69	0.981
到达量	81	67	98	54			
要求到达量	80	56	109	56			
调整系数 β'	0.988	0.832	1.103	1.040			

第一次计算结果与平均增长系数法第一次计算结果的调整系数比较，显然要收敛得快。但由于效果仍不理想，可将调整系数作为增长系数，再进行第二次迭代计算如下：

$$L_A = \frac{\sum_{j=1}^{n} Y_{0(ij)}}{\sum_{j=1}^{n} Y_{0(ij)} \times \beta_j}$$

$$= \frac{(25.24+38.77+15.24)}{(25.24\times0.832+38.77\times1.103+15.24\times1.040)}$$

$$= 0.9954$$

$$L_B = \frac{\sum_{i=1}^{n} Y_{0(ij)}}{\sum_{i=1}^{n} Y_{0(ij)} \times \alpha_i}$$

$$= \frac{(25.24 + 28.92 + 13.27)}{(25.24 \times 1.009 + 28.92 \times 1.177 + 13.27 \times 0.981)}$$

$$= 0.9298$$

$$\bar{Y}_{AB} = Y_{0(AB)} \times \alpha_A \times \beta_B \times \frac{L_A + L_B}{2}$$

$$= 25.24 \times 1.009 \times 0.832 \times (0.9954 + 0.9298)/2$$

$$= 20.40（程序计算为 20.64）$$

同理可计算其他分区间分布运量，第二次分布结果见表 3-1-9。

表 3-1-9　第二次计算结果表

区　号	第二次计算流向分布				发送量	要求发送量	调整系数 (α')
	A	*B*	*C*	*D*			
A		20.64	44.21	15.85	81	80	0.991
B	14.64		23.03	10.98	49	47	0.966
C	44.10	26.89		29.93	101	136	1.034
D	21.96	10.50	37.64		70	69	0.984
到达量	81	58	105	57			
要求到达量	80	56	109	56			
调整系数 β'	0.989	0.967	1.034	0.986			

通过第二次计算，可以看出调整系数正迅速接近于 1，如仍不满意可同理进行第三次迭代……，直至达到设定精度。

五、类 比 法

类比法是预测者根据掌握的历史的类似样本直接做出判断的一种预测方法，是一种顾名思义的方法。用类比法确定运量的精确度较差，一般只用于小站或者用于对其他方法的印证。直接用于预测运量是在时间很紧、其他方法无法解决、而且争议不大、预测人员又有一定权威的情况下采用，有时可直接用于设备规模的选择。例如，零担运量与沿零房面积、集装箱场地规模、站房规模、加冰量、洗刷所台位与洗刷消毒辆数等。有时对一些运量计算系数也可采用类比法确定。例如，乙城市 2010 年的经济发展水平与甲城市 2007 年相类似，则乙城市 2010 年的旅客乘车率类比采用甲城市 2007 年的历史乘车率。在铁路设计中，对于乘车率、中转旅客比例、站房最高聚集人数计算中的高峰系数等，也均选用现有类似地区现有系数。这种类比有时也称定量类推预测法。

第二节　产销平衡法

一、产销平衡法预测原理和应用

(一)产销平衡预测原理

一种物质的产生量和消费量的差额就是余缺，一个企业或一个地区该物资富余量一般就需要调出，缺口量就需要调入，因此也就形成运输量，扣除他种工具运输量就是铁路运输量，即

生产量－消费量＝余(缺)量

余(缺)量－他种工具运输量＝铁路运输量

一个工矿企业的铁路运输量就是铁路发送量或到达量；一个地区、一个省市的余缺量大多就是调入量或是交出量。

产销平衡法是铁路运量预测的重要方法，这是因为大宗品类都适宜于铁路运输，是铁路货运量中的主体。大型企业生产规模大，产品数量和原材料需要量大，也大多选择铁路运输，很多情况下建有铁路专用线，甚至专用铁道与铁路网相衔接。这部分运量预测是否准确会影响一个铁路建设项目的标准、规模与项目的可行与否。因此对大中型企业要一个一个进行产销平衡，计算货物发送量和到达量。对一些大宗品类如煤、焦、石油、钢铁、矿石、粮食、木材等要分地区进行平衡，计算调进调出量。

(二)应用产销平衡法时应注意事项

1. 要注意物资的质量、规模和用途上的差别。要合理运用资源，就是说要进行较详细的平衡，不能笼统地作大类简单平衡。例如钢材品种规模繁多，如有不同作用，就需要按实际的需求来平衡。又如煤炭，如某一地区焦煤有富余，而动力煤不足，就应该调入动力煤，而将质好价高的炼焦煤调出。

2. 要注意运输工具的合理分工。既要充分注意各自的优势，也要考虑市场

竞争的影响。充分考虑运价、时间和运输方便等方面的影响。

3. 既要充分尊重物资单位提出的运输分配方案，也要进行深入的调查研究，查明方案是否合理。对确属不合理的，例如该方案对铁路影响较大，实现的可能性很小时，也要从运输对生产力配置的反作用原理，提出调整方案。

4. 要注意物资消耗定额的合理性。特别是对远期规划运量，要运用合理的消耗定额，进行产品自消量，原材料、燃料需求量的具体计算，从而使平衡预测得以实现。

二、未来经济技术情景的分析评价

当有了未来时期的计划生产量和计划消费量时，产销平衡预测法的计算是较为简单的。问题是铁路设计运量预测年度很长，生产量和消费量信息资料的掌握经常产生或是欠准确，或是欠全面，运输方式的选择也很复杂，因此首先要对未来经济技术情况进行预测和评价，一般要进行以下几方面的评价：

（一）资源评价

要对资源如某类矿产分析评价储量、品位、质量以及开发利用条件等，研究分析开发的经济性和合理性。

（二）产业政策

国家的产业政策是产业发展的指导和基础。某资源是否应该开发，某产业是否应该兴建，都要根据国家的产业政策。

（三）布局规划和产业规模

要搜集研究国际国内产业布局和产业规模，目前世界各产业趋向于大型化，集团化。不但要研究铁路建设项目所在地的产业发展规划，还要研究相关地区的产业布局和企业规模，分析研究布局和规模的合理性。

（四）工艺流程和技术发展

工艺流程的选择和新技术的采用对产品数量和原材料的消耗量有很大影响。超高温亚临界火电厂较普通凝气小机组电厂的单位煤炭消耗量要少得多。大型高炉采用喷煤技术其生铁焦比较小高炉也要低得多。不同工艺条件的炼油厂的产品有很大不同。对一个企业进行计算时，必须注意工艺流程和技术发展，合理选择消耗指标。

（五）市场分析

随着市场经济体制的确立和我国加入 WTO，进行产销平衡时，不但要研究国内市场，还要研究国际市场。一个企业能否成立，一种产品能否运出，不但要看当地有无资源，还要看国际国内有无市场，合理的供应范围是什么，合理的运输方式是什么。

三、产销平衡表(见表 3-2-1～表 3-2-4)

表 3-2-1　企业产销平衡表

	年度	生产量	自用量	余缺量(＋、－)	调出量	调入量
产品 A						
产品 B						
产品 C						
……						
合计						

表 3-2-2　地区消费量计算表

××品类

	年度	产量计划	消耗指标	需求量
部门 A				
B				
C				
D				
……				
合计				

表 3-2-3　地区产销平衡表

××品类

年度	产量	需求量	余缺量	调出量		调入量	
				计	其中:铁路	计	其中:铁路
……							
……							

表 3-2-4　流量分布表

××品类

发＼到	A	B	C	……	计
A					
B					
C					
……					
计					

【例】　某钢铁联合企业，规模为生铁 500×10^4 t，钢材 400×10^4 t，采用转炉炼钢工艺，试计算达产年钢铁及其制品的运入量和运出量。

【解】　该厂达产年的钢铁平衡，经计算列于表 3-2-5。

表 3-2-5　某钢铁厂钢铁料平衡表(××年)　　单位：10^4 t

	生产量	自用量	余缺量	调出	调入
生铁	500	400	＋100	100	—
钢	500	500	0	0	0
钢材	400	0	＋400	400	0
废钢铁	80	100	－20	20	40
铁合金	0	40	－40		40
合计	—	—	—	520	80

根据钢铁料平衡和运输分工研究，调出生铁由水运承担，废钢铁由铁路承担运输，钢材 90％由铁路承担，调入废钢铁和铁合金量全由铁路承担，则铁路钢铁运输量为：

运出：$400\times0.9+20=380(10^4\ \text{t})$

运入：$40+40=80(10^4\ \text{t})$

【例】　某地区有煤矿一个，2010 年计划产量为 500×10^4 t，其中 50％入洗，精煤回收率 60％，中泥煤回收率 20％，中泥煤用于当地发电，发电装机 40×10^4 kW，年发电 22×10^8 kW·h。该地区其他用煤合计 40×10^4 t，试预测该地区煤炭总调出量(公路运输计入地区其他用煤)。

【解】　(1)分别计算各类煤产量

原　煤 500×10^4 t

精　煤 $500\times50\%\times60\%=150(10^4\ \text{t})$

中泥煤 $500\times50\%\times20\%=50(10^4\ \text{t})$

(2)计算地消量

①煤矿自用(按 3％计)$500\times3\%=15(10^4\ \text{t})$

②计算电厂用煤

电厂总耗标煤 $22(10^8\ \text{kW·h})\times300(\text{g/kW·h})=66.0(10^4\ \text{t})$

中泥煤折标煤量 50×4 000(中泥煤平均发热量)÷7 000(标煤发热量)＝$28.6(10^4\ \text{t})$

电厂尚需原煤(66－28.6)÷5 500(原煤平均发热量)×7 000＝$47.6(10^4\ \text{t})$

③地区其他用煤 40×10^4 t

④地区原煤消费总量 $15+47.6+40=102.6(10^4\ \text{t})$

(3)计算总运出量

$$500-250-102.6+150=297.4(10^4\ t)$$

计算结果详见表 3-2-6。

表 3-2-6　某地区 2010 年煤炭运输平衡表　　单位：10^4 t

	消费量分配					生产量合计	余量(调出)
	自用	入洗	电厂	其他	小计		
原煤	15	250	47.6	40	352.6	500	147.4
中泥煤	—	—	50	—	50	50	—
洗精煤	—	—	—	—	—	150	150
合计	15	250	97.6	40	302.6	700	297.4

注：调出精煤若考虑 10%平均水分，则运出重量为 165×10^4 t，总运量为 312.4×10^4 t。

【例】 某省 2007 年自产煤 800×10^4 t，全省煤炭消费量为 $2\,800\times10^4$ t，调出省外 100×10^4 t，省外调入 $2\,100\times10^4$ t，其中铁路 $2\,050\times10^4$ t，公路 50×10^4 t。2015 年、2020 年自产煤为 600×10^4 t 和 500×10^4 t，经计算全省各行业煤炭消费量列下表。计算铁路运输量。

【解】 (1)计算本省煤炭发送量

根据历史资料 2007 年铁路煤炭发送量为 560×10^4 t，产运系数 0.7。未来产运系数仍考虑 0.7，则该省煤炭发送量

2015 年：$600\times0.7=420(10^4\ t)$

2020 年：$500\times0.7=350(10^4\ t)$

(2)计算省外煤炭净调入量

2015 年：$3\,900-600=3\,300(10^4\ t)$

2020 年：$5\,000-500=4\,500(10^4\ t)$

(3)计算铁路煤炭调入量

未来本省煤炭调出量将有所下降，根据预测 2015 年、2020 年为 50×10^4 t。省外调入煤中经分析预测 2015 年公路 80×10^4 t，水运 300×10^4 t，2020 年公路 100×10^4 t，水运 500×10^4 t。则铁路调入量为

2015 年：$3\,300+50-80-300=2\,970(10^4\ t)$

2020 年：$4\,500+50-100-500=3\,950(10^4\ t)$

(4)全省煤炭运输量为

2015 年 发送 $420(10^4\ t)$

到达 $2\,970+420-50=3\,340(10^4\ t)$

2020 年 发送 $350(10^4\ t)$

到达 3 950＋350－50＝4 250(10^4 t)

表 3-2-7　某省 2015 年、2020 年煤炭需求量计算表　　单位：10^4 t

	2007 年	2015 年	2020 年
电力	1 100	1 800	2 600
冶金	320	400	450
水泥	280	350	450
化工	300	350	400
制糖	400	500	500
其他	400	500	600
合计	2 800	3 900	5 000

表 3-2-8　某省煤炭产销平衡表　　单位：10^4 t

	生产量	消费量	余(缺)量	调出量	其中铁路	调入量	其中铁路
2007 年	800	2 800	－2 000	100	100	2 100	2 050
2015 年	600	3 900	－3 300	50	50	3 350	2 970
2020 年	500	5 000	－4 500	50	50	4 550	3 950

第三节　经济数学预测法

一、时间趋势模型

(一)指数平滑模型

所谓平滑，就是通过某种平均方式，消除历史统计序列中的随机波动，找出其中的主要发展趋势。根据平滑次数的不同，有一次指数平滑、二次指数平滑、三次指数平滑和高次指数平滑之分，但高次的很少用。指数平滑法适合用于短期预测，也可用于修匀数列。

1. 指数平滑计算公式

(1)一次指数平滑公式

$$S_t^{(1)} = aY_t + (1-a)S_{t-1}^{(1)} \quad t = 1、2、\cdots、T \tag{3-3-1}$$

式中　$S_t^{(1)}$——一次指数平滑值；

a——加权系数，一般取 0.01～0.3。

(2)二次指数平滑公式

所谓二次指数平滑，就是用一次指数平滑值 $S_t^{(1)}$ 代替观察值 Y_t，再进行一次平滑。即：

$$S_t^{(2)} = aS_t^{(1)} + (1-a)S_{t-1}^{(2)} \quad (3\text{-}3\text{-}2)$$

(3)三次指数平滑公式

$$S_t^{(3)} = aS_t^{(2)} + (1-a)S_{t-1}^{(3)} \quad (3\text{-}3\text{-}3)$$

【例】 表 3-3-1 所列是某站 1993～2007 年历年旅客发送人数(万人),取原始数据 $S_0^{(1)}=9.7$(用前 3 年的算术平均数作为初始值),$a=0.3$,计算指数平滑值。

表 3-3-1　历年旅客发送人数表

年度	序号 t	客运量 Y_t	一次指数平滑值 $S_t^{(1)}$	二次指数平滑值 $S_t^{(2)}$	三次指数平滑值 $S_t^{(3)}$
	0		9.7	9.7	9.7
1993	1	13.9	10.96	10.078	9.810
1994	2	11.0	10.97	10.346	9.970
1995	3	10.6	10.86	10.500	10.130
1996	4	15.1	12.13	10.990	10.390
1997	5	17.6	13.77	11.820	10.820
1998	6	21.6	16.12	13.110	11.500
1999	7	24.8	18.72	14.790	12.490
2000	8	29.5	21.95	15.940	13.830
2001	9	30.4	24.50	19.210	15.440
2002	10	33.0	27.04	21.560	17.280
2003	11	34.5	29.28	23.870	19.260
2004	12	52.4	36.22	27.580	21.750
2005	13	67.9	45.72	33.020	25.130
2006	14	79.3	55.79	39.580	29.550
2007	15	89.8	66.00	47.700	34.990

【解】 一次指数平滑值

$$S_1^{(1)}=0.3\times13.9+(1-0.3)\times9.7=10.96$$

$$S_2^{(1)}=0.3\times11+(1-0.3)\times10.96=10.97$$

$$S_3^{(1)}=0.3\times10.6+0.7\times10.97=10.86$$

依次类推,列表 3-3-1。

二次指数平滑值

$$S_1^{(2)}=0.3\times10.96+(1-0.3)\times9.7=10.078$$

$$S_2^{(2)}=0.3\times10.97+(1-0.3)\times10.078=10.346$$

三次指数平滑值

$$S_1^{(3)}=0.3\times10.078+(1-0.3)\times9.7=9.81$$

$$S_2^{(3)}=0.3\times10.346+(1-0.3)\times9.81=9.97$$

计算结果见表 3-3-1。

2. 指数平滑预测公式

大多数时间序列的趋势变化有三种情形，即水平趋势、线性趋势和二次曲线趋势。这三种趋势都可以用合适的指数平滑来预测，即水平趋势可用一次平滑，线性趋势用二次平滑，二次曲线趋势用三次平滑法来预测。

(1)水平趋势——一次指数平滑

$$\hat{Y}_{T+L}=S_T^{(1)}\quad L=1、2、\cdots \tag{3-3-4}$$

式中　$\hat{Y}_{T+L}$——第 L 年预测量；

$S_T^{(1)}$——当前时期 T 时的一次平滑值。

例如表 3-11 为某站 2007 年各月煤炭运量，取 1 月份为初始值 $S_1^{(1)}$，加权系数 $a=0.3$，则 2 月份预测 3 月份运量为：

$$\hat{Y}_{2+1}=\hat{Y}_3=S_2^{(1)}=0.3\times35.8+(1-0.3)\times42.3=40.4$$

其余各月的一次平滑及对下个月的预测值见表 3-3-2。

表 3-3-2　用一次指数平滑法预测未来一个月的煤炭运量　　单位：10^4 t

时　间	序号	实际运量 Y_t	一次平滑值 $S_t^{(1)}$	预测值 $\hat{Y}$	预测误差
2007.1	1	42.3	42.3	—	—
2007.2	2	35.8	40.4	—	—
2007.3	3	43.4	41.3	40.4	3.0
2007.4	4	44.5	42.2	41.3	3.2
2007.5	5	52.7	45.4	42.2	10.5
2007.6	6	42.9	44.6	45.4	−2.5
2007.7	7	42.6	44.0	44.6	−2.0
2007.8	8	50.2	45.9	44.0	6.2
2007.9	9	48.0	46.5	45.9	2.1
2007.10	10	38.5	44.1	46.5	−8.0
2007.11	11	42.7	43.7	44.1	−1.4
2007.12	12	44.6	44.0	43.7	0.9

(2)线性趋势——二次指数平滑

$$\hat{Y}_{T+L}=a_T+b_TL\qquad L=1、2、\cdots \tag{3-3-5}$$

平滑系数 a_T 和 b_T 的估计公式为：

$$a_T=2S_T^{(1)}-S_T^{(2)}$$

$$b_T=\frac{a}{1-a}(S_T^{(1)}-S_T^{(2)})$$

式中 $S_T^{(1)}$、$S_T^{(2)}$——当前时期的一次和二次指数平滑值。

(3)二次曲线趋势——三次指数平滑

$$\hat{Y}_{T+L} = a_T + b_T L + \frac{1}{2}c_T L^2 \qquad L = 1、2、\cdots \tag{3-3-6}$$

平滑系数 a_T、b_T 和 c_T 的估计公式为：

$$a_T = 3S_T^{(1)} - 3S_T^{(2)} + S_T^{(3)}$$

$$b_T = \frac{a}{2(1-a)^2}\left[(6-5a)S_T^{(1)} - 2(5-4a)S_T^{(2)} + (4-3a)S_T^{(3)}\right]$$

$$c_T = \frac{a^2}{(1-a)^2}\left[S_T^{(1)} - 2S_T^{(2)} + S_T^{(3)}\right]$$

【例】 根据表 3-3-2 的指数平滑结果，建立客运量的线性和二次型曲线的平滑预测公式，并对 2020、2030 年的客运量进行预测。

【解】 (1)线性模型预测

本例中 $T=15$，$S_T^{(1)}=66.00$，$S_Y^{(2)}=47.70$，所以，

$$a_{15} = 2\times66-47.7=84.3$$

$$b_{15} = \frac{0.3}{1-0.3}(66-47.7)=7.84$$

$$\hat{Y}_{15+L}=84.3+7.84L$$

2020($L=13$)和 2030 年($L=23$)预测分别为：

$$\hat{Y}_{2020}=\hat{Y}_{15+13}=84.3+7.84\times13=186.22(\text{万人})$$

$$\hat{Y}_{2030}=\hat{Y}_{15+23}=84.3+7.84\times23=264.62(\text{万人})$$

(2)二次型平滑模型预测

$T=15$，$S_T^{(1)}=66.00$，$S_T^{(2)}=47.70$，$S_T^{(3)}=34.99$，所以，

$$a_{15}=3\times66-3\times47.7+34.99=89.89$$

$$b_{15}=\frac{0.3}{2(1-0.3)^2}\left[(6-1.5)\times66-2(5-1.2)\times47.4+(4-0.9)\times34.99\right]$$

$$=13.15$$

$$c_{15}=\frac{0.3^2}{(1-0.3)^2}\left[66-2\times47.7+34.99\right]=1.027$$

$$\hat{Y}_{15}=89.89+13.15L+1/2\times1.027L^2=89.89+13.15L+0.514L^2$$

2020、2030 年的预测数为：

$$\hat{Y}_{2020}=\hat{Y}_{15+13}=89.89+13.15\times13+0.514\times13^2=347.71(\text{万人})$$

$$\hat{Y}_{2030}=\hat{Y}_{15+13}=89.89+13.15\times23+0.514\times23^2=664.25(\text{万人})$$

3. 加权系数的选择和初始值的确定

在运用指数平滑法时，选择合适的加权系数 α 是很重要的。加权系数体现了过去和当前信息的倚重程度。一般来说，取 $a=0.3$。因为根据计算，当 $a=0.3$ 时，10 年以前的数据的加权系数 $a\approx0.008$，就是说可以忽略不计了，若选用 $a=0.1$ 时，则 10 年以前的加权系数为 0.035，10 年前数据仍有一定作用。但在运量预测中，对 10 年以前的数据是可以不考虑什么影响，或者考虑很少影响。所以当历史数据在 10～20 年时，选用 α 不大于 0.3 较为合适。如果历史数据不足 10 年，而近期影响又相对较大时，也可选用大于 0.3 的加权系数。

关于初始值的选定问题，一般做法是，把历史数据分成两段，前一段（3～5 年）的数据用于计算初始值（简单的办法是取算术平均值）；用后一段数据进行平滑，计算各平滑参数。

（二）趋势外延模型

就是把时间 t 的延续作为自变量，运量 Y 随时间呈现一定趋势，从而拟用一定数学表达式来体现的一种预测方法。

1. 几种常见的趋势变化形式及其数学模型

几种常见的变化趋势见表 3-3-3 所示，表中所列的各种变化及其数学表达式都是较好的曲线方程。一种趋势有时可以用几种方法来描述。因此，若有可能，应尽量用几种曲线进行拟合比较，做出抉择。

表 3-3-3　几种常见的趋势形式及其数学模型

趋势形式 / 模型参数值域 / 数学模型	A	B	C	D
		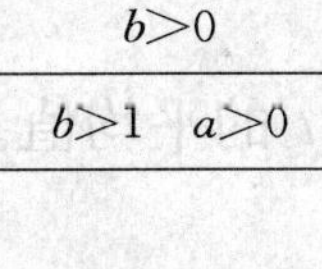	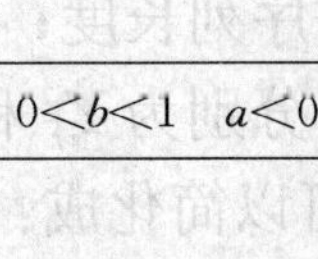	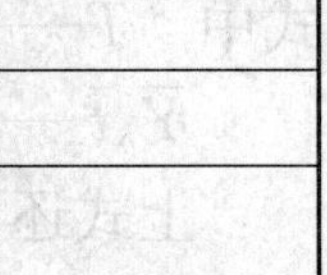
线性方程 $Y_t=a+bt$	$b>0$			
二次曲线 $Y_t=a+b+ct^2$		$b>0$　$c>0$		
指数曲线 Y_te^{a+bt} 或 $\ln Y_t=a+bt$		$b>0$		
修正指数曲线 $Y_t=K+ab^t$		$b>1$　$a>0$	$0<b<1$　$a<0$	
龚帕兹（Compertz）曲线 $Y_t=e^{(K+abt)}$ 或 $\ln Y_t=K+ab^t$（$0<b<1$）				$a<0$
逻辑斯蒂（Logistic）曲线 $Y_t=1/(K+ab^t)$ 或 $1/Y_t=K+ab^t$（$0<b<1$）				$a>0$

2. 趋势变动的判断

趋势变动的形势可以用以下几种方法判断。

(1)根据预测目标本身的特性进行判断

随着时间的延续,运量一直增长时,选用 A、B 种型式,受到能力最终限制的可选用 C 型,如果预测目标的发展趋势还伴随着一个"成长"规律,则选用 D 型。

(2)通过作图进行判断

将已知序列描绘在坐标纸上,可帮助我们直观地判断预测目标的发展趋势。对存在线性趋势、二次曲线增长趋势的判断是比较容易的。如果数据在半对数坐标纸上近似成一直线分布时,可能存在指数形势;如果在半对数坐标纸上近似成一修正指数曲线,预测目标的变化趋势很可能就是一条龚帕斯曲线。

(3)运用差分原理进行判断

一阶差分(后向)定义为:

$$\Delta Y_t = Y_t - Y_{t-1} \qquad t = T、T-1、\cdots$$

二阶差分定义为:

$$\Delta^2 T_t = \Delta Y_t - \Delta Y_{t-1}$$

则有:一阶差分近似等于一常数时为线性方程,二阶差分近似等于常数时为二次曲线变化,若一阶差分按一定百分比增加时为指数曲线。

3. 趋势方程

(1)线性方程

$$Y = a + bt \tag{3-3-7}$$

参数 a、b 的估计公式为:

$$b = \frac{\sum_{t=1}^{T} tY_t - \bar{t}\sum_{t=1}^{T} Y_t}{\sum_{t=1}^{T} t^2 - \bar{t}\sum_{t=1}^{T} t}$$

$$a = \bar{Y} - \bar{t}b$$

式中　T——序列长度;

$\bar{Y}$、$\bar{t}$——分别为 Y_t 和 t 的平均值。

上式还可以简化成:

$$b = \frac{\sum_{t=1}^{T} tY_t - \frac{1}{2}(T+1)\sum_{t=1}^{T} Y_t}{\frac{1}{12}T(T^2-1)}$$

$$a = \frac{1}{T}\sum_{t=1}^{T} Y_t - \frac{1}{2}(T+1)b$$

线性趋势的预测公式为：

$$\hat{Y}_{t+1} = a + b(T + L)$$

式中 L——现在至预测年分的时间长度；

$T=1,2,\cdots$

【例】 某城市地铁客运量的历史数据如表 3-3-4 所示。试建立线性方程预测公式，并预测 2020 年客运量。

表 3-3-4 某市 1996～2007 年地铁客运量（百万人）数量及回归计算表

年份	t	客运量 Y_t	ΔY_t	tY_t	$\hat{Y}$
1996	1	58		58	54
1997	2	64	6	128	64
1998	3	72	8	216	73
1999	4	82	10	328	83
2000	5	91	9	455	93
2001	6	101	10	606	103
2002	7	111	10	777	112
2003	8	122	11	976	122
2004	9	133	11	1 197	132
2005	10	143	10	1 430	142
2006	11	152	9	1 672	151
2007	12	162	10	1 944	161
Σ	78	1 291	104	9 787	

【解】 二阶差分近似等于 10，可建立线性方程：

$$Y = a + bt$$

又：

$$b = \frac{9787 - \frac{1}{2} \times 13 \times 1\,291}{\frac{1}{12} \times 12(12^2 - 1)} = \frac{1\,395.5}{143} = 9.759$$

$$a = \frac{1}{12} \times 1\,291 - \frac{1}{2}(12 + 1) \times 9.759 = 44.150$$

则
$$\hat{Y} = 44.15 + 9.759(T + L)$$

2020 年客运量为：

$$\hat{Y}_{2020} = 44.15 + 9.759 \times (12 + 13) = 288.13 \text{（百万人）}$$

该城市 2020 年地铁客运量为 2.9 亿人次。

(2)指数曲线、二次曲线方程

指数曲线预测方程为：

$$\hat{Y}_t = e^{a+bt} \text{或} \ln \hat{Y} = a + bt \tag{3-3-8}$$

其参数估计值为：

$$b = \frac{\Sigma t \ln Y - \bar{t} \Sigma \ln Y}{\Sigma t^2 - \bar{t} \Sigma t}$$

$$a = \ln \overline{Y} - \bar{t} b$$

二次曲线预测方程为：

$$\overline{Y}_t = a + bt + ct^2 \tag{3-3-9}$$

其参数估计值通过变换参数解得，令

$$X_1 = t \quad X_2 = t^2$$

变换得方程 $Y = a + bX_1 + CX_2$

则
$$b = \frac{\Sigma X_2^2 \Sigma X_1 Y - \Sigma X_1 X_2 \Sigma X_2 Y}{\Sigma X_1^2 \Sigma X_2^2 - (\Sigma X_1 X_2)^2} = \frac{\Sigma t^4 \Sigma t Y - \Sigma t^3 \Sigma t^2 Y}{\Sigma t^2 \Sigma t^4 - (\Sigma t^3)^2}$$

$$c = \frac{\Sigma X_1^2 \Sigma X_2 Y - \Sigma X_1 X_2 \Sigma X_1 Y}{\Sigma X_1^2 \Sigma X_2^2 - (\Sigma X_1 X_2)^2} = \frac{\Sigma t^2 \Sigma t^2 Y - \Sigma t^3 \Sigma t Y}{\Sigma t^2 \Sigma t^4 - (\Sigma t^3)^2}$$

$$a = \frac{1}{n}(\Sigma Y - b\Sigma X_1 - c\Sigma X_2) = \frac{1}{n}(\Sigma Y - b\Sigma t - c\Sigma t^2)$$

(3)龚帕斯(Compertz)曲线和逻辑斯蒂(Logistic)曲线

龚帕斯曲线和逻辑斯蒂曲线也即人们常说的“生长”曲线。曲线的趋势显低增长、高增长到饱和(或发展极限)这样一个大体规律。

龚帕斯曲线预测方程为：

$$\hat{Y}_t = e^{(K+ab^t)} \text{或} \ln \hat{Y}_t = K + ab^t \tag{3-3-10}$$

参数估计值可采用三段法进行估计，即样本数据 T 平均分成三段(如 T 不能被 3 整除，可通过增减个别数据使其恰为 3 的倍数)，则每段有 n 个数，即 $n = \frac{T}{3}$，对各段求和可得：

$$\Sigma_1 \ln Y_t = \sum_{t=1}^{n} \ln Y_t$$

$$\Sigma_2 \ln Y_t = \sum_{t=n+1}^{2n} \ln Y_t$$

$$\Sigma_3 \ln Y_t = \sum_{t=2n+1}^{3n} \ln Y_t$$

解得参数估计值为：

$$b=\sqrt[n]{\frac{\Sigma_3 \ln Y_t-\Sigma_2 \ln Y_t}{\Sigma_2 \ln Y_t-\Sigma_1 \ln Y_t}}$$

$$a=\frac{b-1}{(b^n-1)^2 b}(\Sigma_2 \ln Y_t-\Sigma_1 \ln Y_t)$$

$$K=\frac{1}{n}\left[\frac{(\Sigma_1 \ln Y_t)(\Sigma_3 \ln Y_t)-(\Sigma_2 \ln Y_t)^2}{\Sigma_1 \ln Y_t+\Sigma_3 \ln Y_t-2\Sigma_2 \ln Y_t}\right]$$

逻辑斯蒂曲线预测方程为：

$$\hat{Y}_t=\frac{1}{(K+ab^t)}$$

参数估计值同样采用三段法解得：

$$b=\sqrt[n]{\frac{\Sigma_3 \frac{1}{Y_t}-\Sigma_2 \frac{1}{Y_t}}{\Sigma_2 \frac{1}{Y_t}-\Sigma_1 \frac{1}{Y_t}}}$$

$$a=\frac{b-1}{(b^n-1)^2 b}(\Sigma_2 \frac{1}{Y_t}-\Sigma_1 \frac{1}{Y_t})$$

$$K=\frac{1}{n}\left[\frac{(\Sigma_1 \frac{1}{Y_t})(\Sigma_3 \frac{1}{Y_t})-(\Sigma_2 \frac{1}{Y_t})^2}{\Sigma_1 \frac{1}{Y_t}+\Sigma_3 \frac{1}{Y_t}-2\Sigma_2 \frac{1}{Y_t}}\right]$$

（三）三点预测法

三点预测法是时间序列预测技术的一种简便方法。前述时间回归预测法采用最小平方法的原理是计算公式的参数，数据较多，对过去的经济信息都是相等的影响预测方程。指数平滑法又有一个如何确定初始值和平滑系数的问题。而三点法使用起来则比较简便。

三点预测法是通过计算三个坐标点来计算预测公式的参数（直线型为两个坐标点），其预测步骤是：先根据搜集的历史数据画出散点图和趋势线的大致形状，选用合适的趋势线模型；其次将数据均匀地分成三段（直线型分成两段），每段中选取五项（历史数据较少时取三项），算出加权平均数，作为三点的坐标；再代入公式求出公式的参数估计值，而后对未来做出预测。

1. 两次抛物线趋势

(1)预测公式

$$\hat{Y}=a+bt+ct^2 \tag{3-3-11}$$

(2)确定三点的坐标

各项历史数据为Y_1、Y_2、…、Y_d、…、Y_n；

各年序为t_1、t_2、…、t_n；

正中项$d=\dfrac{n+1}{2}$，其中n为奇数(若历史数据为偶数时，可删去最早期一项，使总项数保持奇数)。

设初、中、近期三点的坐标分别为$M_1(t_1、R)$、$M_2(t_2、S)$、$M_3(t_3、T)$。若历史数据总项数$n\geqslant15$时，在数列的首尾两端和正中各取五项数据，算出三个加权平均数(权数由远到近分别为1,2,3,4,5,用以提高近期信息在平均数中的比重)。这三个平均数作为趋势线上三个点的纵坐标，取为R、S、T。若历史数据为$9\leqslant n<15$时，初、中、近期各取三项算出三个加权平均数(权数由远及近分别用1、2、3)，作为三个点的纵坐标如表3-3-5。以时间年序为数列，用同样方法算出三个加权平均数t_1、t_2、t_3，作为三个点的横坐标如表3-3-6。

表3-3-5 三个点的纵坐标

五项加权平均	三项加权平均
$R=\frac{1}{15}(Y_1+2Y_2+3Y_3+4Y_4+5Y_5)$	$R=\frac{1}{6}(Y_1+2Y_2+3Y_3)$
$S=\frac{1}{15}(Y_{d-2}+2Y_{d-1}+3Y_d+4Y_{d+1}+5Y_{d+2})$	$S=\frac{1}{6}(Y_{d-1}+2Y_d+3Y_{d+1})$
$T=\frac{1}{15}(Y_{n-4}+2Y_{n-3}+3Y_{n-2}+4Y_{n-1}+5Y_n)$	$T=\frac{1}{6}(Y_{n-2}+2Y_{n-1}+3Y_n)$

表3-3-6 三个点的横坐标

五项加权平均	三项加权平均
$t_1=\frac{1}{15}(1+2\times2+3\times3+4\times4+5\times5)=3\frac{2}{3}$	$t_1=\frac{1}{6}(1+2\times2+3\times3)=\frac{7}{3}$
$t_2=d+\frac{2}{3}=\frac{3n+7}{6}$	$t_2=\frac{3n+5}{6}$
$t_3=(n-2)+\frac{2}{3}=n-\frac{4}{3}$	$t_3=n-\frac{2}{3}$

(3)求预测方程参考估计值

由于初、中、近三点M_1、M_2、M_3必须满足方程$\hat{Y}=a+bt+ct^2$，因此五项加权平均时，有方程：

$$\begin{cases} R=a+\dfrac{11}{3}b+(\dfrac{11}{3})^2c \\ S=a+\dfrac{3n+7}{6}b+(\dfrac{3n+7}{6})^2c \\ T=a+(n-\dfrac{4}{3})b+(n-\dfrac{4}{3})^2c \end{cases}$$

解得参考估计值为：

$$\begin{cases} \hat{c}=\dfrac{2(R+T-2S)}{(n-5)^2} \\ \hat{b}=\dfrac{T-R}{n-5}-\dfrac{3n+7}{3}\hat{c} \\ \hat{a}=R-\dfrac{11}{3}\hat{b}-\dfrac{121}{9}\hat{c} \end{cases}$$

同理，三项加权平均时，可解得参数估计值为：

$$\begin{cases} \hat{c}=\dfrac{2(R+T-2S)}{(n-3)^2} \\ \hat{b}=\dfrac{T-R}{n-3}-\dfrac{3n+5}{3}\hat{c} \\ \hat{a}=R-\dfrac{7}{3}\hat{b}-\dfrac{49}{9}\hat{c} \end{cases}$$

(4)估计标准误差，计算预测区间

$$S_Y=\sqrt{\frac{\Sigma(Y-\hat{Y})^2}{n-m}}$$

式中　n——总项目数；

m——约束条件(本预测方程 $m=3$)；

$Y=\hat{Y}\pm 2S_Y$。

【例】 某公路区段日均观测交通量如表 3-3-7 所示，判断预测方程为二次抛物线型趋势，试预测 2020 年交通量。

【解】 三点坐标为：

$$R=\frac{1}{15}\times 19\,920=1\,328$$

$$S=\frac{1}{15}\times 55\,580=3\,723.33$$

$$T=\frac{1}{15}\times 111\,350=7\,423.33$$

$$\begin{cases} t_1 = 3.667 \\ t_2 = \dfrac{3\times 17+7}{6} = 9.667 \\ t_3 = 17 - \dfrac{4}{3} = 15.667 \end{cases}$$

代入公式，解得参数为：

$$c = \frac{2(R+T-2S)}{(n-5)^2} = \frac{2(1\,328+7\,423.33-2\times 3\,723.33)}{(17-5)^2} = 18.12$$

$$b = \frac{T-R}{n-5} - \frac{3n+7}{3}c = \frac{7\,423.33-1\,328}{17-5} - \frac{3\times 17+7}{3}\times 18.12 = 157.62$$

$$a = R - \frac{11}{3}b - \frac{121}{9}c = 506.48$$

因此，求得预测方程为：

$$\hat{Y} = 506.48 + 157.62t + 18.12t^2$$

估计误差

$$S_Y = \sqrt{\frac{\Sigma(Y-\hat{Y})^2}{n-m}} = \sqrt{\frac{2\,548\,684.81}{17-3}} = 426.67$$

预测 2020 年日均交通量：

$$t = t' - 1990 = 2020 - 1990 = 30$$

$$\hat{Y} = 506.48 + 157.62\times 30 + 18.12\times 30^2 = 21\,543.08$$

预测区间：

上限为　21 543.08＋426.67＝21 969.75

下限为　21 543.08－426.67＝21 116.41

表 3-3-7　某公路区段交通量二次抛物线趋势计算表

$t=t'-1990$	年份	交通量(辆)	权数(W)	YW	$\hat{Y}$	$(Y-\hat{Y})^2$
1	1991	780	1	780	681.55	9 692.40
2	1992	1 000	2	2 000	893.41	11 361.41
3	1993	1 300	3	3 900	1 141.50	25 119.08
4	1994	1 560	4	6 240	1 425.85	17 996.22
5	1995	1 400	5	7 000	1 746.43	120 013.75
6	1996	1 300	小计	19 920	2 103.25	645 210.56

续上表

$t=t'-1990$	年份	交通量(辆)	权数(W)	YW	$\hat{Y}$	$(Y-\hat{Y})^2$
7	1997	2 300	1	2 300	2 496.31	38 537.62
8	1998	2 800	2	5 600	2 925.61	15 777.87
9	1999	2 500	3	10 500	3 391.15	794 148.32
10	2000	3 800	4	15 200	3 892.93	8 635.99
11	2001	4 450	5	22 250	4 430.95	362.90
12	2002	5 100	小计	55 850	5 005.21	8 985.14
13	2003	5 400	1	5 400	5 615.71	46 530.80
14	2004	5 800	2	11 600	6 262.45	213 860.00
15	2005	6 500	3	19 500	6 945.43	198 407.88
16	2006	7 450	4	29 800	7 664.65	46 074.62
17	2007	9 010	5	45 050	8 420.11	347 970.21
			小计	111 350		2 548 684.81

2. 直线型趋势

若历史资料在散图上呈直线形状，则选用直线型趋势，预测公式为：

$$\hat{Y}=a+bt \tag{3-3-12}$$

若 $n\geqslant 10$ 时，取五项加权平均，在数列的首尾两端各取五项，用以计算初期和近期的坐标。若 $b\leqslant n<10$ 时，则取三项加权平均。根据三点预测原理，可解得参考数值。

五项加权平均时

$$\hat{b}=\frac{T-R}{n-5}$$

$$\hat{a}=R-\frac{11}{3}\hat{b}$$

三项加权平均时

$$\hat{b}=\frac{T-R}{n-3}$$

$$\hat{a}=R-\frac{7}{3}\hat{b}$$

直线趋势选用坐标为两点，属于三点法的例，所以仍用为三点预测计范畴。

【例】 某市公交客运量见表 3-3-8，判断预测方程为直线型趋势，试预测 2020 年客运量。

表 3-3-8　某市公交客运量直线趋势计算表

年份 t'	发送量(千人)	$t=t'-1990$	权数(W)	YW	$\hat{Y}$	$(Y-\hat{Y})^2$
1991	150	1	1	150	312.38	26 367
1992	240	2	2	480	437.85	39 144
1993	375	3	3	1 125	563.32	35 464
1994	510	4	4	2 040	668.79	31 965
1995	680	5	5	3 400	814.26	18 025
1996	760	6	小计	7 195	936.73	32 302
1997	790	7			1 065.20	75 735
1998	1 020	8			1 190.67	29 128
1999	1 150	9			1 316.14	27 602
2000	1 280	10			1 441.61	26 117
2001	1 450	11			1 567	13 707
2002	1 620	12	1	1 680	1 692	5 263
2003	1 680	13	2	3 600	1 818	19 049
2004	1 800	14	3	5 760	1 943	20 589
2005	1 920	15	4	8 240	2 068	22 189
2006	2 060	16	5	10 500	2 194	18 071
2007	2 100	17	小计	29 780	2 319	48 356
		$\Sigma t=153$ $\bar{t}=9$				Σ 489 073

【解】 计算两点的坐标

$$R=\frac{1}{15}\times 7\,195=479.67$$

$$T=\frac{1}{15}\times 29\,780=1\,985.33$$

解得方程参数：

$$\hat{b}=\frac{T-R}{n-5}=\frac{1\,985.33-479.67}{17-5}=125.47$$

$$\hat{a}=R-\frac{7}{3}\times\hat{b}=479.67-\frac{7}{3}\times 125.47=186.91$$

所以，直线方程为：

$$\hat{Y}=186.91+125.47t\text{(千人)}$$

标准差为：

$$S_Y=\sqrt{\frac{\sum(Y-\hat{Y})^2}{n-m}}=\sqrt{\frac{489\ 073}{17-3}}=186.91$$

预测 2020 年的客运量为($t=2020-1990=30$)：

$$\hat{Y}_{2\,020}=3\ 951\text{ 千人}$$

令 $P=0.95$,则 $a=0.05$,由 t 分布表查得:$t_{a/2}=t_{0.025}(15)=2.13$

预测区间：

$$Y_{2020}=\hat{Y}_{2020}\pm t_{a/2}\times S_Y\times\sqrt{1+1/n+\frac{(t_0-\bar{t})^2}{\sum(t-\bar{t})^2}}$$

$$=3\ 951\pm2.13\times186.91\times\sqrt{1+1/17+\frac{(18-9)^2}{\sum(t-9)^2}}$$

$$=3\ 951\pm445.89$$

预测上限为:4 396.89；

预测下限为:3 505.11。

(四)灰色模型

灰色模型是应用模糊数学原理的一种预测方法,是对随机的原始时间序列数据进行累加生成处理,使生成序列(一次或多次累加处理生产)符合指数规律,然后建立微分方程来模拟该生成序列,求解微分方程,将此微分方程所得的预测值还原,即得到原时间序列的预测值。灰色模型主要用于历史数据中个别年份随机性较大的序列预测,也可用于修匀历史数列。灰色模型预测公式：

设给定变量:$\boldsymbol{x}^{(0)}=[x_{(1)}^{(0)},x_{(2)}^{(0)},\cdots,x_{(n)}^{(0)}]$

其相应的微分方程为:$dx_{(t)}^{(1)}/dt+ax_{(t)}^{(1)}=u$

微分方程的解(离散):$X_{(k+1)}^{(1)}=(x_{(1)}^{(0)}-u/a)\mathrm{e}^{-ak}+u/a$

其中　$[a,u]^T=[\boldsymbol{B}^T\boldsymbol{B}]^{-1}\boldsymbol{B}^T\boldsymbol{Y}_n$

$$\boldsymbol{B}=\begin{bmatrix}-1/2(x_{(1)}^{(1)}+x_{(2)}^{(1)}\cdots)&1\\-1/2(x_{(2)}^{(1)}+x_{(3)}^{(1)}\cdots)&1\\\cdots&\\-1/2(x_{(n-1)}^{(1)}+x_{(n)}^{(1)}\cdots)&1\end{bmatrix}$$

$$\boldsymbol{Y}_n=[x_{(2)}^{(0)},x_{(3)}^{(0)},\cdots,x_{(n)}^{(0)}]^{\mathrm{T}}$$

式中　$x_{(t)}^{(1)}$——预测原始数据的一次累加；

$x_{(k)}^{(0)}$——预测原始数据。

【例】　2002 年～2007 年某站客运量如表 3-3-9,应用灰色模型预测 2018～2020 年的该站客运量。

表 3-3-9　2002 年～2007 年某站客运量　单位:万人次

年份	2002	2003	2004	2005	2006	2007
运量	117.2	124.4	132.5	137.7	139.2	147.5

首先建立灰色预测模型：$\dfrac{dx^{(1)}(t)}{dt}+ax^{(1)}(t)=u$

对原始数据生成，按：

$$x^{(1)}(k)=\sum_{i=1}^{k}x^{(0)}(i)=x^{(0)}(1)+x^{(0)}(2)+\cdots+x^{(0)}(k)$$

可得生成数：

$x^{(1)}(i)$	1	2	3	4	5	6
	117.2	241.6	374.1	511.8	651.0	798.5

构造数据矩阵：

$$\boldsymbol{Y}_n=[x^{(0)}(2),x^{(0)}(3),\cdots,x^{(0)}(6)]^{\mathrm{T}}=[124.4,132.5,137.7,139.2,147.5]^{\mathrm{T}}$$

$$\boldsymbol{B}=\begin{bmatrix}-0.5(x^{(1)}(1)+x^{(1)}(2)) & 1\\ -0.5(x^{(1)}(2)+x^{(1)}(3)) & 1\\ -0.5(x^{(1)}(3)+x^{(1)}(4)) & 1\\ -0.5(x^{(1)}(4)+x^{(1)}(5)) & 1\\ -0.5(x^{(1)}(5)+x^{(1)}(6)) & 1\end{bmatrix}=\begin{bmatrix}-179.4 & 1\\ -307.9 & 1\\ -442.9 & 1\\ -581.4 & 1\\ -724.8 & 1\end{bmatrix}$$

根据：$[a,u]^T=[\boldsymbol{B}^T\boldsymbol{B}]^{-1}\boldsymbol{B}^T\boldsymbol{Y}_n$

$[a,u]^T=[-0.021,94\ 694]$

由此得到灰色预测模型的时间序列解为：

$$x^{(1)}(k+1)=\left[x^{(0)}(1)-\frac{u}{a}\right]e^{-ak}+\frac{u}{a}$$

$$=\left[117.2-\frac{118.945}{-0.039}\right]e^{0.039k}+\frac{118.945}{-0.039}=3\ 167.072e^{0.039k}-3\ 049.87$$

将 $k=1,2,\cdots,5$ 依次代入求得，见表 3-3-10～表 3-3-12。

表 3-3-10　微分模型计算表

年份		微分模型计算值	实际值
2003	$x^{(1)}(2)$	243.2	241.6
2004	$x^{(1)}(3)$	374.1	374.1
2005	$x^{(1)}(4)$	510.3	511.8
2006	$x^{(1)}(5)$	651.9	651.0
2007	$x^{(1)}(6)$	799.1	798.5

表 3-3-11　还原数据计算表

年份		还原数据	原始数据
2003	$x^{(0)}(2)$	126.0	124.4
2004	$x^{(0)}(3)$	131.0	132.5
2005	$x^{(0)}(4)$	136.2	137.7
2006	$x^{(0)}(5)$	141.6	139.2
2007	$x^{(0)}(6)$	147.2	147.5

表 3-3-12　误差计算表

年份		误差		误差百分比%
2003	$q(2)$	1.6	$e(2)$	1.3
2004	$q(3)$	−1.5	$e(3)$	1.1
2005	$q(4)$	−1.5	$e(4)$	1.1
2006	$q(5)$	−2.4	$e(5)$	1.7
2007	$q(6)$	−0.3	$e(6)$	0.2

根据计算结果用灰色模型计算得预测值与实际值的误差均不到 5%，因此有较好的精度。现依据上面模型来预测 2010～2012 年的客运量。将 $k=8,9,10$ 依次代入模型求得每年的累计预测值，然后还原成计算预测值见表 3-3-13。

表 3-3-13　2018～2020 年客运量预测　　单位：万人次

年份	2018	2019	2020
累计预测值	2 861.1	3 096.2	3 340.6
还原值	226.1	235.1	244.4

二、回归模型

相关预测模型就是从各种经济现象之间的相互关系出发，通过对与预测对象有联系的现象变动趋势的分析，推算预测对象未来状态数量表现的一种预测模型。研究某一个随机变量（因变量）与其他一个或几个变量（自变量）之间的数量变动关系，通常采用回归分析求出，因此通常称为回归模型。

根据自变量个数的多少，模型可以分为一元回归和多元回归模型。

根据回归趋势，模型可以分为线性回归和非线性回归。

（一）一元线性

1. 预测公式

$$y = a + bx \tag{3-3-13}$$

式中　y——因变量，即运量；

x——自变量，即相关因素值（如GDP、人口）；

a、b——回归系数。

2. 回归系数的估计

a、b 系数一般采用最小二乘法解得，即：

$$a=\overline{Y}-b\overline{X}$$

$$b=\frac{\Sigma XY}{\Sigma X^2-\overline{X}\Sigma X}$$

3. 相关检验

由统计数列建立起来的预测方程是否适用，因变量与自变量间线性相关程度是否密切，需要通过相关检验。检验的步骤如下。

(1)计算相关系数 r：

$$r=\frac{\Sigma(X-\overline{X})(Y-\overline{Y})}{\sqrt{\Sigma(X-\overline{X})^2\cdot\Sigma(Y-\overline{Y})^2}}=\sqrt{b\frac{n\Sigma XY-(\Sigma X)(\Sigma Y)}{n\Sigma Y^2-(\Sigma Y)^2}}$$

(2)给定显著检验水平（$\alpha=0.05;0.01$），根据相关系数检验表（见表3-1-14），查得临界值 R_α。

(3)判别。若 $|R|\geqslant R_\alpha$，表明线性相关显著，检验通过；若 $|R|<R_\alpha$，表明相关关系不显著，应另行选择模式。

在实际分析中，当 $R>0.7$ 时，称强相关；$R=0.3\sim0.7$ 时，称为相关；$R<0.3$ 时，称为弱相关，或可以认为不相关。

4. 预测区间

根据公式计算的仅是回归估计值，由于各种情况和影响因素的变化，预测目标的实际值总会同预测值产生偏离，也就是说会出现变化范围，这个变化范围称为预测区间。预测区间为：

$$\overline{Y}\pm(t_\alpha)S$$

式中　t_α——t 分布，见表3-3-15；

S——标准差：

$$S=\sqrt{\frac{\Sigma(Y-\overline{Y})^2}{n-2}}=\sqrt{\frac{l_{yy}-bl_{xy}}{n-2}}$$

式中　$l_{yy}=\Sigma Y^2-\frac{1}{n}(\Sigma Y)^2$

$l_{xy}=\Sigma XY-\frac{1}{n}(\Sigma X)(\Sigma Y)$

表 3-3-14　相关系数检验表

自由度	自变量和因变量总数		自由度	自变量和因变量总数	
	2	3		2	3
	α=0.05			α=0.01	
1	0.997	0.999	1	1.000	1.000
2	0.950	0.975	2	0.990	0.995
3	0.878	0.930	3	0.959	0.976
4	0.811	0.881	4	0.917	0.949
5	0.754	0.836	5	0.874	0.917
6	0.707	0.795	6	0.834	0.886
7	0.666	0.758	7	0.798	0.855
8	0.632	0.726	8	0.765	0.827
9	0.602	0.697	9	0.735	0.800
10	0.576	0.671	10	0.708	0.776
11	0.553	0.648	11	0.684	0.753
12	0.532	0.627	12	0.661	0.732
13	0.514	0.608	13	0.641	0.712
14	0.497	0.590	14	0.632	0.694
15	0.482	0.574	15	0.606	0.677
16	0.468	0.559	16	0.590	0.662
17	0.456	0.545	17	0.575	0.647
18	0.444	0.532	18	0.561	0.633
19	0.433	0.520	19	0.549	0.620
20	0.423	0.509	20	0.537	0.608
25	0.381	0.462	25	0.487	0.555
30	0.349	0.426	30	0.449	0.514
35	0.325	0.397	35	0.418	0.481
40	0.304	0.373	40	0.393	0.454
50	0.273	0.336	50	0.354	0.410
60	0.250	0.308	60	0.324	0.377
70	0.232	0.286	70	0.302	0.351
80	0.217	0.269	80	0.283	0.333
100	0.195	0.241	100	0.254	0.293

表 3-3-15　*t* 分布表（*t* 分布的监界点）

自由度 R	显著性水平 α（双近临界区域）			
	0.10	0.05	0.02	0.01
1	6.31	12.70	31.82	63.70
2	2.92	4.30	6.97	9.92
3	2.35	3.18	4.54	5.84
4	2.13	2.78	3.75	4.60
5	2.01	2.57	3.37	4.03
6	1.94	2.45	3.14	3.71
7	1.89	2.36	3.00	3.50
8	1.86	2.31	2.90	3.36
9	1.83	2.26	2.82	3.25
10	1.81	2.23	2.76	3.17
11	1.80	2.20	2.72	3.11
12	1.78	2.18	2.68	3.05
13	1.77	2.16	2.65	3.01
14	1.76	2.14	2.62	2.98
15	1.75	2.13	2.60	2.95
16	1.75	2.12	2.58	2.92
17	1.74	2.11	2.57	2.90
18	1.73	2.10	2.55	2.88
19	1.73	2.09	2.54	2.86
20	1.73	2.09	2.53	2.85
21	1.72	2.08	2.52	2.83
22	1.72	2.07	2.51	2.82
23	1.71	2.07	2.50	2.81
24	1.71	2.06	2.49	2.80
25	1.71	2.06	2.49	2.79
26	1.71	2.06	2.48	2.78
27	1.71	2.05	2.47	2.77
28	1.70	2.05	2.46	2.76
29	1.70	2.05	2.46	2.76
30	1.70	2.04	2.46	2.75
40	1.68	2.02	2.42	2.70
60	1.67	2.00	2.39	2.66
120	1.66	1.98	2.36	2.62
∞	1.64	1.96	2.33	2.58
	0.05	0.025	0.01	0.005
	显著水平（单近监界区域）			

（二）一元非线性

一元非线性方程的参数求解比较复杂，在实际工作中，是把曲线方程转变成直线方程，然后按前面解直线方程参数的办法求得参数，再转变成曲线议程。

1. 对数曲线方程

$$Y=a+b\lg X \tag{3-3-14}$$

令 $X'=\lg X$，即有

$$Y=a+bX'$$

将 X 变换成 X' 进行数据计算，即可解得参数 a、b。

2. 指数曲线回归

$$Y=ab^x \tag{3-3-15}$$

上式两边取对数：

$$\ln Y=\ln a+X\ln b$$

令 $Y'=\ln Y$，$A=\ln a$，$B=\ln b$，则有

$$Y'=A+BX$$

用解线性方程参数的公式(3-3-13)解得：

$$A=\overline{Y'}-B\,\overline{X}$$

$$B=\frac{\Sigma XY'-\overline{X}\Sigma Y'}{\Sigma X^2-\overline{X^2}\Sigma X}$$

并据此求得 a、b 的值，建立预测模型表达式 $Y=ab^k$。

（三）二元线性

二元线性回归的定义为：影响运量的因素为两个（X_1、X_2），总的相关关系仍是线性的。

1. 预测公式及参数计算

$$Y=b_0+b_1X_1+b_2X_2 \tag{3-3-16}$$

式中 b_0——常数项；

b_1——Y 对 X_1 的回归系数，表明当 X_2 固定时，X_1 变动一个单位引起 Y 的平均变动量；

b_2——Y 对 X_2 的回归系数，表明当 X_1 固定时，X_2 变动一个单位引起 Y 的平均变动量。

参数的计算公式为：

$$b_0=\overline{Y}-b_1\,\overline{X}_1-b_2\,\overline{X}_2$$

$$b_1=\frac{\Sigma X_1Y\cdot\Sigma X_2^2-\Sigma X_2Y\cdot\Sigma X_1X_2}{\Sigma X_1^2\cdot\Sigma X_2^2-(\Sigma X_1X_2)^2}$$

$$b_2=\frac{\Sigma X_1^2\cdot\Sigma X_2Y-\Sigma X_1Y\cdot\Sigma X_1X_2}{\Sigma X_1^2\cdot\Sigma X_2^2-(\Sigma X_1X_2)^2}$$

2. 回归模型检验

在二元线性回归预测实践中，一般只作 R 检验。本手册仅对 R 检验作介绍，省略 F 检验、t 检验，需要时可参考其他书籍。

二元线性回归复相关系数计算公式如下：

$$R=\sqrt{1-\frac{\Sigma(Y_i-\overline{Y}_i)^2}{\Sigma(Y_i-\overline{Y})^2}}$$

（四）多元线性回归

1. 多元线性回归模型

预测对象作为因变量 Y，诸影响因素为自变量 $X_j(j=1,2,\cdots k)$，Y 与各 X 之间存在的线性关系。根据一定的估计准则，对因变量 Y 和诸变量 X 的实际观察值经过统计处理，得到 $\beta_0,\beta_1,\ldots,\beta_k$，若有 n 个实际观察值(样本数据)，因变量 Y 与其相应的诸 $X_i(i=1,2,\cdots,n)$ 之间的线性关系还可以表述为：

$$Y=b_0+b_1X_{1i}+b_2X_{2i}+\ldots+b_kX_{ki}+e_i \tag{3-3-17}$$

式中：b_0 是实际回归常数；$b_j(j=1,2,\cdots,k)$ 是实际回归系数；$e_i(i=1,2,\cdots,n)$ 是回归余项，也称残差项。由于回归余项 e 的变化往往无法预测，因此实际预测模型是通过上式的主体部分完成的，即：

$$\hat{Y}_i=b_0+b_1X_{1i}+b_2X_{2i}+\ldots+b_kX_{ki}(i=1,2,\cdots,n) \tag{3-3-18}$$

2. 参数估计

最小二乘法是预测中常用的估计参数的方法，其目的是选择参数 $b_0,b_1,b_2,\ldots,b_k$，使因变量 Y 的实际观察值与预测模型得到的回归估计值之间的离差平方和最小，即：

$\Sigma e_i^2=\Sigma(Y_i-\bar{Y}_i)^2=\Sigma(Y_i-b_0-b_1X_{1i}-\cdots-b_kX_{ki})^2$ 达到最小。

多元线性回归模型的参数估计可以用矩阵形式表达。式(3-3-17)写成矩阵形式：

$$\boldsymbol{Y}=X\boldsymbol{b}+\boldsymbol{e} \tag{3-3-19}$$

其中：$\boldsymbol{Y}=\begin{bmatrix}y_1\\y_2\\\vdots\\y_n\end{bmatrix}$ $\boldsymbol{b}=\begin{bmatrix}b_1\\b_2\\\vdots\\b_n\end{bmatrix}$ $\boldsymbol{e}=\begin{bmatrix}e_1\\e_2\\\vdots\\e_n\end{bmatrix}$

$$X=\begin{bmatrix}1 & x_{11} & x_{21} & \cdots & x_{k1}\\ 1 & x_{12} & x_{22} & \cdots & x_{k2}\\ \vdots & \vdots & \vdots & \cdots & \vdots\\ 1 & x_{1n} & x_{2n} & \cdots & x_{kn}\end{bmatrix}$$

式中　$\boldsymbol{b}$——特定参数向量；

e——残差向量，遵从正态分布，即 $\boldsymbol{e}:N(0,\sigma^2 I)$；

I——为 $n\times n$ 单位阵，满足 $\boldsymbol{E}(e)=0,\boldsymbol{E}(ee')=\sigma^2\boldsymbol{I}$。利用最小二乘法得到参数向量 b 的估计值为：

$$\boldsymbol{b}=(\boldsymbol{X}'\boldsymbol{X})^{-1}\boldsymbol{X}'\boldsymbol{Y} \tag{3-3-20}$$

式中 $\boldsymbol{X}'$ 是矩阵 $\boldsymbol{X}$ 的转置矩阵，$(\boldsymbol{X}'\boldsymbol{X})^{-1}$ 是矩阵 $(\boldsymbol{X}'\boldsymbol{X})$ 的逆矩阵。

3. 模型的检验

(1)t 检验

多元线性回归模型的回归系数 $b_j(j=1,2,\cdots,k)$ 用来测定在其他变量保持不变时，自变量 X_j 与因变量 Y 之间的变化关系。回归系数的最小二乘法估计 $b_j(j=1,2,\cdots,k)$ 在一定的显著性水平 α(α 很小，通常采用 0.05)下，若显著地不为 0，说明自变量 X_j 与因变量 Y 有较强的线性关系 $S_{b_j}=\sqrt{S^2 gC_{jj}}$，$X_j$ 的变化能很好地解释 Y 的变化，符合回归分析的线性假设，变量 X_j 可以保留在预测模型中。反之 X_j 是否应作为自变量值得考虑。在多元线性回归分析中，对回归系数的显著性检验，也是通过计算各回归系数的 t 值进行的。回归系数 b_j 的 t 值进行的。

$$t_{b_j}=b_j/S_{b_j}\quad (j=1,2,\cdots,k) \tag{3-3-21}$$

式中：S_{b_j} 是回归系数 b_j 的标准差，它可以这样得到：

$$S_{b_j}=\sqrt{S^2 gC_{jj}}\,(j=0,1,\cdots,k)$$

式中　S^2——回归方差 $S^2=\dfrac{\sum e_t^{\ 2}}{n-k-1}$；

n——观察值数目；

k——自变量个数；

C_{jj}——矩阵 $(\boldsymbol{X}'\boldsymbol{X})^{-1}$ 主对角线上的元素；

e^2——残差平方和，即：

$$e^2=\Sigma(Y-b_0-b_1X_1-b_2X_2-\cdots-b_kX_k)^2$$

计算出各回归系数 b_j 的 t_{b_j} 后，根据给定的显著性水平 α，查 t 分布表中自由度为 $n-k-1$ 的 $\alpha/2$ 的临界值 t_c。将计算的 $t_{b_j}(j=1,2,\cdots,k)$ 与查得的 t_c 比较，若 $|t_{b_j}|>t_c$，则回归系数 b_j 显著地不为 0，参数的 t 值检验通过。若 $|t_{b_j}|<t_c$，则

回归系数不显著,参数的 t 值检验通过。

(2)F 检验

F 检验即回归方程的显著性检验。检验假设 $H_0: b_1=b_2=\ldots=b_k=0$

计算回归模型的 F 统计量:

$$F(k,n-k-1)=\frac{\sum(\hat{Y}_i-\bar{Y})^2/k}{\sum(Y_i-\hat{Y}_i)^2/n-k-1} \tag{3-3-22}$$

查 F 分布表,显著性水平为 α,自由度 $n_1=k, n_2=n-k-1$,得 $F_\alpha=(k,n-k-1)$。将计算的 $F(k,n-k-1)$ 与表中 $F_\alpha=(k,n-k-1)$ 比较。若 $F(k,n-k-1)>F_\alpha=(k,n-k-1)$,拒绝 H_0。回归方程的线性回归效果显著,模型的 F 检验通过。反之则模型没有什么实际意义,不能用于预测。

【例】 根据表 3-3-16 数据建立多元线性预测模型,预测 2020 年粮食到达量。

表 3-3-16

年份	粮食到达量(亿 kg)Y	消费人口(万人)X_1	粮食年平均价格(角/kg)X_2	瓜果年人均消费量(kg)X_3	副食年人均消费量(kg)X_4	蔬菜年人均消费量(kg)X_5	人均月生活费支出(元)X_6
1985	7.45	425.5	9.744	17.5	17.8	92.93	130.08
1986	7.605	422.3	9.984	22.9	19.51	92.68	126.48
1987	7.855	418	10.032	23.7	18.93	92.55	126.18
1988	7.805	419.2	9.84	21.1	19.05	92.4	124.38
1989	6.9	384.2	10.632	23.3	19.57	92.3	131.58
1990	7.47	372.5	9.24	19.1	19.95	92.13	134.94
1991	7.385	372.9	10.152	18.2	20.89	90.68	139.56
1992	7.225	380.8	10.656	22.2	23.27	89.65	146.34
1993	8.13	401.7	10.8	27.6	26.06	89.05	150.24
1994	8.72	406.5	10.56	28.8	28.55	88.13	153.18
1995	9.145	410.5	11.112	27.8	30.12	87.18	159.84
1996	10.105	447	10.344	24.4	32.78	87.13	165.18
1997	10.17	452.8	10.128	24.1	32.21	89.68	168.72
1998	10.54	467.1	11.592	27.8	33.57	86.93	188.1
1999	10.635	495.2	11.616	19.5	34.86	89.75	207.48
2000	10.455	500	13.584	25.4	36.6	83.43	250.68
2001	10.995	525	14.76	28.4	40.35	79.13	257.1
2002	12.38	550	15.456	35.4	45	77.5	280.5
2020		580	16.45	38.3	50	78.3	350.2

解:根据上表数字,首先构造式(3-3-19)中的 Y、X 矩阵,采用最小二乘法,利用式(3-3-20)计算系数矩阵 b,得到回归模型为:

$\hat{Y}=-1.5303+0.01465X_1-0.5857X_2+0.0603X_3+0.1198X_4+0.03616X_5+0.01538X_6$

t 检验：

根据式(3-3-21)计算各回归系数的 t 值分别为：

$t_{b_1}=5.0121$，$t_{b_2}=2.7612$，$t_{b_3}=2.1875$，$t_{b_4}=3.2393$，$t_{b_5}=0.6948$，$t_{b_6}=1.7003$，查 t 分布表，显著性水平 $\alpha=0.05$，$df=19-7=12$，得 $t_c=2.1788$。

$$\left.\begin{array}{l}|t_{b_1}|=5.0121>t_c\\|t_{b_2}|=2.7612>t_c\\|t_{b_3}|=2.1875>t_c\\|t_{b_4}|=3.2393>t_c\end{array}\right\}t\text{ 检验通过}$$

$$\left.\begin{array}{l}t_{b_5}=0.6948<t_c\\t_{b_5}=1.7003<t_c\end{array}\right\}t\text{ 检验未通过}$$

t 检验未通过，模型不能用于预测。略去变量 X_5、X_6，重新建立模型，同理可得到预测模型为：

$\hat{Y}=1.4230+0.0168X_1-0.423X_2+0.0244X_3+0.154X_4$

并通过 t 检验。

F 检验：

利用式(3-3-22)，计算略去变量 X_5、X_6 后模型的 F 值，$F(3,19-4)=181.11$，查 F 分布表，$\alpha=0.05$，自由度 $n_1=3$，$n_2=15$，得到 $F_{0.05}(3,15)=3.29$。

显然 $F(3,15)=181.11>F_{0.05}(3,15)$，回归方程的线性回归效果显著，$F$ 检验通过，模型可以用于预测。

根据表 3-30 中 2010 年相关指标数据，预测 2010 年粮食到达量为：

$\hat{Y}_{2020}=1.4230+0.0168\times580.0-0.423\times16.45+0.0244\times38.3+0.154\times50.0=12.84$(亿 kg)。

三、重力模型

重力模型是把牛顿的万有引力定律的原理应用到未来运输量预测中的一种预测模型，多用于流向分布。其原理是分区 i 到分区 j 的流向分布与分区 i 的产生量、分区 j 的吸引量成正比，与分区 i 和 j 之间的交通阻抗，如两区间交通的距离、时间或费用等成反比。它是将空间阻碍因素与地区增长特性一并考虑的模型分析法，是一种空间互动形态的模拟预测技术，它利用现状 OD 形态模拟出一种模型，去预测未来 OD。重力模型广泛应用道路交通量出行分布预测，也可用于铁路客流的流向分布预测。其模型形式主要为：

(一)基 本 型

$$\bar{Y}_{ij}=k\frac{A_i^{\alpha}G_j^{\beta}}{t_{ij}^{\gamma}}$$

式中　$\bar{Y}_{ij}$——分区 i 到分区 j 的分布量；

A_i——分区 i 的产生量；

G_j——分区 j 的吸引量；

t_{ij}——分区 i 与分区 j 之间的交通阻抗参数；

k、α、β、γ——待定系数。

交通阻抗参数是反映分区间交通便利程度的指标，有代表性的交通阻抗指标如时间、距离、费用等。交通阻抗参数一般可根据现状及未来交通网络采用最短路法确定。如有现状分区区间时间、距离、费用等阻抗调查资料，现状交通阻抗也可通过现状资料采用最小二乘法统计分析确定，拟合时可将模型取对数使之线性化。在客流预测时，阻抗参数宜演变为反映服务属性的广义成本比较合适。

无约束重力模型迭代过程简单，有关参数估计示例见“罗吉特(Logit)模型广义出行费用参数估计”。

未来 OD 量的预测步骤是：首先将预测未来运量产生量 A_i 和运量吸引量 G_j 以及根据未来交通网络确定的交通阻抗参数代入模型计算 $\bar{Y}_{ij}$，由于其不满足约束条件，还应用增长率法进行迭代计算，使 $\bar{Y}_{ij}$ 满足约束条件，例如可用平均增长率法进行迭代计算，其公式为：

$Y'_{ij}=\bar{Y}_{ij}\times\frac{1}{2}\left(\frac{A_i}{\sum\limits_j \bar{Y}_{ij}}+\frac{G_j}{\sum\limits_i \bar{Y}_{ij}}\right)$，将前一轮计算为 Y'_{ij} 代替 $\bar{Y}_{ij}$ 用上式反复计算，直到 $\frac{A_i}{\sum\limits_j \bar{Y}_{ij}}$、$\frac{G_j}{\sum\limits_i \bar{Y}_{ij}}$ 接近于 1，此时的 Y'_{ij} 即为预测运量分布量。

(二) 乌尔希斯重力模型

$$\bar{Y}_{ij}=A_i\frac{U_jf(t_{ij})}{\sum\limits_j U_jf(t_{ij})}$$

式中，$f(t_{ij})$ 为交通阻抗参数，包括 $t_{ij}^{-\alpha}$，$e^{-\beta t_{ij}}$ 等形式，其中 $t_{ij}^{-\alpha}$ 为最常的形式，α 为待定系数，其余符号同前“无约束重力模型”。

待定系数 α 根据现状 OD 调查资料拟合确定，一般可采用试算法等数值方式，以某一指标作为控制目标，通过用模型计算和实际调查所得指标的误差（一般不超过3%）比较确定，当误差超过限定值时，需改动待定常数α进行下一步计算。以 t_{ij} 采用时间为例，平均出行时间($\bar{t}$) 可用下式计算：

$$\bar{t}=\frac{\sum_i\sum_j Y_{ij}t_{ij}}{\sum_i\sum_j Y_{ij}}。$$

【例】 已知分区产生区 1#，2#和分区吸引区 3#，4#，5#之间的交通分布状况如表 3-3-17，分区之间的交通时间如表 3-3-18，确定乌尔希斯重力模型的待定系数。

表 3-3-17　实测 OD 分布表

i	Y_{ij}			A_i
	$j=3$	$j=4$	$j=5$	
1	150	100	50	300
2	400	100	200	700
G_j	550	200	250	1 000

表 3-3-18　交通阻抗表

f_{ij}	$j=3$	$j=4$	$j=5$
$i=1$	3	2	5
$i=2$	3	5	4

试算步骤如下：

假定：$\alpha=1.0$

OD 分布出行平均时间为：

$$\bar{t}=\frac{3\times(150+400)+5\times(100+50)+2\times100+4\times200}{1\,000}=3.40(\text{min})$$

对分区产生区 1#，有$\sum_{j=3}^{5}G_jt_{ij}^{-1.0}=\frac{550}{3}+\frac{200}{2}+\frac{250}{5}=333.3$，

$$所以，Y_{13}=A_1\frac{G_3t_{13}^{-1.0}}{\sum_3^5 G_jt_{ij}^{-1.0}}=300\times\frac{550/3}{333.3}=165.0$$

$$Y_{14}=300\times\frac{200/2}{333.3}=90.0$$

$$Y_{15}=300\times\frac{250/5}{333.3}=45.0$$

对分区产生区 2#，有 $\sum_{j=3}^{5} G_j t_{ij}^{-1.0} = \frac{550}{3} + \frac{200}{5} + \frac{250}{4} = 285.8$，

所以，$Y_{23} = A_2 \frac{G_3 t_{23}^{-1.0}}{\sum_{3}^{5} G_j t_{ij}^{-1.0}} = 700 \times \frac{550/3}{285.8} = 449.0$

$$Y_{24} = 700 \times \frac{200/5}{285.8} = 98.0$$

$$Y_{25} = 700 \times \frac{250/4}{285.8} = 153.0$$

计算分布出行平均时间为：

$$\bar{t}' = \frac{3 \times (165.0 + 449.0) + 5 \times (98.0 + 45.0) + 2 \times 90.0 + 4 \times 153.0}{165.0 + 90.0 + 45.0 + 449.0 + 98.0 + 153.0}$$
$$= 3.35(\text{min})$$

计算分布与 OD 实际分布出行平均时间之间的相对误差为：

$$\frac{|\bar{t}' - \bar{t}|}{\bar{t}} = \frac{|3.35 - 3.40|}{3.40} = 0.015 < 0.03$$

相对误差满足要求，故取 $\alpha = 1.0$。如相对误差 > 0.03，应调整 α。误差原因如是过大，可增大 α 值；如是过小，可减小 α 值。

根据未来产生区与吸引区总量及交通阻抗参数，代入模型计算。通常根据模型计算出的运量吸引量 $\sum_i Y_{ij}$ 与给定的吸引量 G_j 并不相同，因此需进行迭代计算，迭代公式为：$Y'_{ij} = Y_{ij} \frac{G_j}{\sum_i Y_{ij}}$，此时的 Y_{ij} 满足约束条件 $\sum_i Y_{ij} = G_j$，但不满足 $\sum_j Y_{ij} = A_i$，故又需对 A_i 进行迭代，迭代公式为：$Y'_{ij} = Y_{ij} \frac{A_i}{\sum_j Y_{ij}}$ 中可算得未来分布 $\bar{Y}_{ij}$。

【例】 仍以表 3-3-17 表 3-3-18 数据为例，预测年度各分区产生与吸引量见表 3-3-19。

表 3-3-19　各分区产生与吸引总量表

i	Y_{ij}			A_i
	$j=3$	$j=4$	$j=5$	
1				600
2				1 050
G_j	850	360	440	1 650

试算步骤如下：

$$\bar{Y}_{ij}=A_i\frac{U_j\cdot t_{ij}^{-1}}{\sum\limits_j U_j\cdot t_{ij}^{-1}}=600\times(850/3)/(850/3+360/2+440/5)=308.34$$

同理可计算其余 Y'_{ij} 如表 3-3-20：

表 3-3-20　各分区 OD 迭代结果表(第一次)

i	Y_{ij}			A_i
	$j=3$	$j=4$	$j=5$	
1	308.3	195.9	95.8	600
2	639.3	162.5	248.2	1 050
G_j	947.7	358.4	344.0	1 650

模型计算出的运量吸引量 $\sum\limits_i Y_{ij}$ 与给定的吸引量 G_j 并不相同，因此需进行迭代计算，迭代公式为：$Y'_{ij}=Y_{ij}\dfrac{G_j}{\sum\limits_i Y_{ij}}$，计算步骤如下：

$$Y'_{ij}=Y_{ij}\frac{G_j}{\sum\limits_i Y_{ij}}=308.3\times850/947.7=276.6$$

同理可计算其余 Y'_{ij} 如表 3-3-21：

表 3-3-21　各分区 OD 迭代结果表(第二次)

i	Y_{ij}			A_i
	$j=3$	$j=4$	$j=5$	
1	277	197	123	596
2	573	163	317	1 054
G_j	850	360	440	1 650

再进行 $Y'_{ij}=Y_{ij}\dfrac{A_i}{\sum\limits_j Y_{ij}}$ 迭代，反复进行，直到 $\sum\limits_i Y_{ij}=G_j$ 和 $\sum\limits_j Y_{ij}=A_i$ 两个条件均满足为止，此时的 Y'_{ij} 即为预测的分布运量。

重力模型，特别是单约束重力模型是现在广泛使用的交通分布模型，其主要优点在于：考虑的因素较增长系数法更全面，对交通阻抗参数的变化能敏感地反应，在没有完整的现状 OD 调查资料时也能使用。但当交通阻抗趋近于 0 时，运量分布量会趋近于无穷大，因此它不适用于短距离的交通分布计算。

(三)重力模型的验证

重力模型的标定是通过拟合现状 OD 调查资料确定待定系数，但拟合的目标是以某种(如平均出行时间)的误差作为控制指标，因此其标定的模型精度有时不能仅以此作为评判标准，必要时应作统计检验，统计学中的许多标准统计检验的方法均可使用，其中最常用的是 χ^2 检验。如用模型计算的分布值为 $\bar{Y}_{ij}$，实际调查值为 Y_{ij}，则

$$\chi^2 = \sum_i \sum_j (Y_{ij} - \bar{Y}_{ij})/Y_{ij}$$

计算 χ^2 值与其临界值比较，如果计算的 χ^2 比临界值小，则说明模型拟合良好。临界值可根据自由度和显著性水平，查 χ^2 的临界分布标准表得到。

四、概率统计法

(一)罗吉特(Logit)模型

Logit 模型是运用概率统计法模拟出来的一种预测模型，主要应用方式划分和运量分配预测，原理是对各种运输方式(或径路)的选择是以各种运输方式(或径路)的交通阻抗为基础，以一定的出行选择关系来构造的。在客流量较大，竞争激烈的城际间旅客运输分担率采用罗吉特模型来计算，有较好的效果。常用的 Logit 模型公式为：

$$P_k = \frac{\exp(-\lambda \cdot C_k)}{\sum_k \exp(-\lambda \cdot C_k)} \tag{3-3-23}$$

式中 P_k——k 种运输方式的分担率；

C_k——k 种运输方式的广义出行费用，模型结构为：

$$C_{ijk} = \alpha_{0k} + \alpha_{1k} t_{ijk} + \alpha_{2k} p_{ijk} + \alpha_{3k} w_{ijk} + \alpha_{4k} f_{ijk} \tag{3-3-24}$$

式中 t_{ijk}——i 区到 j 区 k 种运输方式的在车旅行时间；

p_{ijk}——i 区到 j 区 k 种运输方式的进出站时间；

w_{ijk}——i 区到 j 区 k 种运输方式的等候时间；

f_{ijk}——i 区到 j 区 k 种运输方式直接付出的费用(包括票价和附加费)；

α_{0k}——k 种运输方式的方式罚因子，表示交通方式服务属性中除时间、费用以外的因素(安全、舒适、方便性等)；

α_{1k}、α_{2k}、α_{3k}、α_{4k}——参数。

模型计算结果的精度如何，主要通过广义出行费用函数参数标定中 F 检验和 T 检验确定。当参数估计值在显著性水平 $\alpha=0.05$ 条件下为高度显著，说明模型参数标定是合理的。

【例】 某铁路工程项目 A 地至 B 地，全长 100 km，该项目是典型的城际运输，客运运输在项目中占有重要地位，通道间现状无铁路，仅有一条国道和一条高速公路运输，预测年度将新建一条铁路。经调查及需求预测，项目区域另有相关停靠点 E、F、G 间现状及未来客运量如表 3-3-22，各点间国道和高速公路现状基础出行参数及客流分担率如表 3-3-23，应用 Logit 模型，预测 2015 年铁路在通道中客流的分担率。

表 3-3-22　AB 间客运量表　　单位：万人

地区	2005 年				2015 年			
	E	F	G	B	E	F	G	B
A	9 011	1 302	345	7 879	13 965	2 467	645	12 512

表 3-3-23　现状基础数据

序号	起点	终点	基础数据						
			方式	距离	速度	乘车时间	候车时间	票价	OD 量分担率
1	A	E	国道	62	48	1.30	0.5	16	0.33
	A	E	高速	62	90	0.69	0.4	18	0.67
2	A	F	国道	86	57	1.50	0.5	18.5	0.44
	A	F	高速	86	90	0.96	0.5	22	0.56
3	A	G	国道	58	53	1.10	0.7	12	0.45
	A	G	高速	58	90	0.64	0.7	15	0.55
4	A	B	国道	96	65	1.48	0.7	20	0.45
	A	B	高速	96	90	1.10	0.7	25	0.55

【解】 1. 广义出行费用参数估计及检验

由广义出行费用模型(公式(3-3-24))，令：

$$C_{ijk}=C_{ij}$$

$$\alpha_{0k}=\beta_1$$

$$\alpha_{1k}t_{ijk}+\alpha_{2k}p_{ijk}+\alpha_{3k}w_{ijk}=\beta_2 T_{ij}$$

$$\alpha_{4k}F_{ijk}=-F_{ij}$$

广义出行费用模型可简化为：

$$C_{ij}=\beta_1+\beta_2 T_{ij}-F_{ij} \tag{3-3-25}$$

式中　β_1——表示该方式的法因子；

β_2——表示时间价值。

对于任意两种运输方式，其选择概率之比可表示为(即将公式(3-3-25)代入公式(1)再相除)：

$$P_{ij}{}^{1}/P_{ij}{}^{2}=\exp(-\lambda(\beta_1^1+\beta_2 T_{ij}-F_{ij}^1))/\exp(-\lambda(\beta_1^2+\beta_2 T_{ij}-F_{ij}^2)) \quad (3\text{-}3\text{-}26)$$

两边取对数，

$$\ln\frac{P_{ij}^1}{P_{ij}^2}=\lambda(\beta_1^2-\beta_1^1)+\lambda\beta_2(T_{ij}^2-T_{ij}^1)-\lambda(F_{ij}^2-F_{ij}^1)$$

令 $\ln\frac{P_{ij}^1}{P_{ij}^2}=y$，$T_{ij}^2-T_{ij}^1=X_1$，$F_{ij}^2-F_{ij}^1=X_2$，则上式可以写成：

$$y=\lambda(\beta_1^2-\beta_1^1)+\lambda\beta_2 X_1-\lambda X_2$$

通过上式，即可回归得出 $\beta_1^2-\beta_1^1$，β_2，λ 三个参数，因为 $\beta_1^2-\beta_1^2$ 的是两种运输方式罚因子的差异性，因此可以令 $\beta_1^1=0$，则可得出 β_1^2，β_2，λ 的估计值，然后采用数理统计计量 F 值、t 值等进行检验。

由表 3-3-23 基础数据，标定出的时间价值及 F、T 检验结果如表 3-3-24。

表 3-3-24　广义费用参数结果表

距离段(km)	$-\beta_1^2$	$-\beta_2$	λ	r^2 判断系数	F 值	λ 的 t 值	β_2 的 t 值
≤100	−2.858 8	20.51	0.075 745	0.98	25.049	2.257	4.660

由表知，各参数的 F 检验值和 T 检验值均大于相应的临界值。参数估计值在显著性水平 $\alpha=0.05$ 下，因变量与自变量整体的关系是高度显著的(F 检验)；自变量与单个自变量时间、费用的关系也是高度显著的(T 检验)。说明模型参数标定是合理的。

2. 研究年度分担率预测(表 3-3-25)

表 3-3-25　考虑铁路能够提供的服务水平

运输方式	旅行速度(km/h)	候车时间(h)	客运运价(元/人公里)
铁路	85	2.0	0.18

注：候车时间由铁路列车开行方式和进出站时间(意向调查)确定

经计算，在有国道、高速公路和铁路同时并存的情况下，经模型计算，铁路在 AB 通道客流的分担率如表 3-3-26。

表 3-3-26　铁路在 AB 通道客流的分担率表

区号	E	F	G	B
A	0.003	0.02	0.003	0.06

注：铁路线间共设有 E、F、G 三个车站

由 2015 年客运量表及分担率表计算得 2015 年 AB 间铁路客运量表 3-3-27。

表 3-3-27　**AB 间铁路客运量表**　　单位:万人

区　号	E	F	G	B
A	41.9	49.3	1.9	750.7

3. 插入机会模型

插入机会模型主要用于运量 OD 分布。其模型假定为:阻抗参数相同的每一个分区吸引点均按指数分布概率成为交通的终点,而当阻抗参数不同时,运量总是选择阻抗参数最小的分区吸引点作为分区吸引点的终点。插入机会模型主要考虑的是交通阻抗参数。

插入机会模型的形式为:

$$\bar{Y}_{ij}=A_i[e^{-lG}-e^{-l(G+G_j)}]$$

式中　$\bar{Y}_{ij}$——分区 i 到分区 j 的交通分布量;

A_i——分区 i 的运量产生量;

G_j——分区 j 的运量吸引量;

G——从分区 i 出发,交通阻抗参数(如交通时间或距离)小于到交通区 j 的交通阻抗参数的所有分区的交通吸引量之和;

l——交通吸引率,为待定系数;

l 值的确定可根据现状 OD 调查资料,用同乌尔希斯重力模型相似的试算法等数值解法确定。用插入机会模型预测未来 OD 分布时,同样可能会出现根据模型计算出的 OD 分布量不满足 $\sum_i Y_{ij}=G_j$,$\sum_j Y_{ij}=A_i$ 两个约束条件,此时需用增长率法进行迭代计算,使 Y_{ij} 满足约束条件。插入机会模型在建模根据上较重力模型强,但其使用不易,主要原因是 G 值的确定复杂,因此影响了其应用。

插入机会模型的标定在必要时也需要进行同重力模型类同的统计检验,以对模型的精度进行更进一步的验证。

【例】　已知分区产生区 1#,2# 和分区吸引区 3#,4#,5# 之间的交通分布状况、交通阻抗及各分区产生与吸引量见乌尔希斯重力模型数据表 3-3-17、表 3-3-18、表 3-3-19。

参数 l 的标定过程同乌尔希斯重力模型参数 α 的标定过程一致,现假定 $l=0.001$(具体标定过程略)。

计算步骤如下:

以 Y_{13} 为例,$f_{13}=3$,$f_{14}=2<f_{13}$,$f_{15}=5>f_{13}$,因此 $G=G_4=360$,

$Y_{13}=A_1[e^{-lG}-e^{-lG_3}]=600\times[e^{-0.001\times 360}-e^{-0.001\times(360+850)}]=239.7$

同理计算其余 OD 分布如表 3-3-28。

表 3-3-28 OD 分布表

i	Y_{ij}			A_i
	$j=3$	$j=4$	$j=5$	
1	240	181	64	485
2	945	137	251	1 333
G_j	1 184	319	315	

由于根据模型计算出的 OD 分布量不满足 $\sum_i Y_{ij}=G_j$，$\sum_j Y_{ij}=A_i$ 两个约束条件，此时需用增长率法进行迭代计算，具体迭代过程见相关章节，此处略。

五、规划模型

规划模型主要是将数学规划理论知识运用到交通运输领域，主要的规划模型有如下几种：

(一)表上作业法

在经济建设中，经常碰到大宗物资调运问题，如煤、钢铁、木材、粮食等等物资，在全国有若干个生产基地，根据已有的交通网，应如何制定调运方案，将这些物资运到各消费地点，而总运费要最小。可用表上作业法求解可用于对铁路运量中已知起终点的大宗品类货物进行运量分布预测，根据运筹学有关知识，其计算步骤为：

1. 找出初始基可行解，即在$(m\times n)$产销平衡表上给出 $m+n-1$ 个数字格。

2. 求各非基变量的检验数，即在表上计算空格的检验数。判别是否达到最优解，如已是最优解，则停止计算，否则转到下一步。

3. 确定换入变量和换出变量，找出新的基可行解。在表上用闭回路法调整。

4. 重复 2、3 直到得到最优解为止。

【例】 有 A、B、C 三个站每年需外运钢铁分别为 7×10^4 t、4×10^4 t、9×10^4 t，主要运往分别 D、E、F、G 四个站，各站每年需到达 3×10^4 t、6×10^4 t、5×10^4 t、6×10^4 t。已知从各发站到各到站的每吨运价为表 3-3-29。发到平衡表见表 3-3-30。试求如何调运产品，在满足各发到点的发到量的前提下，使总运费最小。

表 3-3-29　单位运价表　单位：万元/10^4 t

发\到(c_{ij})	D	E	F	G
A	3	11	3	10
B	1	9	2	8
C	7	4	10	5

表 3-3-30　发到平衡表　单位：10^4 t

发\到	D	E	F	G	发送量
A					7
B					4
C					9
到达量	3	6	5	6	

【解】　1. 确定初始基可行解

确定初始基可行解的方法很多，如最小元素法和伏格尔法。下面以伏格尔法为例计算初始基可行解：

第一步：在表 3-3-30 中分别计算出各行和各列的最小运费和次最小运费的差额，并填入该表的最右列和最下列，见表 3-3-31。

表 3-3-31　发到平衡表　单位：10^4 t

发\到	D	E	F	G	行差额
A	3	11	3	10	0
B	1	9	2	8	1
C	7	4	10	5	1
列差额	2	5	1	3	

第二步：从行或列差额中选出最大者，选择它所在行或列中的最小元素。在表 3-3-32 中 E 列是最大差额所在列，E 列中最小元素为 4，可确定 C 的产品先供应 E 的需要得表 3-3-33，同时将运价表中 E 列数字划去。

表 3-3-32　第二步计算结果表　单位：10^4 t

发\到	D	E	F	G	发送量
A					7
B					4
C		6			9
到达量	3	6	5	6	

表 3-3-33　划去 E 列数字后单位运价表　　单位:万元/10^4 t

发\到(c_{ij})	D	E	F	G	
A	3		3	10	
B	1		2	8	
C	7		10	5	

第三步:对表 3-3-33 中未划去的元素再分别计算出各行、各列的最小运费和次最小运费的差额,并填入该表的最右列和最小行。重复第一二步。直到给出初始解为止。最后得初始解如表 3-3-34。

表 3-3-34　计 算 结 果 表　　单位:10^4 t

发\到	D	E	F	G	发送量
A			5	2	7
B	3			1	4
C		6		2	9
到达量	3	6	5	6	

2. 判别最优解

判别最优解常用闭回路法、位势法或闭回路调整法。下面以伴舞法判别表 3-3-34 中初始可行解是否为最优解。

第一步:按表 3-3-34 的初始解作表 3-3-35,在对应表 3-3-34 的数字格处填入单位运价,见表 3-3-35。

表 3-3-35　单 位 运 价 表　　单位:万元/10^4 t

发\到(c_{ij})	D	E	F	G
A			3	10
B	1			8
C		4		5

第二步:在表 3-3-35 上增加一行一列,在列中填入 μ_i,在行中填入 ν_j,得表 3-3-36。

表 3-3-36　　单位:万元/10^4 t

发\到(c_{ij})	D	E	F	G	μ_i
A			3	10	0
B	1			8	−2
C		4		5	−5
ν_j	3	9	3	10	

先令 $\mu_i=0$,然后按 $\mu_i+\nu_j=c_{ij}$ 相继地确定 μ_i、ν_j。由表 3-3-37 可见,当 $\mu_i=0$ 时,由 $\mu_A+\nu_F=3$,可得 $\nu_F=3$,由 $\mu_A+\nu_G=10$ 可得 $\nu_G=10$;以此类推可求所有的 μ_i、ν_j 数值。

第三步:按 $\sigma_{ij}=c_{ij}-(\mu_i+\nu_j)$ 计算所有空格的检验数。如

$\sigma_{AD}=c_{AD}-(\mu_A+\nu_D)=3-(0+3)=0$,

$\sigma_{BF}=c_{BF}-(\mu_B+\nu_F)=2-(3-2)=1$

同理可计算其他空格检验数如表 3-3-37。

表 3-3-37　空格检验数表

发\到(c_{ij})	D	E	F	G	μ_i
A	3(0)	11(2)	3	10	0
B	1	9(2)	2(1)	8	−2
C	7(9)	4	10	5	−5
ν_j	3	9	3	10	

注:括号内即为空格检验数。

由于表中无负检验数,即说明表 3-3-37 的初始基可行解即为最优解。

利用表上作业法在实际运量预测过程中还会有许多情况,如空格检验数存在负数、无穷多最优解、产销不平衡的运输问题等等,具体使用可参考相关书籍。

(二)全有全无分配法(AON)

该方法主要用于运量分配,其理论基础为各区域之间的运输量完全根据运输距离最短(或运输时间最短、运输费用最小等)的原则在区间各条线路中选择运输路径,当所有运输量在路网上都通过了最短路径,则完成了运量的全有全无分配。全有全无法的优点是计算很简便,缺点是没有考虑路网上各条线路的通行能力,出现预测结果与线路能力不适应的情况。随着分配量的增加,出行阻抗也会发生变化,甚至超过次短路径等。

(三)容量限制法

容量限制分配法用于运量分配,其有增量加载和迭代平衡两种预测方法,它考虑了路权与通行能力限制的关系,能较合理地分配线路上的运输量。在实际应用中,首先计算出规划路网各条线路"零流量"状态下的行程时间,在求出路网最短路径的基础上,按"全有全无法"进行运量分配,然后根据运量与行程时间、通行能力的关系,进行反复迭代计算,直至运量分配结果趋于稳定。

路权(如在途运输时间)是运量分配的关键因素,铁路运量分配的路权计算可以用下面的路阻函数公式表示:

$$t=t_0[1+\alpha(Q/N)^{\beta}]$$

式中 t——列车在铁路线路上的实际运行时间；

t_0——列车在铁路线路上的理论运行时间；

Q——实际通过的列车数；

N——线路通行能力；

α,β——待定系数。

（四）多路径法

多路径分配法用于运量分配，它有效地克服了单路径分配法中运量全部集中于最短路上这一不切实际的现象，使各条可能的运输线路均能分配到合理的运输量。

多路径分配方法有静态多路径法和动态多路径法两种类型。静态多路径法采用的分配模型主要有 Dial 概率分配模型、Logit 型路径选择模型等，分配算法除了常规算法外，还有较为快速的节点算法。而动态多路径法考虑了路权与线路通行能力限制的关系，在迭代过程中每次均采用多路径分配模型，真正实现了运量分配的多时段动态连续模拟，较好地反映了运输需求的变化规律。

在静态多路径中，多路径分配模型的选择是关键因素。由出行者的路径选择特性可知，出行者总是选择最适合的路线出行，即最短路因素；而由于运输网络的复杂性和运输状况的随机性，在选择出行线路时往往带有不确定性，即随机因素。这两种因素存在于出行者的整个出行过程中，两种因素所处的主次地位取决于可供选择的出行路线的路权差（时间或费用差）。因此，各出行路线被选用的概率也可采用 Logit 型的路径选择模型计算，可以用如下公式表示。

$$P(r,s,k)=\frac{e^{-\frac{\theta\cdot t(k)}{\bar{t}}}}{\sum_{i=1}^{m}e^{-\frac{\theta\cdot t(i)}{\bar{t}}}}$$

式中 $P(r,s,k)$——OD 量 $T(r,s)$在第 k 条出行路线上的分配率；

$t(k)$——第 k 条出行路线的平均路权（时间）；

$\bar{t}$——各出行路线的平均路权（时间）；

θ——分配参数；

m——有效出行路线条数。

Logit 型的路径选择模型能较好地反映路径选择过程中的最短路因素和随机因素。若各出行路线路权相同，则本模型成为随机分配模型，各路线被选用的概率相同。若某条路线的路权远小于其他各路线，则本模型成为最短路模型。因此，这种改进的多路径分配模型也可称为随机——最短路分配模型。

【例】 如图 3-3-1，应用静态多路径概率分配模型，对从起点 1 进入 1000 单位的交通量，终点是 16，在道路网上进行交通量分配计算。在计算前先要引入两个定义：

线权，以 $LW(i、j)$表示。由起点 i 到终点 j 的连线（路段）上的权重，是指打了折扣的起点 i 的点权，这个折扣以 $e^{\triangle t}$表示。线权将决定某路段上分配交通量的多少。

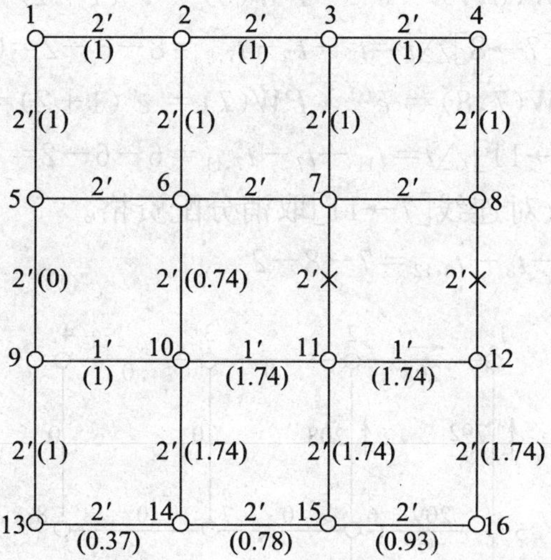

图 3-3-1

点权，以 $PW(i)$表示。起点 i 的点权是指进入节点 i 的全部连线权重之和。

计算公式如下：

$$LW(i,j)= e^{\triangle t} \cdot PW(i)$$

式中　$\triangle t=t_j-t_i-t_{ij}=$到达 j 点时间－起点出发时间－路段行驶时间

$\triangle t$ 允许有负值，但必须 $t_i<t_j$，否则即表明该连线通道不合理，取消分配资格。

另外还规定网络的源起点的点权等于 1。

1. 按图计算点权和线权 线权计算结果列于图中括弧内，与图 3-3-1 比较可见，最短路径上的线权重之和恰恰是待分配路段中最大的。

计算演示：

$$[1\to2]\triangle t=t_j-t_i-t_{ij}=t_2-t_1-t_{12}=2-0-2=0$$

$$LW(1,2)= e^{\triangle t} \cdot PW(1)= e^0\times1=1\times1=1$$

$$[6\to10]\triangle t=t_{10}-t_6-t_{6,10}=5-4-2=-1$$

$$LW(6,10)=e^{-1}PW(6)$$

$$=0.37[LW(2,6)+LW(5,6)]=0.37(1+1)=0.74$$

注意，到达节点 10 的时间 t_{10}可以有三个数值：

$$\left.\begin{array}{l}[1\rightarrow2\rightarrow6\rightarrow10]:2'+2'+2'=6'\\ [1\rightarrow5\rightarrow6\rightarrow10]:2'+2'+2'=6'\\ [1\rightarrow5\rightarrow9\rightarrow10]:2'+2'+1'=5'\\ [6\rightarrow7]\triangle t=t_7-t_6-t_{6,7}=6-4-2=0\end{array}\right\}\text{应取最小值}$$

$$LW(6,7)=e^{\triangle t}\cdot PW(6)=e^0(1+1)=2$$

$$[7\rightarrow8]\triangle t=t_8-t_7-t_{7,8}=8-6-2=0$$

$$LW(7,8)=e^{\triangle t}\cdot PW(7)=e^0(1+2)=3$$

$$[7\rightarrow11]\triangle t=t_{11}-t_7-t_{7,11}=6-6-2=-2$$

因此时 $t_7 \not< t_{11}$，故对连线[7→11]取消分配资格。

$[8\rightarrow12]\triangle t=t_{12}-t_8-t_{8,12}=7-8-2$

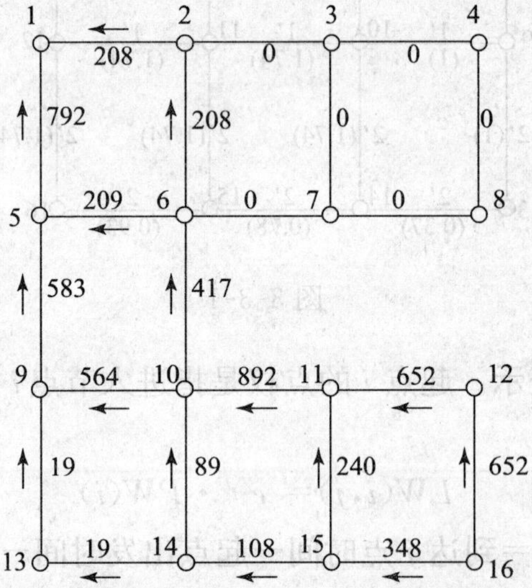

图 3-3-2

同理，对连线[8→12]取消分配资格。

$$[10\rightarrow11]\triangle t=t_{11}-t_{10}-t_{10,11}=6-5-1=0$$

$$LW(10,11)=e^0(1+0.74)=1.74$$

$$[13\rightarrow14]\triangle t=t_{14}-t_{13}-t_{13,11}=7-6-2=-1$$

$$LW(13,14)=e^{-1}\cdot PW(13)=0.37\times(1)=0.37$$

$$[14\rightarrow15]\triangle t=t_{15}-t_{14}-t_{14,15}=8-7-2=-1$$

$$LW(14,15)=e^{-1}\cdot PW(14)=0.37\times(1.74+0.37)=0.78$$

……

其余连线的线权计算从略。

2. 计算路段交通量。计算公式如下：

$$Q_{ij}=Q_i\frac{LW(ij)}{PW(i)}$$

式中　Q_{ij}——节点 i 至节点 j 连线上的分配交通量；

　　Q_j——进入节点 i 的交通量。

计算的顺序应从最终点逆向进行，见图 3-3-2。

计算演示：

[16→15]

因已知进入 16 的交通量有 1 000 单位，故 $Q_{16}=1\,000$

$$Q_{16,15}=Q_{16}\frac{LW(16,15)}{PW(16)}=1\,000\left(\frac{0.93}{0.93+1.74}\right)=348$$

[16→12]

$$Q_{16,12}=Q_{16}-Q_{16,15}=1000-348=652$$

[15→11]

$$Q_{15,11}=Q_{15}\frac{LW(15,11)}{PW(15)}=348\left(\frac{1.74}{1.74+0.78}\right)=240$$

[15→14]

$$Q_{15,14}=Q_{15}-Q_{15,11}=348-240=108$$

………

其余计算从略。最后计算结果见图各连线旁的数字。从图中分配的情况可以看到：

(1)由于 7→11 和 8→12 不予分配，所以 2→3，3→4，3→7，6→7，7→8，4→8 各路段上的交通量只能是零；

(2)1→5→9→10→11→12→16 是最短路程，用多路线概率分配模型分配的结果表明，仍然是该条路径上拥有大部分的交通量；

(3)每个节点(交叉口)处的进出交通量保持平衡，最后回溯到起点 1 的交通量必然还是 1000 单位，这也是检验计算有无错误的一个标准。

交通量分配的预测，只要把预测的交通量输入上述任一模型的程序就可以了。

第四章　客运量设计

第一节　车站旅客发送量

一、车站旅客发送量的含义及分类

车站旅客发送量，是指客运业务办理站，在一定时期内（通常指一年），实际购票的全部始发旅客（考虑补、退票因素），又称旅客发送人数。不包含铁路免票、车上补票、中转换乘旅客。

在铁路运营管理中，车站旅客发送量按运输性质分为直通、管内、市郊三种。

直通旅客：指旅客行程跨及两个铁路局及以上的旅客；

管内旅客：指旅客行程在一个铁路局范围之内的旅客；

市郊旅客：指往返于临近郊区的通勤、通学旅客及普通旅客。

二、车站旅客吸引范围

（一）车站旅客吸引范围的划分

车站吸引范围，通常划分为第一吸引范围和第二吸引范围。划定吸引范围的目的是为了计算吸引人口，预测旅客发送量。在现代交通比较发达的时代，用简单几何画法根据离车站距离远近划定车站旅客吸引范围，已经不太实用，可操作性差，应根据各种运输方式的配置实际调查分析划定。

第一吸引范围，又称直接吸引范围，是指旅客到车站上车可直接步行或乘坐市内交通工具到达车站的区域，该区域内的人口可计算为直接吸引人口；

第二吸引范围，是指第一吸引范围以外旅客必须乘坐长途汽车、轮船等其他交通运输工具才能到达第一吸引范围，再到车站上车的吸引区域，又称间接吸引范围。该区域的吸引人口称间接吸引人口。

（二）划定旅客吸引范围应分析的因素

1. 随着我国铁路快速客运系统渐成规模，客车开行对数逐步增多，客车停站方案日趋多样化，大站停车、交错停站、一站直达等多种停站方案的出现对车站（尤其是部分中小车站）旅客吸引范围的划定将产生重要影响。

2. 大城市附近中小站的长途旅客大多被大客站吸引。

3. 大型枢纽有数个以上客站时，其客站的分工，对划定吸引范围有直接的影响。

4. 在公路与高速公路十分便捷的情况下，小站长途旅客有向大站集中的可能性。

5. 一些大型铁路客运枢纽或枢纽航空港所在城市如北京、上海、成都、沈阳等，因其特殊的交通区位而产生客流集聚效应，往往承担大量的中转换乘客流，影响对吸引范围的划定及其吸引人口的计算。

以上因素对划定车站吸引范围，计算吸引人口和旅客发送人数均有一定关系，须根据实际调查资料具体分析确定。

三、车站旅客发送量预测

(一)预测方法的选用

适用于旅客发送量预测的方法很多，在车站旅客发送量预测时，对一般中间站，可采用乘车率法、弹性系数法、平均增长率法等较简单的方法进行预测。对大城市大型客站，除了上述方法外，尚有相关回归法和时间序列法等。

(二)预测方法及模型

预测方法及模型在第三章已经做了全面介绍，这里仅结合车站旅客发送量预测的具体要求做一些补充。

1. 乘车率法

(1)计算公式

乘车率也称乘车系数，指吸引范围内年人均乘车次数。计算公式见(4-1-1)。

$$K_{发} = P \cdot K \tag{4-1-1}$$

式中 $K_{发}$——全年旅客发送量；

P——吸引范围人口总数；

K——乘车率。

(2)适用范围

采用乘车率法预测车站旅客发送量适应最广，大站及中小站均适宜。采用本法的关键一是吸引范围人口划定，划定时注意要计算流动人口；二是乘车率的确定。如果第一吸引范围和第二吸引范围均采用乘车率时，应注意二者的差别，原则上第二吸引范围乘车率要低于第一吸引范围。城市的乘车率要大大高于农村的乘车率。

(3)乘车率的确定

随着人们生活水平的提高，在吸引人口增长或不变情况下，年人均乘车次数必然是增长趋势。因此确定乘车率时，要注意本站(指既有线)或相邻、相关、类似地区乘车率现状和历年增长趋势，并充分考虑吸引区的经济发展。

表 4-1-1～表 4-1-4，提供世界有关国家及我国全国、分省(自治区)、市及 2007 年我国地级以上城市地区铁路乘车率的统计资料，供设计中参考使用。

表 4-1-5 给出通过调研，分析整理的第一吸引范围乘车率一般取值，可在设计中参考使用。

表 4-1-1　世界有关国家铁路乘车率

国家	乘车率	国家	乘车率	国家	乘车率
韩国	18.0	比利时	28.6	波兰	10.8
印度	4.7	瑞典	13.8	阿根廷	12.9
哈萨克斯坦	1.3	英国	13.0	巴西	2.4
德国	23.7	乌克兰	9.8	秘鲁	0.1
匈牙利	15.5	奥地利	22.1	智利	3.2
荷兰	20.2	捷克	0.4	澳大利亚	24.5

注：根据《世界经济年鉴》资料计算，表中多数国家为 1998 年数。

表 4-1-2　全国铁路历年乘车率

年份	乘车率	年份	乘车率	年份	乘车率
1952	0.28	1988	1.1	1999	0.8
1957	0.48	1989	1.01	2000	0.83
1962	1.11	1990	0.84	2001	0.82
1965	0.57	1991	0.82	2002	0.82
1970	0.63	1992	0.85	2003	0.75
1975	0.76	1993	0.89	2004	0.86
1978	0.85	1994	0.91	2005	0.88
1980	0.93	1995	0.85	2006	0.96
1985	1.06	1996	0.77	2007	1.03
1986	1.01	1997	0.75		
1987	1.03	1998	0.76		

注：数据来源，《全国交通年鉴》。含合资铁路、地方铁路。

表 4-1-3　我国分省(自治区)、市铁路乘车率

地区	乘车率			地区	乘车率		
	2000 年	2005 年	2007 年		2000 年	2005 年	2007 年
北京	3.33	3.76	5.70	湖北	0.48	0.65	0.73
天津	1.71	1.49	1.64	湖南	0.83	0.89	0.95
河北	0.78	0.80	0.90	广东	0.82	0.97	1.09
山西	0.9	1.02	1.23	广西	0.47	0.38	0.49
内蒙	1.38	1.33	1.51	海南	0.02	0.03	0.05
辽宁	2.52	2.26	2.43	重庆	0.41	0.48	0.84
吉林	2.12	1.70	1.78	四川	0.49	0.63	0.76
黑龙江	2.68	2.19	2.52	贵州	0.64	0.59	0.79
上海	1.78	2.43	3.48	云南	0.33	0.40	0.48
江苏	0.67	0.91	1.05	西藏	0.00	0.00	0.31
浙江	0.97	1.30	1.45	陕西	0.74	0.97	1.29
安徽	0.53	0.57	0.69	甘肃	0.42	0.51	0.66
福建	0.45	0.48	0.63	青海	0.65	0.64	0.71
江西	0.76	0.91	1.05	宁夏	0.44	0.52	0.63
山东	0.43	0.43	0.55	新疆	0.57	0.54	0.62
河南	0.52	0.63	0.71				

注：数据来源《全国交通年鉴》。含合资铁路、地方铁路。

表 4-1-4　2007 年我国地级以上城市铁路乘车率

省、市、自治区	城市	乘车率	省、市、自治区	城市	乘车率	省、市、自治区	城市	乘车率
河北	石家庄	1.15	山西	晋城	1.55	辽宁	沈阳	4.28
	唐山	0.76		朔州	1.55		大连	2.73
	秦皇岛	2.04		晋中	1.44		鞍山	1.59
	邯郸	0.65		运城	0.42		抚顺	2.06
	邢台	0.41		忻州	0.93		本溪	12.43
	保定	0.58		临汾	0.96		丹东	1.80
	张家口	0.98		吕梁	0.16		锦州	2.04
	承德	1.22	内蒙古	呼和浩特	2.98		营口	1.50
	沧州	3.45		包头	2.37		阜新	0.85
	廊坊	0.42		乌海	5.13		辽阳	1.67
	衡水	0.75		赤峰	0.73		盘锦	0.55
山西	太原	3.82		通辽	1.93		铁岭	1.59
	大同	2.19		鄂尔多斯	0.63		朝阳	0.72
	阳泉	1.16		呼伦贝尔	2.69		葫芦岛	1.21
	长治	0.35		巴彦淖尔	0.83			
				乌兰察布	0.70			

续上表

省、市、自治区	城市	乘车率	省、市、自治区	城市	乘车率	省、市、自治区	城市	乘车率
吉林	长春	2.37	福建	福州	0.93	河南	洛阳	0.92
	吉林	1.87		厦门	2.36		平顶山	0.19
	四平	1.79		三明	0.52		安阳	0.50
	辽源	0.46		泉州	0.12		鹤壁	0.13
	通化	1.62		漳州	0.12		新乡	0.69
	白山	1.29		南平	1.30		焦作	0.35
	松原	0.91		龙岩	1.79		许昌	0.35
	白城	1.86		宁德	0.05		漯河	0.81
黑龙江	哈尔滨	2.88	江西	南昌	3.20		三门峡	0.96
	齐齐哈尔	2.63		景德镇	0.80		南阳	0.34
	鸡西	1.83		萍乡	0.82		商丘	0.61
	鹤岗	0.85		九江	1.02		信阳	0.55
	双鸭山	0.57		新余	1.40		周口	0.03
	大庆	2.27		鹰潭	3.59		驻马店	0.31
	伊春	2.43		赣州	0.94	湖北	武汉	6.19
	佳木斯	2.52		吉安	0.41		黄石	0.29
	七台河	0.88		宜春	0.45		十堰	0.72
	牡丹江	3.07		抚州	0.18		宜昌	0.75
	黑河	1.41		上饶	0.46		襄樊	0.97
	绥化	1.21	山东	济南	4.16		鄂州	0.24
江苏	南京	2.91		青岛	1.45		荆门	0.31
	无锡	2.22		淄博	0.79		孝感	1.08
	徐州	1.14		枣庄	0.50		荆州	0.02
	常州	2.08		东营	0.23		黄冈	0.88
	苏州	2.60		烟台	0.52		咸宁	0.45
	南通	0.27		潍坊	0.50		随州	0.32
	连云港	0.49		济宁	0.51	湖南	长沙	2.05
	淮安	0.11		泰安	0.44		株洲	1.72
	盐城	0.14		威海	0.87		湘潭	0.53
	扬州	0.28		日照	0.29		衡阳	0.95
	镇江	1.84		莱芜	0.05		邵阳	0.20
	泰州	0.43		临沂	0.16		岳阳	1.70
	宿迁	0.02		德州	0.52		常德	0.16
浙江	杭州	3.35		聊城	0.23		张家界	0.87
	宁波	1.49		滨州	0.01		益阳	0.15
	温州	0.58		菏泽	0.34		郴州	0.56
	嘉兴	1.48	河南	郑州	3.22		永州	0.43
	绍兴	1.08		开封	0.84		怀化	1.28
							娄底	0.99

续上表

省、市、自治区	城市	乘车率	省、市、自治区	城市	乘车率	省、市、自治区	城市	乘车率
青海	西宁	1.37	云南	玉溪	0.01	安徽	巢湖	0.11
宁夏	银川	1.38		昭通	0.59		六安	0.07
	石嘴山	0.73	西藏	拉萨	1.43		宣城	0.55
	吴忠	0.21	陕西	西安	3.11	广西	南宁	1.07
	固原	0.56		铜川	0.48		柳州	1.19
	中卫	0.48		宝鸡	1.41		桂林	0.81
海南	海口	0.37		咸阳	0.32		北海	0.18
	三亚	0.40		延安	0.33		防城港	0.23
四川	成都	9.10		汉中	0.44		钦州	0.04
	自贡	0.21		榆林	0.72		贵港	0.18
	攀枝花	2.54	甘肃	兰州	2.11		玉林	0.28
	德阳	0.43		嘉峪关	6.63		百色	0.25
	绵阳	0.70		金昌	0.70		来宾	0.37
	广元	1.57		白银	0.12	广东	广州	9.81
	遂宁	0.39		天水	0.54		韶关	1.58
	内江	0.39		武威	1.06		深圳	8.72
	乐山	0.23		张掖	0.42		汕头	0.22
	南充	0.30		平凉	0.35		佛山	0.42
	眉山	0.06	安徽	合肥	2.25		湛江	0.23
	宜宾	0.44		芜湖	1.35		茂名	0.17
	广安	0.19		蚌埠	1.49		肇庆	0.28
	达州	0.76		淮南	0.83		惠州	1.53
	资阳	0.14		马鞍山	0.89		梅州	0.24
贵州	贵阳	2.63		淮北	0.56		清远	0.21
	六盘水	1.66		铜陵	1.37		潮州	0.10
	遵义	0.46		安庆	0.25	浙江	金华	2.18
	安顺	0.39		黄山	1.03		衢州	0.78
云南	昆明	2.13		阜阳	0.83		丽水	0.51
	曲靖	0.52		宿州	0.30	新疆	乌鲁木齐	2.68

注：资料来源《中国城市统计年鉴》。

表 4-1-5　铁路设计乘车率参考取值

城市＼地区	东部	中部	西部
省级及以上城市	5.0～10.0	4.0～8.0	3.0～6.0
地(市)级城市	3.5～7.0	2.5～5.0	1.5～3.0
县(市)级城市	2.5～5.0	1.5～3.0	1.0～2.0
县级以下城镇	1.5～2.5	1.0～2.0	0.5～1.5
乡村	1.0～2.0	0.8～1.5	0.5～1.0

2. 转乘系数法

转乘系数又称继乘系数，即指乘坐其他交通运输工具到达车站所在地后，转乘火车继续旅行的比例。通常用于第二吸引范围旅客发送量预测。计算公式见(4-1-2)：

$$K_{发} = K_{它1}\varepsilon_1 + K_{它2}\varepsilon_2 + \cdots\cdots + K_{它n}\varepsilon_n \qquad (4\text{-}1\text{-}2)$$

式中　$K_{发}$——铁路旅客发送人数；

$K_{它}$——n 种交通工具到达旅客总量；

ε——n 种交通工具转乘比例，分别取值。

$$K_{它} = N \cdot m;$$

式中　N——车船航班等班次；

m——车船航班等平均载客人数。

车船航班等班次通过运输市场调查分析得出；转乘系数通过抽样调查得出。

转乘系数法虽然作为一种方法列出，但在公路交通发达的现代，乘坐企事业单位自备车及私人轿车、出租车到达车站的旅客将逐步增长，从而增加这一方法的操作难度。

3. 弹性系数法与平均增长率法

计算公式见第三章，这两种方法适用于既有车站客运量预测。

4. 相关回归法和时间序列法

主要适用大型车站旅客发送量的预测，具体方法见第三章。采用这两种方法预测旅客发送量，除了注意基础数据准确性的同时，还应分析基础数据的不合理因素以及设计年度路网结构变化对预测数据带来的影响。

在大城市(一般指枢纽)有多个客运站时，也可用以上方法，预测整个城市旅客发送量，进行总量控制，然后根据枢纽客运站分工方案、枢纽布局、枢纽旅客列车开行方案等及调查资料进行综合分析，确定分站旅客发送量。

第二节　车站旅客最高聚集人数

一、旅客最高聚集人数的含义

铁路旅客站房建筑设计规模，应与旅客候车厅(室)设计规模协调配套。《铁路房屋建筑设计标准》总则规定，旅客站房按远期设计年度确定；在“生产及办公房屋”中规定“旅客车站的建筑规模应按旅客最高聚集人数进行设计”。

铁路车站旅客最高聚集人数，是指全年最高月日均同时最大(即瞬时高峰)在候车厅(室)候车的旅客(含送客)人数，但通勤、通学旅客一般不计在内。

二、旅客最高聚集人数的计算方法

(一)高峰聚集系数法

其计算公式见(4-2-1)：

$$K_{高} = K_{上} \cdot C \qquad (4\text{-}2\text{-}1)$$

式中　$K_{高}$——车站旅客最高聚集人数；

$K_{上}$——车站旅客最大月日均上车人数；

C——高峰聚集系数。

该方法计算简单、实用，无论在新线或既有线设计中均可广泛运用，对枢纽客运站也是一种首选方法。采用本方法计算，关键是计算好最大月日均上车人数，妥善选择高峰聚集系数。

(二)图　解　法

图解法是通过绘制旅客聚集曲线来查定车站旅客最高聚集人数。在大型客站，由于客车开行的需要，如开行夕发朝至，朝发夕归，城际列车等形成某一时段旅客列车密集出发。而在旅客列车密集出发的前一时段，必然是旅客最高聚集时段，再根据平均每列客车旅客聚集曲线，即可在坐标上点出该站旅客列车密集出发高峰时段的最高聚集人数曲线，根据曲线确定最高聚集人数。

根据几个大型旅客站的实际查标，对不同种类始发旅客列车平均每列旅客列车聚集人数绘制成曲线见图 4-2-1。该图包含送客人数在内，为此高峰点最高聚集人数大于该类列车平均定员。通过旅客列车由于列车性质不同，在车站到发时间不同，很难绘制其平均聚集曲线，应根据设计车站具体查标确定。

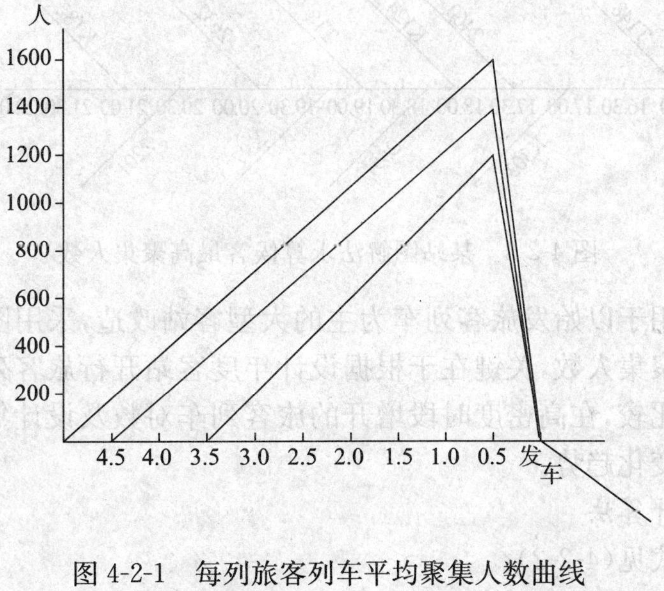

图 4-2-1　每列旅客列车平均聚集人数曲线

图解法求算旅客最高聚集人数，见图 4-2-2。

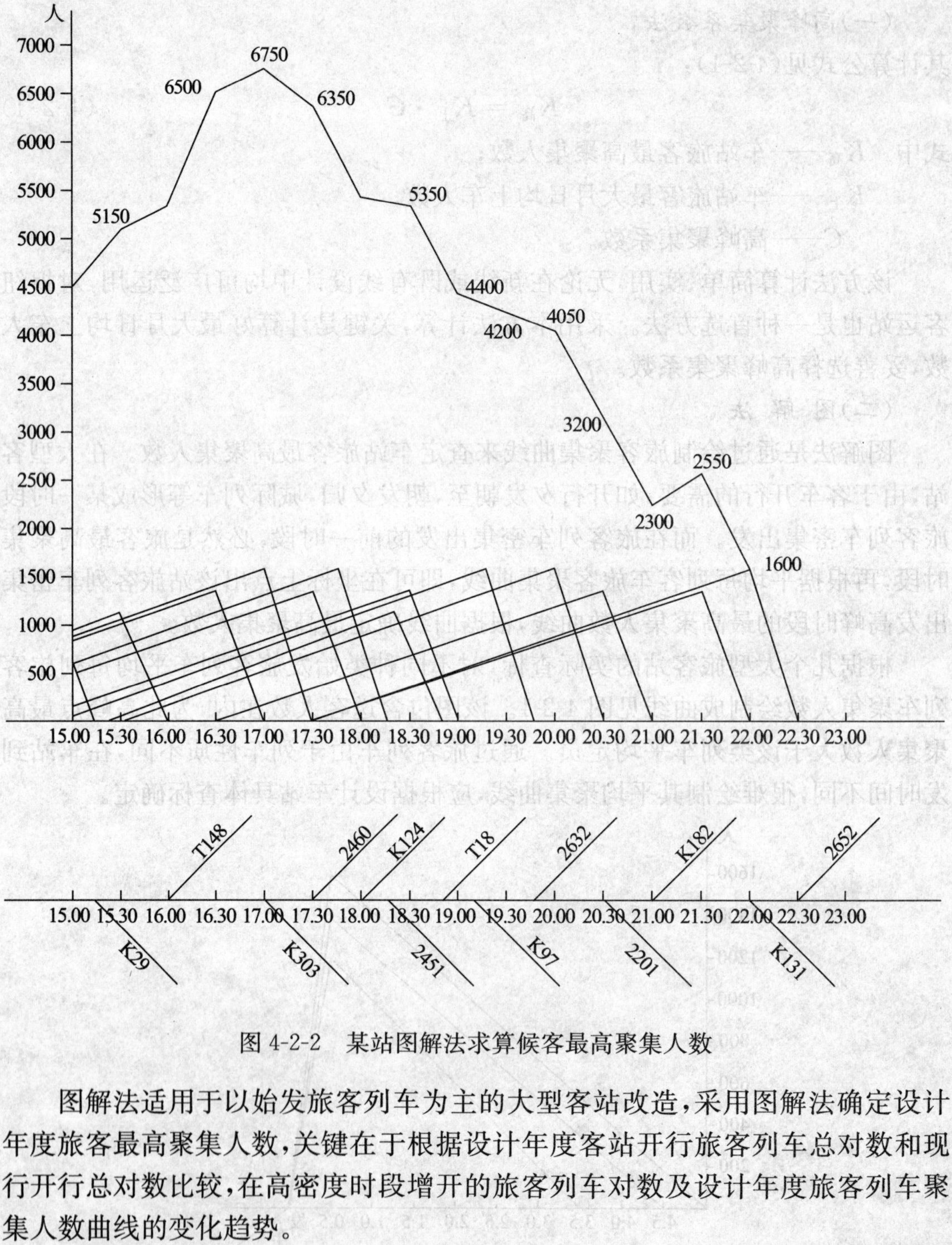

图 4-2-2　某站图解法求算候客最高聚集人数

图解法适用于以始发旅客列车为主的大型客站改造，采用图解法确定设计年度旅客最高聚集人数，关键在于根据设计年度客站开行旅客列车总对数和现行开行总对数比较，在高密度时段增开的旅客列车对数及设计年度旅客列车聚集人数曲线的变化趋势。

(三)公式计算法

其计算公式见(4-2-2)。

$$K_{高}=\frac{K_{上}\times\gamma}{N_{停}}\times\alpha_{列}\times\alpha_{重} \qquad (4\text{-}2\text{-}2)$$

式中　$N_{上}$——全年旅客发送最大月日均上车人数；

γ——车站上车旅客单方向比重；

$N_{停}$——日均旅客列车停站次数；

$\alpha_{列}$——旅客乘坐列车的不均衡性；

$\alpha_{重}$——重叠候车系数。

公式(4-2-2)，比较适用于一般中间站，区段站及大型客站宜采用公式(4-2-3)计算。

$$K_{高}=\frac{K_{上}}{N}\times N_{发} \qquad (4\text{-}2\text{-}3)$$

式中　N——全日开行旅客列车车次数；

$\frac{K_{上}}{N}$——平均每列旅客列车上车人数；

$N_{发}$——旅客列车平均聚集时间内的最大列车出发次数。

公式(4-2-3)，实际是运用图解法原理转变为公式计算，使操作更为方便，但关键是确定远期设计年度的 N 及 $N_{发}$。

(四)类　比　法

类比法即将设计车站的远期规模与现状同规模车站类比，确定其相应的规模。如设计某县城所在地车站，根据其设计远期上车人数及经济发展水平与现状某地县城所在车站类同或与已经通过设计鉴定，正在施工的某车站类同，根据掌握的各项经济指标及参数通过类比，可确定应大于、等于或小于所类比车站的最高聚集人数。采用类比法，类比对象不要限定在一个，应有多个类比对象为好。

三、旅客最高聚集人数计算中相关参数的确定

1. $K_{上}$ 为全年最大月日均旅客上车人数，按公式(4-2-4)计算。

$$K_{上}=\frac{(K_{发}+K_{中}+K_{路})\times\alpha}{365} \qquad (4\text{-}2\text{-}4)$$

式中　$K_{发}$——车站全年旅客发送量；

$K_{中}$——车站全年中转旅客人数；

$K_{路}$——车站全年持铁路乘车证上车人数；

α——车站旅客运量波动系数。

$K_{中}$ 指购直通车票在站换乘的旅客人数。在旅客列车开行次数不能满足需

求时，大型旅客站中转比例较大，随着旅客列车次数增加主要城市间都陆续开行始发列车，因此，大型客站旅客中转已呈明显下降趋势。但在支线接轨站，中转旅客仍然存在，在设计中要调研确定。

$K_{路}$ 为铁路职工持乘车证上车人数，俗称铁路免票人数，要根据车站历史和发展情况调研确定。目前全路铁路免票人数约占旅客发送量的5%左右，但随着改革的深化，$K_{路}$ 所占比例有减少趋势。

α：车站客运量波动系数，目前仍宜采用月波动，统计年度 α 值计算公式见(4-2-5)：

$$\alpha = \frac{最高月旅客发送量 \times 12}{全年旅客发送量} \tag{4-2-5}$$

既有车站 α 值应根据车站历年统计资料分析确定，在缺乏统计资料情况下，也可参照全路旅客发送量波动系数分析确定；新线可通过类比分析确定。α 值取值因素一般考虑2点：

(1)车站规模，一般取值：大站1.2～1.3，中小站1.3～1.5；

(2)本站客车开行性质及开行频率，一般取值：人均发送100对及以上1.05～1.10，人均发送100对以下1.1～1.2。上述二因素综合分析确定。

1980年以来，全路旅客发送量月波动系数 α 见表4-2-1。

表4-2-1　全路旅客发送量 α 值

年度	发送量波动系数	年度	发送量波动系数
1980	1.10	1994	1.08
1981	1.13	1995	1.12
1982	1.07	1996	1.13
1983	1.08	1997	1.11
1984	1.10	1998	1.09
1985	1.18	1999	1.11
1986	1.11	2000	1.12
1987	1.09	2001	1.14
1988	1.10	2002	1.15
1989	1.20	2003	1.23
1990	1.10	2004	1.18
1991	1.10	2005	1.17
1992	1.10	2006	1.18
1993	1.11	2007	1.20

注：资料来源《全国铁路统计资料汇编》。

2. 高峰聚集系数 C，是指车站旅客某一高峰时段的聚集人数占全年最大月日均上车人数的比值。

影响 C 值大小的因素很多，如旅客列车开行数量、密集程度、客流构成和城市交通疏解条件等，一般来说，旅客发送量越大、旅客列车开行频率越高的车站，高峰聚集系数相对越低。设计采用 C 值宜通过查标确定，也可类比确定。在缺乏资料情况下，也可参照表 4-2-2 分析确定。

表 4-2-2　高峰聚集系数参考取值

日均上车人数	选择区域	日均上车人数	选择区域
400 及以下	0.41～0.60	5001～10000	0.17～0.30
401～1000	0.35～0.54	10000～20000	0.15～0.26
1001～2000	0.29～0.46	20000～40000	0.13～0.22
2001～5000	0.21～0.38	40000 以上	0.11～0.20

3. 旅客列车聚集人数曲线，是反映乘坐某一列车的旅客，从开始候车到检票上车的时间内，到达候车室候车的聚集变化曲线。由于各种列车性质不同，如始发列车与通过列车，特快列车与普通列车其旅客聚集曲线也会有所差别。根据一些车站的实地查标，对各类始发旅客列车开车前不同时间到客量平均比例见表 4-2-3，据此绘制的旅客列车聚集人数曲线见图 4-2-1。

表 4-2-3　开车前不同时间到客量

时段 \ 列车种类	特快列车	快速列车	普通列车
开车前 3.0 h	0	0	10
开车前 2.0 h	10	15	30
开车前 1.0 h	50	60	70
开车前 0.5 h	90	90	95

4. 日均旅客列车停站次数 $N_{停}$，是指设计线路开行的旅客列车对数中，在该站的停站次数（单向），由于列车档次、车站等级的差别，中间站客车停站次数是不同的，可在客车时刻表上查出，设计年度可类比分析确定。

5. 车站上车客流单方向比重 γ，γ 是指上车旅客的去向不可能上下行各占 50%，有可能某一方向大，公式中应采用比重大的方向客流，γ 的大小与两端大站的远、近程度，行政区划，经济联系等相关，应通过调查分析确定。

6. 旅客乘坐列车的不均衡性 $\alpha_{列}$，这是由于客车档次不同，列车到达本站以及所到目的地的时刻不同，因此并不是每列停站客车，上车旅客是均等的，这种不均衡性即 $\alpha_{列}$，$\alpha_{列}$ 应大于 1.0，具体数值应根据实际调查或类比确定。

7. 重叠候车系数 α 重，是指两趟以上的上车旅客，同时候车，产生的重叠，这种情况的产生由于客车交会，或客车追踪、连发而造成旅客候车的重叠，其系数大于 1.0，并应实地查定后分析确定。

四、旅客最高聚集人数的确定

车站旅客聚集人数的确定，关系到旅客站房的建筑设计规模，为此一般铁路设计宜采用多种以上方法印证。

铁路旅客站房是城市建设的重要标志之一，地方政府都十分重视。根据城市的发展，城市规划部门对旅客站房的新建和改扩建规模都有要求，调研中要听取地方城市规划部门的意见；改扩建既有车站应征求铁路局的意见。

第三节　客流量及区段客流密度

一、客流的分类

客流是旅客数量和流向的组合。客流量是铁路旅客运输需求的表现，是准备铁路运输能力和设备的依据。客流的分类方法很多：

（一）按运营属性分类

在运输实践中按运营属性客流分为直通客流、管内客流和市郊客流，这也是运输统计中的分类。

1. 直通客流：指发到地在两个局的跨局客流，有的旅客甚至跨两局以上。

2. 管内客流：指发到地在一个铁路局局管内的客流。

3. 市郊客流：指运行于大城市中市区和郊区间乘坐市郊列车的客流，其特点是距离不长、客流稳定，以上下班（学）通勤通学的旅客为主体。

（二）按设计属性分类

在建设项目的研究和设计中，根据设计的需要客流一般分为地方客流和通过客流。

1. 地方客流，指设计范围发送或到达的客流，包括发送交出、接入到达和区段内交流等。铁路枢纽内的市郊客流也属于地方客流。

2. 通过客流，指设计范围以外产生，通过本设计范围到设计范围以外的客流。

（三）根据经济评价需要分类

根据经济评价需要，设计客流分为正常、转移、和诱增三种：

1. 趋势客流，指铁路正常吸引并增长的客流。

2. 转移客流，指通过改善铁路旅行条件、提高服务质量后由它种运输工具（公路、民航）转移过来的客流。

3. 诱增客流，指通过修建新线或改建既有铁路刺激沿线经济发展而诱发的客流，这是一种潜在的旅行需求。

二、客流量预测要求和特点

（一）设计项目性质特点不同客流量预测深细度不同

1. 常规铁路与客运专线预测方法和深细度有很大差别

常规铁路一般直接预测铁路客流，不作全路社会客流预测。高速客专铁路则把新建客运专线、既有繁忙干线和公路、民航等组成一个客运通道，研究不同特点和变化因素，按发生、分布（流向）、分工和分配四个阶段进行预测（详见本章第五节）。本节所列内容为常规铁路客流量预测，高速客专铁路客流量预测见本章第五节。

2. 常规铁路中铁路网主要干线和一般干支线的预测内容不同

铁路网中主要干线其通过客流较大，应先做区域 OD 量预测，编制旅客交流表，然后编制区段客流密度，一般干支线以及尽头线可直接预测区段客流密度。

3. 线路和枢纽的预测要求不同，枢纽需预测各方向的客流量，线路则主要预测区段客流密度

（二）客流种类不同其预测方法不同

三、客流量预测一般流程

1. 进行社会经济调查和旅客意向调查。

2. 搜集分析铁路历史统计资料。

3. 进行设计范围内旅客发到量预测并分析流向。

4. 进行区域客流 OD 总量预测，根据全路客运统计资料和全路相关 OD 交流量统计资料，采用各种预测方法，预测未来区域客流 OD 表。

5. 编制区域旅客 OD 交流表。根据以上（三）和（四）相关资料编制设计项目客流 OD 构成。

6. 确定区段客流密度

根据 5 计算确定区段客流密度。当设计项目为比较简单的一般干线、支线

或者设计流程过于紧迫时，也可将 4 以后合并直接预测客流密度。

四、设计客流量表达形式

(一)旅客交流表

1. 线路旅客交流表

某设计线路 AC 如下图，包括 A—B 和 B—C 两个区段，衔接方向为 d、e、f 三个，则设计线旅客交流表一般格式如表 4-3-1。

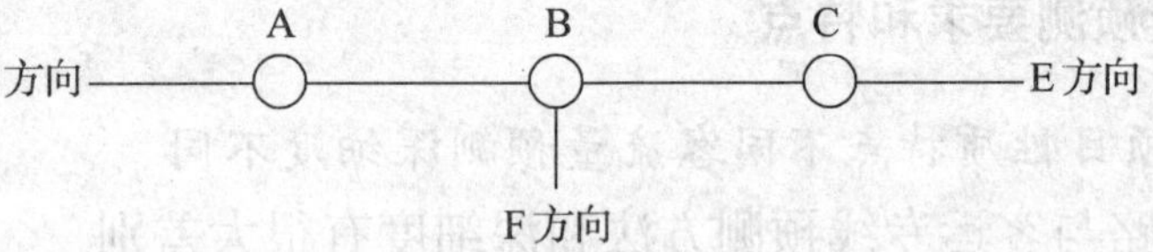

表 4-3-1　A、C 线旅客交流表　　单位：万人

发＼到		区段内各站						衔接各方向				合计
		A站	A~B	B站	B~C	C站	小计	D方向	E方向	F方向	小计	
区段内各站	A站											
	A—B											
	B站											
	B—C											
	C站											
衔接各方向	D方向											
	E方向											
	F方向											
	小计											
合计												

2. 枢纽旅客交流表

某设计枢纽内共有 2 个客站，其余为中间站，衔接方向四个，则设计枢纽旅客交流表一般格式见表 4-3-2。

(二)区段客流密度表

区段客流密度是计算旅客列车数的依据，与货运密度一样是一条线运输负荷的体现。设计中以区段客流密度来表达。

区段客流密度表根据客流图编制，也可根据旅客交流表编制。项目简单或研究阶段超前时也可根据历史客流密度推算。

表 4-3-2 枢纽旅客交流表 单位:万人

<table>
<tr><td colspan="2" rowspan="2">到
发</td><td colspan="6">区段内各站</td><td colspan="4">衔接各方向</td><td rowspan="2">合计</td></tr>
<tr><td>A站</td><td>A~B</td><td>B站</td><td>B~C</td><td>C站</td><td>小计</td><td>D方向</td><td>E方向</td><td>F方向</td><td>小计</td></tr>
<tr><td rowspan="5">区段内各站</td><td>A站</td><td></td><td></td><td></td><td></td><td></td><td></td><td></td><td></td><td></td><td></td><td></td></tr>
<tr><td>A—B</td><td></td><td></td><td></td><td></td><td></td><td></td><td></td><td></td><td></td><td></td><td></td></tr>
<tr><td>B站</td><td></td><td></td><td></td><td></td><td></td><td></td><td></td><td></td><td></td><td></td><td></td></tr>
<tr><td>B—C</td><td></td><td></td><td></td><td></td><td></td><td></td><td></td><td></td><td></td><td></td><td></td></tr>
<tr><td>C站</td><td></td><td></td><td></td><td></td><td></td><td></td><td></td><td></td><td></td><td></td><td></td></tr>
<tr><td rowspan="4">衔接各方向</td><td>D方向</td><td></td><td></td><td></td><td></td><td></td><td></td><td></td><td></td><td></td><td></td><td></td></tr>
<tr><td>E方向</td><td></td><td></td><td></td><td></td><td></td><td></td><td></td><td></td><td></td><td></td><td></td></tr>
<tr><td>F方向</td><td></td><td></td><td></td><td></td><td></td><td></td><td></td><td></td><td></td><td></td><td></td></tr>
<tr><td>小计</td><td></td><td></td><td></td><td></td><td></td><td></td><td></td><td></td><td></td><td></td><td></td></tr>
<tr><td colspan="2">合计</td><td></td><td></td><td></td><td></td><td></td><td></td><td></td><td></td><td></td><td></td><td></td></tr>
</table>

区段客流密度表格式见表 4-3-3。

表 4-3-3 A—D 线区段最大客流密度(单向) 单位:万人

年度 区段	年	年	年
A—B			
B—C			
C—D			

第四节 旅客列车对数及客车开行方式

一、旅客列车的种类

(一)铁路运营中的分类

铁路运营中旅客列车种类的划分是运输组织和经营管理的需要,旅客列车的种类是服务质量中软硬件的综合体现,是客票价格的标识。近年来,旅客列车种类划分也发生一些变化,特别是客车提速、车辆质量的提高,以及不断推出新的品牌,旅客列车种类的名称经常发生一些变化。2007 年全路第六次提速后固定旅客列车分为五个类别即城际列车、动车组列车、特快列车、快速列车和普通列车(表 4-4-1)。在客流高峰时期还增开一些临时客车(L)和旅游列车(Y)。

表 4-4-1 旅客列车分类表

种类＼车次	编　号	细分类别	运营范围
城际列车	C	城际列车	京津间
动车组列车	D1～854	动车组列车	城际及主要干线
特快列车	Z1～86	直达特快	一站直达
	T1～984	特快	跨局或管内
快速列车	K1～918	直通快速	跨局或管内
	N1～924	管内快速	局管内
普通快车	1003～2728	直通普快	跨局
	4011～5814	管内普快	局管内
普通慢车	6007～7573	普通慢车	跨局及局管内

(二)铁路设计中的分类

铁路设计中旅客类车种类划分的目的和意义主要在于确定编组和定员，因此与运营中的分类法既有相同性又有不同性，分类也不宜过细。

客运专线上开行客车分为高速 1(A)、高速 2(B)两类，高速 1 列车为开行速度在 200 km/h 以上的动车组列车(含短途下线低速行驶)；高速 2 列车为开行速度在 200 km/h 及以下的旅客列车(含 200 km/h 动车组列车和普通客车上线行驶)。

常规铁路一般宜分为特快、快车和普客三类：

特快——运行距离特长，沿途停站很少甚至不停的特别快车；

快车——运行距离中等，沿途停站略多，旅行速度较快的列车，相当于目前的快速和普通快车；

普客——运行距离较短，沿途停站较多，旅速较低，列车编组以硬座车为主，票价执行基本票价的普通旅客列车，俗称慢车，大多为局管内，少数跨过局界。

二、旅客列车对数计算与确定

(一)旅客列车总对数计算

区段(或方向)需开行的旅客总数按式(4-4-1)计算

$$N_{客} = \frac{K_{密}}{K_{输}} \tag{4-4-1}$$

式中 $N_{客}$——区段客车总数(列/天)；

$K_{密}$——区段客流密度(单向万人)；

$K_{输}$——平均每列客车年输送旅客人数，由式(4-4-2)计算

$$K_{输} = \frac{365 \times G_{平} \times K_{利}}{K_{波}} \tag{4-4-2}$$

式中　$G_{平}$——列车平均定员；

$K_{利}$——列车客座利用率；

$K_{波}$——客流波动系数；

365——年总天数。

(二)旅客列车计算参考数的含义和确定

1. 区段客流密度($K_{密}$)

区段客流密度($K_{密}$)为设计(预测)区段客流密度，一般上下行相等，故按单向计算即可。预测客流若未包括补票和免票旅客时可按总量的5%～10%计。随着铁路改革开放的深化和现代统计手段的完善，该部分旅客数量在逐年减少，将来也可不计。

2. 旅客列车平均定员($G_{平}$)

旅客列车定员取决于各类列车的编成辆数和编组内容，编成辆数又由线路条件(到发线有效长度和站台长度)和牵引质量决定。根据目前动车组配置以及既有旅客列车开行编组构成，结合分析研究年度客运网构成、客车开行特点等，设计推荐采用如下数据：

动车组：600～1 200；

特快：600～800；

快车：800～1 000；

普客：1 000～1 200。

3. 客座利用率($K_{利}$)

客座利用率($K_{利}$)是反映旅客列车载客能力利用程度的指标，为旅客列车平均载客人数与旅客列车平均定员之比，即：

$$K_{利} = \frac{G_{载}}{G_{平}} \tag{4-4-3}$$

式中　$G_{载}$——旅客列车平均载客人数；

$G_{平}$——旅客列车平均定员，根据公式(4-4-3)可得：$G_{平} \times K_{利} = G_{载}$。

客座利用率的高低，即反映了铁路运输能力的利用程度，也反映铁路运输的服务水平，利用率过高则客车超负严重，旅客旅行不方便；利用率过低，则设备虚糜严重，效益下降。我国多年来客车利用率一直较高，一般都在0.8以上，运能紧张的线路则高达0.9以上，部分区段部分列车则超过1.0。世界上经济发达国家大都在0.7及以下。随着人民生活水平的提高，以及争夺运输市场的需要，设计和规划选用客座利用率不宜超过0.8，设计选择范围见表4-4-2：

表 4-4-2

列车种类	$K_{利}$	列车种类	$K_{利}$
城际	0.7～0.6	快客	0.8～0.75
高速	0.75～0.65	普客	0.8
特快	0.75～0.70		

4. 客流波动系数($K_{波}$)

按全年客流量计算客车对数时尚需考虑时间上的不平衡性，即客流旺季和淡季的差别，因此还应该乘以一个大于 1 的波动系数。设计采用最大月除以平均月的波动系数值。

$$K_{波}=\frac{最大月客流量}{平均月客流量}=\frac{最大月客流量\times 12}{全年客流量}$$

我国客流特点是全年仅有两个客流高峰，即春运和暑运，此外还有节假日客流高峰。高峰时期一般还需加开临时客车，因此设计选用波动系数既不宜过高，也不宜过低。根据多年的统计资料，客流波动系数宜选 1.1～1.20 较为合适。

三、旅客列车开行方案

(一)旅客列车开行方案的影响因素

1. 既有铁路旅客列车开行现状和问题；
2. 客流集散中心和城市分布及其社会经济联系程度；
3. 铁路相关路网技术条件和能力；
4. 预测的客流量和 OD 分布。

(二)旅客列车开行方案

1. 旅客列车起讫点的选择

旅客列车起讫点即始发站和终到站的选择，首先根据客流大小和影响因素，一般选择大城市的主要客站和客流集散中心。在客流大的铁路枢纽应注意客运组织和分工，其次为方便旅客旅行尽量多开始发，减少中转，发到点客流量达到 3～4 成时，即可确定为列车起讫点。

第二，应该注意主要客站的整备能力和利用程度合理地分散客车发到点，多开起讫于中等城市的快车。

第三，照顾历史年度开行现状，考虑未来发展和变化趋势。

2. 旅客列车开行径路选择

旅客列车开行径路有两个以上时，其选择既要考虑最短径路，也要考虑线路能力和条件，尽量使特快和快速车运行在线路容许速度高的线路上，以缩短运行时间，此外还应考虑兼顾沿线客流，使过路的通过车能将有些区段客流带走。

3. 旅客列车的种类确定

设计项目旅客列车种类划分以设计需要而定，与现有运行图客车种类划分有所不同，一般情况宜分为特快、快客和普客。由于设计中难以事先划分客流种类而分别计算，一般是先定客车种类，由客车种类决定客流性质，设计中一般采用分析类比方法确定客车种类：

(1)运行于大城市且为超长距离宜定为特快；

(2)客流较大的两地，对数在 2 对以上时，特快应有 1 对或以上；

(3)夕发朝至的客车多数宜定为特快和快车；

(4)普通旅客列车一般运行于局管内或局界附近区段，主要承担沿线中小站的客流，因此停站多，旅速慢，这种客车数量不宜太多，一个区段不宜开行较多；

(5)运行于枢纽内部及附近起讫于市中心与卫星镇间的客车可定为市郊列车；

(6)设计线路一般不开行混和列车，在线路不长的支线或矿区专用铁路上，为解决职工通勤需要可开行客货混和列车。

四、旅客列车对数的确定

旅客列车对数是铁路能力设计的重要依据，随着经济发展和居民生活水平的提高，铁路客运量在铁路运输量的比重中愈来愈高，很多铁路区段客车运行对数已接近甚至超过货车对数，因此旅客列车对数的确定是铁路运量设计的重要组成部分。

铁路线路和枢纽开行旅客列车数量除了依据预测客流量进行计算外，还要结合开行方案进行调整，有时还要根据政治经济和旅游等特种需要适当增加一些列车，从而综合确定旅客列车开行总量，并提出项目旅客列车对数表。旅客列车对数表格式见表 4-4-3。

表 4-4-3　××线(枢纽)旅客列车对数表

起讫	种类	经由	对数			附注
			××年	××年	××年	

第五节　客运专线客运量设计

一、客运专线客运量设计的特点

客运专线是专门运行旅客列车的线路，客车速度目标值达到每小时 200 公里以上。根据国务院制定的《中长期铁路网规划》，2020 年前将规划修建“四纵四横”铁路快速客运通道及三个城际快速客运系统，客运专线总长度达到 1.3 万公里以上。因此未来时期将是客运专线高速发展期。客运专线与常规铁路相比，客运量预测在深度和广度上都有较大差别，其特点有以下几方面：

1. 客运专线的诱发客流和转移客流量较大，因此需要对通道所在区域进行全社会客货运量预测，要组织进行相关运输方式的客流 OD 调查，各种运输方式的合理分工及承担客运量的份额，研究将更加深入。

2. 预测方法和模型更加现代化，变化因素更多，经常需要多次迭代和反馈。

3. 客运专线大多为繁忙干线旁边建设的第二双线，因此要深入研究新建客专和现有铁路的分工和客运组织方案。

4. 客运专线与既有铁路网衔接，要研究跨流客流上下客专的列车运行方案。

二、“四阶段”法客流预测

客运专线采用传统的预测方法（见第四节）有调研工作量小、出成果快、投入费用少的优点。最大缺点是“就铁路论铁路”对未来客运市场的社会总需求及各种运输方式的合理分工的研究不够，对票价、舒适度、安全、速度等因素对客流的影响也无法做出定量计算，因此在客运专线客流预测倾向于“四阶段”法预测模型。

“四阶段”预测技术，起源于 20 世纪 50、60 年代西方发达国家，在城市交通规划中得到广泛应用，通过不断总结、提高、完善，在综合交通规划中也被认为是一种可行的预测方法。“四阶段”是以客流起终点调查为基础，把整个预测过程划分为四个阶段，即出行生成、出行分布、方式划分和交通分配四步，故又称“四步法”。该预测技术以地区社会经济状况、土地利用分布、交通方式服务属性以及交通工具使用者的特征为基础，采用多种预测模型分析研究全社会交通运输需求，通过不同交通工具的效用进行方式选择。在特定运输方式中根据广义费用（或时间）进行流量分配。本章只对该预测技术作简单介绍，并提出客运专线运量预测实际应用中应注意的相关问题。

1. 出行生成

是指被划定的每一规划小区，对外发生或吸引的客流量。也就是规划小区旅客运输社会总需求。

城市交通规划小区的划分，是以城市土地利用，城市经济布局，小区功能，人口分布特征来划定；在长大铁路客运专线规划区划分，则要结合城镇分布、行政区划、现状运输网布局、直接与间接吸引范围等因素来考虑，以便于各规划区各项社会经济指标的查定。

在预测规划出行生成时，应用旅客问卷调查和公路 OD 调查资料，注意把握出行生成总量的控制和总体规模的协调。出行生成预测一般采用增长率法、原单位法或函数模型法。（主要是回归分析法）。

2. 出行分布

第一步出行生成，解决了出行总量和出行总规模，但具体出行量的分布，从哪里来，到哪里去，就需要在本阶段内解决，这是四阶段法中的重要一步。出行分布预测方法基本上分两大类。

1. 增长系数法：此法简单易懂，不考虑服务属性变化对出行的影响，在没有新交通网络引入，规划小区划分变化不大时，能在短时间内完成预测；但该法要求有完整的基年 OD 表，在有新交通网络引入（如新建铁路客运专线），路网变化较大时，对小区出行分布的影响，难以体现，特别是在区域交通规划中，多种运输都在变化中，采用此法的可靠度将下降。因此，在规划区域有新的铁路客运专线（高速铁路）、高速公路及其他新的交通运输网络引入时，一般不宜采用。但区域交通网络无多大变化，且服务属性改变幅度也不大时，可利用增长系数模型（如弗莱特法、底特律法等）预测，以便以较小的投入、较少的时间完成较大工作量的 OD 流预测。

2. 构造模型法：主要根据旅客的问卷调查和公路 OD 调查，整理出的现状交通量 OD 表，剖析 OD 流的分布规律并用数量模型来表现，然后用实测的数据标定模型中的各项参数，再根据所标定的模型预测交通量分布。

在构造模型法中，被广泛应用的主要有重力模型法（Gravity Model）和机会模型法（Intervening Opportunity Model），特别是重力模型法有各种各样修正模型和发展模型。除上述模型外，还有熵最大化模型，概率模型等其他模型。铁路客运专线设计，属于新交通方式引入，用重力模型进行预测效果较好。

改进后的重力模型，引入出行广义费用函数，也就是在模型中除考虑距离因素外还应考虑出行费用。广义费用函数又称阻抗函数，在铁路客运专线客流量预测中，采用重力模型，其中对阻抗函数的标定是有一定难度的，关键是广义费用本身是动态的，随方式选择在变动，在出行分布阶段对阻抗函数标定方法及该参数数据确定的科学性,是一个很大难点,需要通过不断实践总结提高。

3. 方式划分

在铁路客运专线采用四阶段法运量预测中的关键一点是方式划分,也就是全社会出行分布确定之后,确定公路、铁路、民航等多种方式的分担率,就是解决OD点间运输方式选择或称各种运输方式份额分配。从而得出所预测客运专线的铁路旅客OD表。

方式划分,实际上取决于各种方式的服务水平(即时间、费用、安全、舒适等),这也是各种方式的广义费用的概念。以满足旅客的最小费用,最大效益的选择要求。

根据方式划分所依据的基本单位的不同其预测模型可分两类,即集计模型和非集计模型。

集计模型:以小区为单位,将出行者有关数据集计一起说明的模型。

非集计模型:以个人为单位,将出行数据构造模型来确定方式选择概率,然后将每个人的方式选择集计起来,预测分担交通量的模型。

在铁路客运专线预测中,在大范围的小区划分中,采用非集计模型,是有很大难度的,为此通常采用集计模型较适宜。

常用集计函数模型有线性模型、Logit 模型和 Probit 模型。

线性模型:是将把影响交通方式分担的各种要素用线性函数的形式表现,以测算交通方式的分担率。该法的问题是难以保证分担率 Pi,必须满足 $0 \leqslant Pi \leqslant 1$ 这一条件。

Logit 模型:该模型克服了线性模型的缺点,模型中有关参数的标定是通过实际不同交通方式网络标定来测算的,并确定规划年度参数标定,Logit 模型被广泛采用,这里关键是参数标定,由于时间、成本、舒适度、安全因素本身是相对滚动,为此未来参数标定的正确度是较难把握的。

Probit 模型:此模型同样克服了线性模型的缺点,但只是用于两种交通方式的概率选择。

铁路客运专线通道运量预测,通常有公路、铁路、航空等三种以上交通方式选择,因此从预测宽度、模型构思的适宜性来看采用 Logit 模型为最好。

4. 路径分配

在城市交通规划中,交通量径路分配已经建立起较多理论,但是铁路客运专线路径分配中如何应用这些理论尚待研究、实践、提高。从理论上分析,凡在运距、成本、时间、舒适、安全等诸多方面因素均占优势的路径肯定是被首选方案。但是由于铁路客运专线的特点,在径路选择上将产生一定难度。

(1)客运专线是客货分线运营,其和客货混跑的线路相比,通常除相对成本较高外，其他方面处于优势。

(2)客流的直达运输和货流直达运输不同，直达货流可只管起讫点，而直达旅客列车，起讫点一致，为解决沿线客流路径不一致，也是必要的。也就是起讫点一致的 2 对以上客车，可分别经由不同的路径。

(3)高速客运专线，转线客流的多少，相关转线设备，对投资有直接影响，也影响到费用和效益的比较。

(4)大量中短距离的城际间列车，实际路径比较明确，尤其是夕发朝至全程卧铺列车，旅行时间和速度相对约束小，路径选择余地较大。

(5)客流路径选择在整个铁路网络，多为客货混跑线路又有线路等级、单、复线、牵引种类、能力等因素，以及受货流径路选择方案的影响，使整个路径选择模型的建立复杂化。

针对以上存在的问题，在路径分配上，拟采用路网分工及分流原则定性确定为宜。

四阶段预测流程(技术路线)见图 4-5-1。

三、客运专线旅客列车对数设计

(一)新建客运专线与既有线客流划分

铁路客运专线，通常是在靠近既有双线旁增建新的双线，实行客货分线运营。但既有线仍然应开行部分旅客列车，有以下几种客流适宜在既有线上：

1. 铁路客运专线开行高速或快速列车，对两区段站间的中小站停站次数将大大减少，大量中、小站客流，仍需要乘既有线客车到大站换乘。

2. 区段内或跨区段的站间往来客流。

3. 与既有线衔接的相关路网，与高速客运专线间无上、下线设备时，其直通旅客列车，也只能在既有线上开行。

4. 跨线开行的旅客列车，有时为照顾既有线沿线中小站客流，也需要在既有线上开行。

(二)旅客列车对数计算及客车开行方案

1. 旅客列车开行对数计算

根据客运专线和既有线划分的高速流和既有线流，相对应计算各区段旅客列车对数，其计算方法与一般线相同，但采用的客车类型，旅客列车平均编挂辆数和定员各不相同，需要根据不同情况分别计算。

2. 客车开行方案

客车开行方案的确定要计算和分析相结合，注意以下问题。

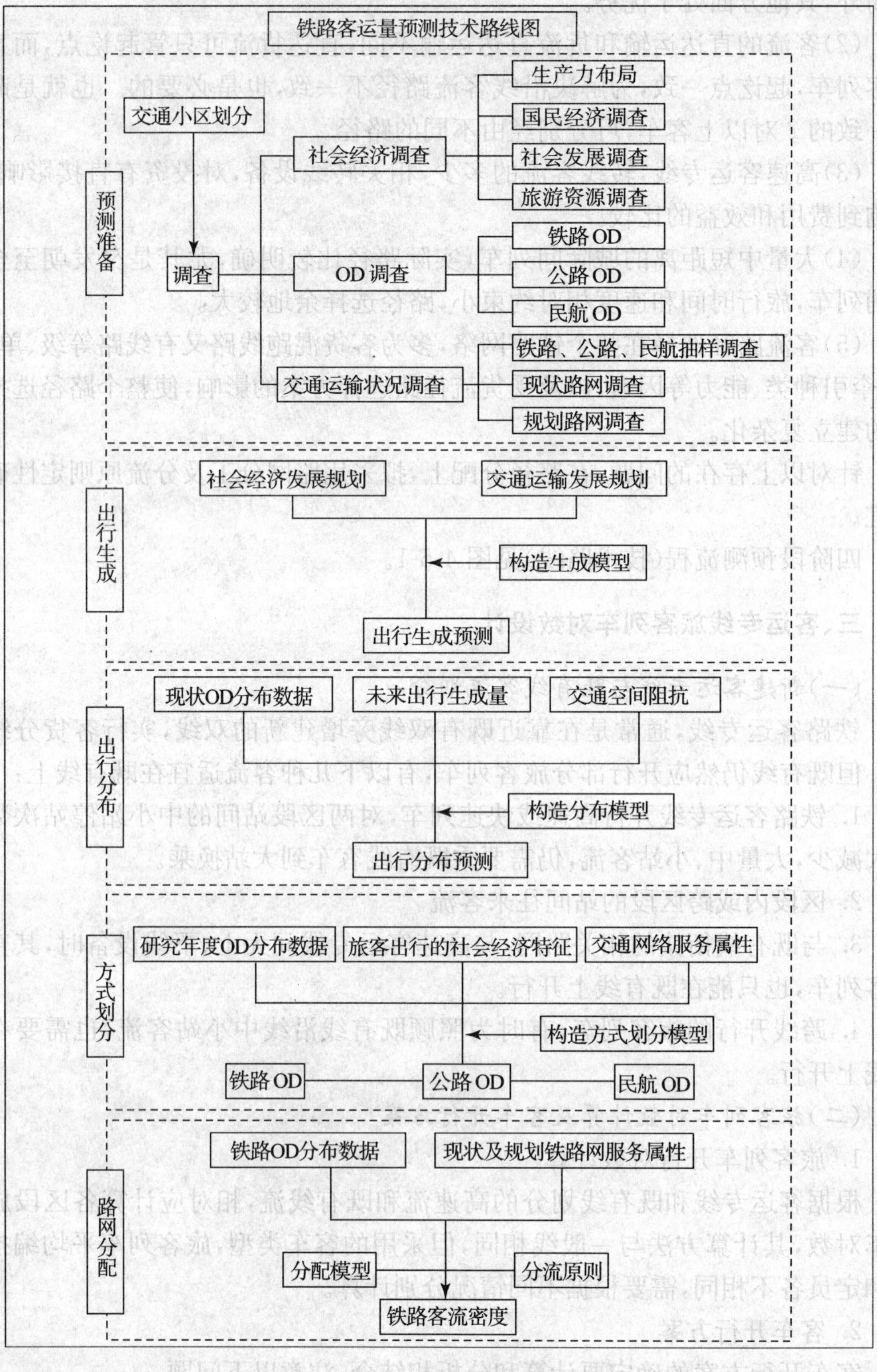

图 4-5-1　四阶段预测流程

(1)跨线客流不一定要全部开行跨线列车,可以根据情况开行部分快速跨线列车,而部分合并在本线高速流中。因为高速线上快速列车过多将影响高速列车的速度和高速线能力。

(2)客运专线及既有线客车开行方案,应与相关专业配合研究,如行车、站场、机辆、信号、电气化等专业并及时听取有关专业反馈意见,设计的整体性十分重要。

(3)客车开行方案的研究,要与区段客流密度的调整紧密结合,多次反馈,以保持设计资料中的完整性。

四、"MD 法模型"在客流量预测中的应用问题

"MD 模型"是日本运输调查局在 20 世纪 70 年代开发的。1964 年东海道新干线投入运营后,日本新干线的建设不断进展。在预测像新干线这样对全国运输系统带来极大影响的运输方式的需求时,要把将来的需求结构也预测出来在当时几乎是不可能的。随着新干线的建设和投入运营,各运输方式间的份额发生很大变化,同时又带来诱发运量。传统的预测法几乎不能反映运输方式的服务水平的变化对运量的影响,因此,想要预测出转移运量和诱发运量是极其困难的。所以在进行需求预测时迫切需要能够反映运输结构的巨大变化的新的预测方法。为解决这个问题,日本运输调查局的专家们经过不断尝试和努力,最终"MD 模型"的思路和预测方法固定下来,并通过国内外各种交通项目中试用该模型,对它作了各种改进,现主要用于日本新建新干线的需求预测。

"MD 模型"引入我国的时间并不长,在我国新建长大干线高速铁路客流预测中还很少应用,正处于摸索阶段,本节此处仅对"MD 模型"的基本思路作一些简单介绍。

(一)MD 模型的思路

1. 假定潜在需求

交通需求量指的是从出发地点(Origin)至到达地点(Destination)的人的移动数量,所以交通需求的最关键之处在于如何克服两点之间的空间。假定这两点间存在潜在需求,是 MD 模型的第一个观点。也就是说,在这里把想在 A 和 B 两点之间旅行(感到有必要)的人们,即把有旅行可能性的人们理解为潜在需求层。因此,可以说在这阶段是还未显现出的需求。

2. 假定旅行的效用

人们之所以要旅行,是因为通过旅行可以获得某种好处。这就是旅行的效用。对旅行效用的评估随个人的价值观而异。假定对旅行效用的评价存在某种概率分布,各 OD 对的这种概率分布是共同的,这是 MD 模型的第二个观点。

3. 假定旅客的牺牲量(旅客付出的时间、费用、疲劳等)

出门旅行,肯定要花时间、花钱,并且还会疲劳。这些总称为旅客的牺牲量。

把旅客最在乎的使用交通工具的时间和费用的综合水平当作是上面所说的牺牲量,是 MD 模型的第三个观点。但是由于时间和费用的单位是不一样的,故在 MD 模型中,要研究把货币换算成时间单位的系数。(反过来,也可以把时间换算成货币单位的系数。)可用下面公式表示。

$$Si = Ti + V \cdot Ci$$

式中 Si——表示使用某交通工具时的牺牲量;

Ti——表示使用某交通工具时所需时间;

Ci——表示使用某交通工具时的费用;

V——把货币单位换成时间单位时的系数。

在此,如果想要更容易理解的牺牲量的表达方式以及换算成金额的牺牲量,则表达方式如下:

$$Si = Ci + \omega \cdot Ti$$

式中 ω——把时间单位换算成货币单位的系数。

4. 关于把时间换算成货币单位的系数

把时间换算成货币单位的系数,指的是旅客对时间价值的评估。也就是说,用金额来重估时间值多少。但是这种时间价值的评估因人而异,即便是同一个人也会因为旅行目的的不同而异。

MD 模型的第四个观点是:与先前所讲的旅行效用相同,把时间价值看作是形成某种概率(对时间的价值评估是不一定的)分布的东西。

5. 关于旅客交通工具的选择及潜在需求的实现

这里要说明的是 MD 模型最关键的部分,到目前为止所说明的所有内容都可归结到这点。

交通工具不同,则所需时间和费用也不同。比如,乘飞机所需时间很短,但是费用贵;乘高速公共汽车费时,但费用便宜。

选择怎样的交通工具,都是相对要花时间和费用等代价的,这些就相当于被选择的交通工具的牺牲量。

MD 模型认为,潜在需求只有在旅行的好处超过被选择的交通手段的牺牲量时才会实现。如果好处比该交通手段的牺牲量要小,则意味着旅客进行这样的旅行时会受损失,从经济行为的原则来看,很自然地会取消这样的旅行。

(二)概率分布

在 MD 模型中,把旅行的效用和时间价值的评估这两项看作随不同时间、不同的旅行目的和旅客的属性等而发生变化的,虽然要具体地计测它们非常困难，在MD模型中假定这两个随机变量在所得分布等很近似、时间价值分布和所得分布很接近的前提条件下，“时间价值”服从对数正态分布，“旅行效用”也服从对数正态分布。虽然也可以假设这些变量的概率分布为通常的正态分布，但这时数学期望和方差值可能会使旅行效用变成负值，而效用实际是非负的。如采用对数正态分布的话，只要把对数值变成反对数，不管是什么值时都不会产生负数。可将对数正态分布变换成为标准正态分布，从而计算出某一分布区间的概率。

（三）旅客的牺牲量和交通工具的选择

在“MD模型的思路”中已提到过，旅客们按照对时间的价值的评价来进行合理的选择，即选择牺牲量最少的一种交通工具。

（四）旅行效用和潜在需求的实现

潜在交通需求变为事实上的交通需求称为潜在需求的实现。在MD模型的理论中假设旅客在完成同样旅行时选择牺牲量最少的交通方式，只有在通过旅行获得的效用超过牺牲量时，潜在需求才变成现实的交通需求。旅行的效用也被假设为服从对数正态分布。

必须注意，由于人们的时间价值各不相同。因此，在MD模型的计算中，如果有两种以上可利用的交通工具，相互之间处于竞争关系，则要按各交通工具牺牲量的最小区间把时间价值分成细小部分，再来计算各交通工具的潜在需求实现率。

（五）不同交通工具的潜在需求实现率

上一步已经对不同交通工具所占的份额和潜在需求实现率进行了求算。由于旅行的效用和时间价值是不确定的，旅客从各自的时间价值的角度考虑，选择牺牲量最小的交通工具，当被选择的交通工具的牺牲量低于旅行的效用时，对被选择的交通工具的需求才会变为实际需求，也就是旅行行为才会实际发生。

这一步是通过两种不同交通工具的概率分布组合的各自体积测算出各自交通工具潜在需求的实现率。

（六）不同交通工具的需求量

在上一步计算确定各自交通工具潜在需求的实现率后，再乘以该OD的潜在需求流，就可以算出不同交通工具的需求客流量。

（七）四阶段推算法和MD模型的比较

由于新干线高速列车对日本社会和经济的发展产生了深远影响，而当时使用的四阶段推算法已很难用在新干线推算上，为克服它的弱点而研究出了MD模型，所以两者之间是有很大差异的。

总之，开发了MD模型的目的是：

1. 想计算交通市场出现新的交通工具后新增加的需求量(诱发需求量)

2. 想从理论上计算时间价值各异的转换需求层和诱发需求层的利用者受益金额。

四阶段推算法和MD模型的基本差异如表4-5-1所示。

表4-5-1　四阶段推算法和MD模型的基本差异

项　目	四阶段推算法	MD模型
需求量基础	实际需求量	潜在需求量
各模型间的关系	每个阶段都是独立关系	各阶段互为从属关系
需求的产生和工具的选择	与运输条件无关、由需求决定	因运输条件的差异不同模式的需求量同时决定
模型的操作性	通过各阶段的控制总量检查,可适应于每个阶段	各阶段互为从属关系,无法每阶段适应。
诱发效果	在模型系统内部无法推算	在模型内部可以推算

上面是这两者的基本差异,事实上随着非集计模型等的发展,四阶段推算法也可用来推算诱发效果等,而MD模型在操作性和易懂性方面作了较多的改进。

第六节　城际客运铁路客运量设计

城际客运铁路是指专门用于城市密集地区城际中短途旅客运输的快速铁路,是联接大城市与中小城市、各中小城市之间以及部分大城市间的一种快捷的有轨交通联系通道。主要满足经济发达的人口稠密地区中短途旅客运输需要。由于城际客运铁路能够适应城际客流分布特征,为旅客提供公交化的运输服务,保证高峰时段和非高峰时段的旅客出行需要,并具有强大的运输能力,所以此种交通方式是对城市交通及区域内交通运输通道的补充,可极大地缓和市区及城市密集地区区域内交通压力,也是我国未来解决城市及都市带交通问题的一种全新的有轨交通方式。

城际客运铁路既不同于高速铁路及普通铁路,也不同于城市地铁及轻轨。所以城际客运铁路的客流有其自身特征。目前城际铁路客流预测基本上借鉴城市地铁及轻轨项目的客流预测方法,即四阶段法。但在各阶段具体操作中又比较类似客运专线。如果预测的城际铁路还承担铁路网上通过运量,其通过运量部分应采用客运专线或普通铁路客运量预测方法。

一、小区划分

城际铁路小区划分应根据拟建项目吸引区行政区划、人口分布和拟建线路的车站分布等因素确定。鉴于城际铁路站间距一般小于客运专线铁路，又远大于城市地铁及轻轨。所以其小区划分一般比客运专线要细。但远粗于城市地铁及轻轨。既能体现各小区不同出行特点，又要方便预测及生成站间交流。

二、出行生成、出行分布和方式划分

可参照上节铁路客运专线相关部分。

三、站间交流

城际铁路客流预测一般要求在小区交流的基础上生成站间交流，其方法可参照城市地铁及轻轨设计。

四、预测结果

在城际铁路研究及设计中客流专业一般向下序专业提供年平均日及高峰小时分方向上下车人数及断面流量。在说明书中亦可比照地铁及轻轨项目对客流预测结果进行分析。

五、高峰时段客流

由于城际铁路承担客流一般出行距离较短，对出行时间要求高。所以城际铁路客流预测应更加重视客流在一天中的时间分布，并分析预测高峰小时客流。客流调查中需要调查分时段客流和出行目的，分析影响出行时间的因素得出基年高峰小时系数，即高峰小时客流占全日客流比重。分析影响出行时间因素的变化规律，确定预测年度高峰小时系数。一般早晚高峰小时客流在方向上是相反的，和城市地铁及轻轨客流类似。

第五章　货运量设计

第一节　车站货运量

一、铁路车站吸引范围

货运营业站的吸引范围是铁路车站的服务地区。这个地区的货物运输通过该铁路车站运出(发送)和运入(到达)全部或大部,并最为经济合理,这个地区的范围就是车站的地方吸引范围。

(一)线路车站吸引范围的划分

沿线车站地方吸引范围按货运营业站的分布进行划分,划分方法有以下三种:

1. 几何作图法

几何作图法有几种,主要有垂直平分线法,它是粗略确定车站吸引范围的一种方法。该法原理是将设计的车站与相邻站间分别连直线,然后再作连线的垂直平分线,利用垂直平分线上任一点与直线两端站等距原理,得出环绕设计车站闭合多边形即是该站吸引范围,见图5-1-1。

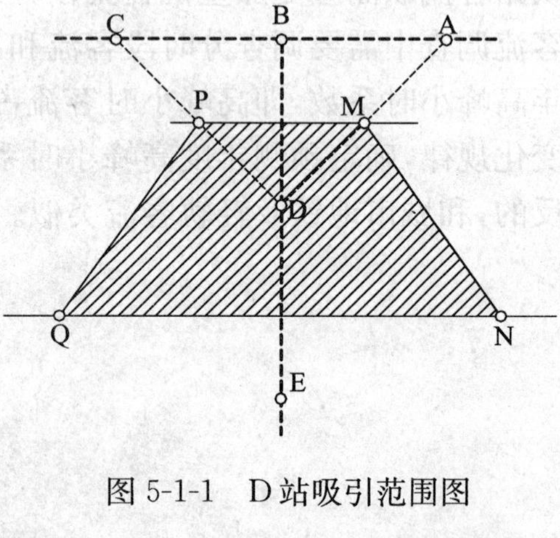

图 5-1-1　D站吸引范围图

图 5-1-1 阴影部分为 D 站的几何吸引范围。该吸引范围界线,由 A、B、C、D、E 各站连线垂直平分线相交而成,交点 P、M、N、Q 至相邻车站距离相等。

垂直平分线法只是一种理论的几何图解法,它未考虑车站的具体位置,也未考虑地形条件和交通条件的影响,更未考虑货流方向和经济据点间的经济联系,所以这种方法是粗略的划分法,只是综合分析法的一种辅助办法,不能单独使用。

2. 综合分析法

综合分析法首先用垂直平分线法概略地划出吸引范围,然后对影响吸引范围划定的诸因素进行分析,继而对吸引范围进行必要的调整。因此,综合分析法是把几何图解的吸引范围，在外业调查考证后（包括广泛听取地方有关单位意见），经分析调查和调整，最后定出吸引范围。

影响吸引范围划定的因素有：

(1)地形条件。如一个经济据点，被高山或河流将车站隔开，而又无交通条件与车站联系，从而影响车站吸引范围的划定。

(2)交通运输条件。铁路、公路、水运等交通网的分布、能力及发展情况对吸引范围的影响。

(3)行政区划。一般情况，物资的集散应按经济区划考虑，但有时亦受行政区划的影响，因在所属行政区划内，具有一定方便条件。

(4)货物品类。一些货物品类，对车站吸引范围有直接的影响，如石油、百货等物资卸车站比较集中，这种卸车站往往吸引一个县或市大部分地区的物资，因此对个别品类，其吸引范围应个别考虑。

(5)季节性和运输时间的要求。季节性影响主要指河流冰冻期和洪水期对吸引范围的影响。如由于受洪水期影响，货物不在原有车站装卸而被其他站吸引。运输时间的影响主要是易腐货物运输，由于它有运输组织方面的特殊要求，货主将货物运到货源较多、便于组织快运列车的较远车站装运，而不在本站装车。

(6)货物流向。在两个相邻的货运营业站间，由于货流方向不同，影响车站的吸引范围。

3. 费用计算法

费用计算法是在考虑了货物具体流向以及短途运输条件的基础上，通过运杂费比较划出吸引范围的方法。

运杂费比较是指所运货物起讫点之间全部费用的比较。即货物从产地运至车站，并通过铁路运至货物终点的全部运输和装卸费用，或从外地运至车站，继而转运到消费点的全部运输和装卸费用。通过运杂费比较，以明确由哪一个站装卸运输货物费用最省，从而确定货物的归站问题。

费用计算法是确定地方吸引范围比较精确的方法，一般在用综合分析法还不能明显看出它的合理性时采用。

(二)枢纽吸引范围的划定

大中城市货运站应实行专业化分工，枢纽地方运量吸引范围研究重点在货运作业的分工。枢纽内除设置1～2个综合性货运站外，还有若干专业性货运站，如集装箱货运站、零担货运站、危险品货运站。专业性货运站担负这个枢纽的到发货运量。货运量很大时综合性货运站可设2个及以上货运站，根据城市规划和合理组织物流的原则予以划分，也可以将粗杂污染货物放在远郊。

(三)填写车站基本情况表

车站吸引范围划定后,应填写车站基本情况表,作为设置货运营业站的依据和计算车站发到运量的基础资料。登记表的主要内容有:站名、所属县和镇、吸引范围、吸引范围内经济特征、吸引范围内基础资料(包括人口、耕地面积、粮食产量、主要工业产品产量等)、车站附近地形交通和货源示意图等。详见表 5-1-1。

表 5-1-1

________站基本情况表

______线______设计

站名		所属县(市)镇(乡)	
吸引范围:			
吸引范围内基础资料(人口、耕地面积、粮食产量、主要工业产品产量):			
车站附近地形、交通及资源示意图:			
注:			

二、货运量的分析计算方法

(一)工 业 类

工业企业的运量主要包括煤、焦、石油、钢铁、金属矿石、非金属矿石及其他品类的一部分,工业类运量占铁路运量的大部分,一般采用直接法和平衡法进行运量分析。对这些货物的生产指标和消耗定额选定,要有可靠的根据。工业企业中的加工企业,其产品运量和原材料、燃料运量,有时要根据加工企业的内部生产流程来计算。

1. 煤

煤是我国的主要能源,在铁路货运量中,煤运量约占总运量的 40%。

(1)煤外运量平衡计算

煤外运量的平衡法计算公式为:

$$M_{运} = M_{产} - M_{消} - M_{水公} \qquad (5\text{-}1\text{-}1)$$

式中 $M_{运}$——铁路发送量;

$M_{产}$——煤产量;

$M_{消}$——吸引范围内的消量;

$M_{水公}$——水运及公路外运量。

在有洗煤场时,入洗原煤应作为地消量考虑,而洗选后产出的精煤则视为产量,与原煤产量加在一起平衡。洗煤场产出的精煤和中煤,应据洗选回收率予以计算。

(2)火电厂耗煤计算

火电厂耗煤计算公式为：

$$M_{电} = A_{机} \times t \times q \frac{7\,000}{Q} \tag{5-1-2}$$

式中　$M_{电}$——电厂年耗煤量(kg)；

$A_{机}$——设备装机容量(kW)；

t——设备利用小时(h)；

q——发电标准煤耗定额(kg/(kW·h))；

Q——每公斤原煤发热量(J)；

7 000——每公斤标准煤发热量。

(3)炼焦用煤计算

焦化厂一般设在冶金工厂内，亦有少数设于化工厂内。炼焦用煤计算公式为：

$$M_{焦} = Z \times r \tag{5-1-3}$$

式中　$M_{焦}$——炼焦煤耗量；

Z——焦炭产量；

r——焦炭耗煤指标。

炼焦煤对煤质要求高，一般均用洗精煤。炼焦的煤种有气煤、肥煤、主焦煤、瘦煤等，其配合比根据各冶金工厂情况，经实验确定。

(4)其他工业耗煤量计算

其他工业中耗煤量较大的有化工、建材、机械、纺织、食品等工业。其耗煤量计算可根据各工业部门的燃料消耗计划，采用直接归纳法，也可采用指标法。

2. 焦炭

焦炭运量发送比较集中，到达比较分散。焦炭发送主要在焦化厂，一般采用平衡法计算，扣除企业自用量和其他运输方式的运量后即为铁路发送运量。

焦炭主要用于炼铁、炼钢化铁、铸造化铁，生产合成氨、电石、铁合金及煤气等。计算焦炭到达量时，对企业有计划资料的可采用直接归纳法，否则采用指标法。

3. 石油

原油运输是以管道为主，水运次之，铁路较少。成品油运输以铁路为主，而铁路发送成品油有从炼油厂发送和中转性油库发送两种情况。

原油到达运量按炼油厂、石油化工厂的年加工能力计算。

炼油厂对原油经过一系列工艺处理，分离出汽油、柴油、煤油、润滑油、重油等产品和石油焦、石蜡、沥青、碳黑、有机化工原料等副产品。受原油质量和加工工艺影响,制品油回收率大小不一。既有炼油厂可参照历史统计资料推算出成品油产量。规划中的炼油厂,若无详细的工艺流程资料,可按炼油厂计划任务书对产品方案的要求,直接归纳成品油的产量。炼油厂成品油的铁路外运量应用平衡法计算。

中转性油库运量可按调查资料,以油库容量及平均周转次数确定。

港口石油转运量按水陆联运计划或历史资料分析确定。

4. 钢铁

钢铁联合企业或独立的钢铁厂、轧钢厂是钢铁发送的主要部门。此外,仓储、码头也有一定数量的发送。一般按直接法和平衡法确定铁路外运量。

计划中的钢铁企业,如有设计文件时,可直接采用其总图运输中的外运量资料。若无设计文件而仅有规模时,可根据产品规模用指标法计算其产品的外运量。

钢铁消耗主要为工业生产和基建两大部门,应根据各单位计划拟定的钢铁需要量,采用直接归纳法确定,也可按指标法计算确定。

5. 金属矿石和非金属矿石

金属矿石和非金属矿石种类繁多,主要在冶金、化工、建材等工业企业作原材料用。一般采用直接法和平衡法确定,也可采用指标法计算。

金属矿石除富铁矿外,一般品位较低,均要进行选矿,以精矿形式外运。

金属矿石以铁矿石为大宗。铁矿石品位较高者(含铁 45%以上)称为天然富矿,可直接入炉炼铁,故不经选矿即以原矿石运至炼铁厂。富矿的产量,即可作为运输量计算。

贫矿需经精选后方能入炉冶炼。按生产配置的合理要求,选矿厂一般应设于矿山并发送精矿。精矿产量计算式为:

$$F_{精} = \frac{F_{原} \times P_{原} \times r_{收}}{P_{精}} \tag{5-1-4}$$

式中 $F_{精}$——铁精矿产量;

$F_{原}$——铁矿原矿入选量;

$P_{原}$——原矿品位(%);

$r_{收}$——选矿回收率(%);

$P_{精}$——精矿品位(%)。

铁矿石主要供应炼铁厂,有规划资料的炼铁厂可直接采用规划资料。只有铁厂规模时,也可按指标法。

有色金属矿发送与到达运量,根据矿山和冶炼厂的规划资料进行分析计算。

非金属矿多为冶金、化工、建材等工业使用,其矿山发送运量一般用直接法和平衡法计算,到达运量按定额法计算。

6. 其他

工业企业的其他运量,主要指化工原料、工业机械、农业机械、日用工业品等,一般到达运量按指标法计算,发送运量用平衡法计算。

(二)农 业 类

农业类运量系指与农业有关的铁路运量,包括粮食、棉花、化肥及农药,以及其他的一些运量,一般根据历史资料采用增长系数法、新线车站宜采用平衡法进行分析计算。

1. 粮食

粮食运量计算,在有条件时可直接运用当地粮食部门的调拨计划,但须分析资料的可靠性。在无调拨计划资料时,可据耕地面积、总产量、地销量等资料用平衡法计算。

城市民用粮,可据人口规划及用粮定额计算。

工业用粮,可据工厂规模,用定额法计算。

2. 棉花

棉花发送量主要产生于产棉区,根据吸引范围内的产量、地销量、其他运输方式运量等用平衡法计算,到达量按纱厂规模用指标法进行分析计算。

3. 化肥及农药

化肥及农药运量,应根据吸引范围内的耕地面积,以及各地不同的亩施用化肥量指标计算。在计算铁路到达量时,应扣除自产供应化肥及其他运输方式到达的化肥运量。化肥运量应按化肥实物量计算。

4. 农业耗油量

农业耗油量主要是指拖拉机、农用汽车、排灌机械的耗油量,可用指标法计算,也可以参照当地商业部门的计划分析确定。

(三)建筑材料类

1. 矿物性建筑材料

城市市政建设用矿物性建筑材料,主要用于房屋建筑和道路建设,其到达量可根据城建部门提供的规划需要量,或用房屋建筑面积及道路建设长度,参照单位指标计算。无以上资料时,可用历史年度实际到达量,结合城市规划情况分析确定。

工厂、水利工程所需矿物性建筑材料,可根据每个工程设计文件所计算的材料指标予以计算。在无设计文件的情况下,可采用每亿元投资所需材料指标计算。

铁路路料运量按每公里耗用指标计算。区间耗用路料,在货流计算上列入到达区间前方站,但在车站货运设备中,则不考虑这部分运量。

2. 水泥

水泥发送比较集中,到达比较分散。

大中型水电站、港口码头、工矿企业等重点建设工程的水泥需要量,应根据规划设计资料计算确定。

城市市政建设水泥用量,可据城建部门提供的规划需要量,或用单位消耗指标予以计算。若无规划资料时,可用历史年度的实际消耗量结合城市建设规划分析计算。

以水泥为原料的工厂,如混凝土桥梁、轨枕、水泥电杆、房屋构件等工厂,应按产品产量及消耗指标计算水泥到达量。

3. 木材

木材发送主要为储木场,少量见于制材场。应据调查资料确定发送量。

木材消耗分为生产用和基建用两大类。生产用材以矿山、造纸工业、制材厂和机械工业为主要用户,应按企业规模及单位消耗,用指标法计算木材用量。基建用材由于用户繁多,一般用一个地区的历史统计资料及增长情况进行分析计算。

(四)交通运输业类

1. 铁路运输燃料消耗

(1)铁路内燃机车牵引用油按每总重万吨公里耗油指标计算。并以牵引区段为单位。

① 总重吨公里计算

$$\sum QL=\sum HL+\sum KL \tag{5-1-5}$$

$$\sum HL=(1.8H_{重}+H_{轻})L$$

式中 $\sum HL$——货物列车总重吨公里(10^4 t·km);

$H_{重}$——重车方向货运密度(10^4 t);

$H_{轻}$——轻车方向货运密度(10^4 t);

L——区段长度(km)。

$$\sum KL=\frac{730NQL}{10\,000}$$

式中 $\sum HL$——旅客列车总重吨公里(10^4 t·km);

N——区段旅客列车对数(对/日);

Q——旅客列车平均重量(t);

L——区段长度(km)。

②柴油消耗量计算

$$M_{机}=\sum QL\times R \tag{5-1-6}$$

式中　$M_{机}$——机车耗油量；

$\sum QL$——万总重吨公里；

R——万总重吨公里耗油指标(参见表 5-1-2)。

表 5-1-2　铁路局年万总重吨公里耗油指标

局　别	油耗指标(kg)	局　别	油耗指标(kg)
全路平均	26.8	上　海	19.8
哈尔滨	38.4	广　州	27.8
沈　阳	27.3	柳　州	38.3
北　京	24.5	成　都	45.3
呼和浩特		兰　州	45.7
郑　州	21.7	乌鲁木齐	35.1
济　南	20.0		

(3)调车机车耗油量，按平均每台计算。

2. 水运船舶耗油量

水运船舶耗油量应按每千吨公里耗油定额计算。单位周转量的耗油定额分柴油与燃料油两种，选用指标时应予以注意。

3. 汽车耗油量

客车按每百车公里耗油定额、货车按每百吨公里耗油定额计算汽车耗油量。客车的百车公里数，应根据客车的拥有量与每年的平均行程资料确定。货运吨公里应根据规划资料确定。油耗定额随各地区公路条件而异，选用时要结合当地实际情况考虑。

4. 航空用油量

航空用油量应根据有关部门提供的资料直接应用。

(五)商　业　类

1. 民用盐

民用盐耗用量可根据人口规划和单耗指标计算。

2. 民用煤

民用煤耗用量在煤的消耗结构中占有一定比重。当地商业部门有计划资料时，可采用直接归纳法计算。无计划资料时，可用规划人口资料及消耗指标计算。消耗指标的选定需注意地区的差别，一般情况是产煤区高于非产煤区，北方高于南方，城市高于农村。

3. 其他

在货物品名分类中，属于其他品名类的针纺织品、日用百货、文化用品、五金交电等日用工业品运量，可根据商业部门提供的资料采用归纳法计算，也可以采用按每年人均综合消耗定额进行计算。

（六）集 装 箱

铁路集装箱运量是指装入特制的货箱，不管货物具体品名统按集装箱品类承运的货物。目前现代集装箱运输由于具有高效、安全、优质、经济且又最适合开展多式联运以及“门到门”等突出优点，被世界公认为现代化最先进的运输方式。全世界集装箱运输已形成很大规模，并且成为物流系统中的主要运输工具，箱型标准化，车船大型化，成为当前潜力很大的新经济增长点。铁路集装箱运输虽然开展较早，但发展缓慢，箱型小、效率低、经济优势未能充分发挥，且大多是零担运输转换而来。随着标准箱、特制车的发展，铁路集装箱运输发展迅速，运量增长很快，近10年来平均增长速度达12%以上。不但零担货物将被集装箱所取代，今后相当一部分适箱的整车运输也会由集装箱取而代之。

根据铁路跨越式发展战略，全路将建成18个集装箱中心站，发展集装箱专列班车，形成以结点站为中心，连接全国的集装箱集散中心、主要港口的铁路集装箱运输系统。

集装箱运量的预测以分析法为主，即研究历史资料的基础上，分析地区经济特征、进出口岸货场发展趋势，确定增长率。集装箱结点站不但要预测地区到发的集装箱，还要预测集散的集装箱数量。

（七）货物品类划分（表5-1-3～表5-1-5）

表 5-1-3　货物运输统计品名分类表

总分类		细分类		包含品类
序号	品名	序号	品名	
1	煤	1	煤	原煤、洗精煤、洗选煤、煤浆及煤砖等制品
2	石油	2	石油	原油、汽油、煤油、柴油、重油、润滑油、渣油等
3	焦炭	3	焦炭	焦炭、沥青焦、石油焦
4	金属矿石	4	金属矿石	铁矿、锰矿、有色和稀有金属的原矿、成品矿、精矿及其烧结矿、放射性矿石
5	钢铁	5	钢铁	生铁、钢锭坯、钢材、钢轨及其他配件、铁合金、废钢铁、有色金属及其合金的锭、材、粉、氧化铝、镁砂、半导体材料
6	非金属矿石	6	非金属矿石	硫铁矿、石灰石、蛇纹石、钾长石、矾土、石膏、芒硝、重晶石、硼砂、石墨、云母、石棉、金刚石、其他各类非金属矿石和化学矿石
7	磷矿石	7	磷矿石	磷矿石、矿粉、精矿
8	矿建材料	8	矿建材料	泥土、砂、石料、石材、砖、瓦、砌块、水泥制品、玻璃、玻璃纤化及其制品、建筑陶瓷、卫生陶瓷、矿渣、炉渣、水渣

续上表

总分类		细分类		包含品类
序号	品名	序号	品名	
9	水泥	9	水泥	水泥、水泥熟料
10	木材	10	木材	原木、制材、人造板材
11	粮食	11	粮食	谷、麦、大米、面粉、玉米、豆、马铃薯、其他杂项粮食、粮食种子
12	棉花	12	棉花	棉花、棉絮
13	化肥及农药	13	化肥及农药	化肥原料、化学农药
14	盐	14	盐	食用盐、非食用盐
15	其他	15	化工品	硫酸、硝酸、盐酸、其他无机酸、烧碱、纯碱、其他无机碱、醇、醛类有机化工原料、树脂、塑料及其制品、泡沫塑料、有机玻璃制品、其他塑料制品、漆、涂料、颜料、压缩气体、液化气体、炭黑、炭白、碳块、阳极糊、石蜡、地腊、日用化工品、其他有机、无机化学产品
		16	金属制品	金属结构及其构架、金属工具、模具、铝制器皿、扩瓷制品、铁丝、钢丝、钢丝绳、金属紧固件、金属制箱、桶罐等、其他杂项金属制品
		17	工业机械	普通机械含锅炉及原动机、采掘冶炼机械、加工机械、加工机械、起重机、医疗器械、运输工具含铁道机车车辆、汽车、自行车等运输工具、仪器、仪表、量具、衡器
		18	电子机械	电力设备含发电机、电动机、变压器等、通信、广播电视设备、家用电器含音响、空调、洗衣机、电风扇等、电子计算机及其配件、灯泡、灯管、灯具电线、电缆
		19	农业机具	农业机械含拖拉机、播种机、收割机等农业器具
		20	鲜活货物	含牛、羊、猪、兔、家禽等货物、冻肉及其部分制品、冻水产品、冻蛋、奶、蔬菜、鲜瓜果、树苗、花卉
		21	农副产品	竹藤、棕、草及其制品、木材加工副产品、油料、糖类作物和籽类、烟草、其他农副产品
		22	饮食品	糖、糖果、糕点、肉蛋奶制品、罐头、水产加工品、酱腌菜、食用植物油、调味品、酒、饮料、茶叶、卷烟、烟草制品
		23	纺织品	丝、毛、化学纤维、沙、布、针织品、鞋、帽、服装、革、毛皮及其制品
		24	文教用品	纸、纸袋、纸板、课本、书籍、报纸、杂及其他印刷品、文具、体育用品、乐器、玩具
		25	医药品	药材、成药、西药及其他药品
		26	其他	品类表缩到以外其他一切货物及按特定运输的货物
		27	零担	按零担运输的货物
		28	集装箱	以集装箱运输的货物

表 5-1-4　集装箱适箱货物品名表

编号	类别	包括内容
1	交电类	机动车零部件，非机动车零部件，低压电器及元件，电冰箱，空调机，冷热风机，电风扇，排烟机，洗衣机，吸尘器，电热器，电熨斗，灯具，灯泡，灯管，小型通讯设备，录像机，摄像机，电视机，录音机，收音机，收录机，音响设备，电视天线，显像管，微型电子计算机及外部设备，电子计算器，电子原器件
2	仪器仪表类	自动化仪表，电工仪表，显微镜，望远镜，分析仪器，教学仪器，其他仪器仪表，钟表，量具，小型衡器
3	小型机械类	千斤顶，电(手)动葫芦，小型泵，电工工具，风动工具，机械设备零部件，缝纫机及零配件，医疗器械，幻灯机，电影机械，投影仪，复印机，照相机及照相器材，打字机，油印机
4	玻璃陶瓷建材类	玻璃仪器，玻璃器皿，保温瓶，杯(胆)，其他玻璃制品，日用瓷器，日用陶瓷，轻质建筑材料，油毡，石棉布，瓷砖
5	工艺品类	玉雕、木雕等雕塑工艺品类，景泰蓝、金银摆件等金属工艺品，竹、藤、草等编织工艺品，刺绣工艺品，抽纱工艺品，手工织染工艺品，地毯，壁毯，工艺陶瓷，其他手工艺品，其他工艺美术品，展览品
6	文教体育用品类	纸张，书籍，报纸，杂志，本册，图画，其他印刷品，文具，教学模型和标本，乐器，音像制品，体育用品，玩具，游艺器材
7	医药类	西药，中成药，药酒，中药材，生物制品，畜用药，其他医药品
8	烟酒食品类	卷烟，烟草加工品，酒，无酒精饮料，固体饮料，罐头，蜂蜜，糖果，蜜饯，糕点，饼干，方便食品，挂面，粉丝，腐竹，干果，干菜，调味品，茶叶，乳制品，代乳品
9	日用品类	化妆品，牙膏，香皂，肥皂，鞋油，合成洗涤剂，日用搪瓷制品，日用铝制品，日用不锈钢制品，日用塑料制品，鞋，帽，手套，提包(箱)，伞，其他日用百货
10	化工类	有衬垫的普通油漆、颜料、涂料、染料，化学试剂，食品添加剂，树脂，有机玻璃，塑料颗粒，合成橡胶，胶片，磁带，人造革，合成革，地板革，塑料地板，塑料编织布(袋)，塑料薄膜
11	针纺织品类	棉布，混纺布，化纤布，麻布，毛巾等棉织品，棉毛衫裤等针织品，呢绒，毛线，毛毯，毡制品，服装，毛皮，人造毛
12	小五金类	合页，拉手，插销，水暖零件，锁，刀剪，理发用具，钉子，螺丝等紧固件，金属切削工具，手工工具，焊条，装饰五金
13	其他类	其他适合集装箱装运的货物

表 5-1-5　危险货物分类表

类别	名　称			主 要 品 名
第一类	爆炸品	点火器材		导火线,点火绳,点火棒
		起爆器材		导爆线,雷管
		炸药及炸药性药品		环三次甲基硝铵,硝铵炸药
		其他爆炸品		枪弹类,礼花弹,爆竹,响墩
第二类	氧化剂	一级	无机	过氧化钠、钾、钙、锶、钡,高锰酸钾
			有机	硝酸胍,过蚁酸
		二级	无机	铬酸,过硫酸铵
			有机	过醋酸,除蛔素
第三类	压缩气体和液化气体	剧毒		液氯,氰,硫化氢
		易燃		甲烷,乙烯,丙烯,丁烯,煤气
		助燃		氧,压缩空气
		不燃		氮,氦,氖,氩
第四类	自燃物品	一级		黄磷,硝化纤维,胶片
		二级		油纸,油布及其制品
第五类	遇水燃物品	一级		金属铷,钠,钾,锂,锶,磷化钙
		二级		石灰氮,锌粉,氢化钙
第六类	易燃液体	一级		汽油,烯烃油,原油,甲醇,乙醇,一级易燃油漆
		二级		煤油,松香油,二级易燃油漆
第七类	易燃固体	一级		红磷,硫化磷火柴,硝化沥青
		二级		安全火柴,硫磺,镁,铝粉
第八类	毒害品	剧毒品	无机	氰化钠(钾)及其他氰化物,砷灭散,白蚁粉,亚比酸糊剂
			有机	对硫磷及其他有机磷剧毒农药,灭鼠剧毒药剂
		有毒品	无机	汞,氧化汞,氟化钾,氟化铷,氟化铯
			有机	其他乳剂、粉剂农药,二氯甲烷
第九类	腐蚀物品	一级无机酸性腐蚀物品		硝酸,硫酸,氯酸
		一级有机酸性腐蚀物品		甲酸,溴乙酸
		二级无机酸性腐蚀物品		盐酸,磷酸
		二级有机酸性腐蚀物品		冰醋酸,氟醋酸
		无机碱性腐蚀物品		氢氧化钠,生石灰
		有机碱性腐蚀物品		甲醇钠
		无机其他腐蚀物品		漂白粉
		有机其他腐蚀物品		酚,焦油酸
第十类	放射性物品	放射性同位素		炭 14,铁 55,钴 00,镭 226
		放射性化学试剂和化工制品		硝酸钍,硝酸钠,金属钍
		放射性矿石和矿粉		独居石,锆黄砂,沥青钠矿
		涂有放射性发火剂工业成品		

三、车站设计运量表

根据运量分项计算，按规定的 14 个品名，分类列出发到运量汇总表。当某品类货物运量不大时，也可一并计入其他货物品类。见表 5-1-6 和表 5-1-7。

表 5-1-6

________站　货运量计算汇总表(发送或到达)

品类 年度	合计	煤	焦炭	石油	钢铁	金属矿石	非金属矿石	矿建材料	水泥	木材	化肥及农药	粮食	棉花	盐	其他
一、合计															
××年实际															
××年设计															
二、重点企业计															
××年实际															
××年设计															
1.××企业															
××年实际															
××年设计															
2.××企业															
××年实际															
××年设计															
三、其他															
××年实际															
××年设计															

表 5-1-7

________站　设计货运量表

品　名	发　送		到　达	
	近　期	远　期	近　期	远　期
总　计				
煤				
焦　炭				
石　油				
钢　铁				
金属矿石				
非金属矿石				
矿建材料				
水　泥				

续上表

品　名		发　送		到　达	
		近　期	远　期	近　期	远　期
木　材					
化肥及农药					
粮　食					
棉　花					
盐					
其他	计				
	其中:零担				

四、货物装卸保管地点的选择

为满足车站设备和规模设计的需要,须将车站货运量按保管和装卸地点,划分为专用线和货场运量,而货场运量又分出仓库、站台和散堆场运量。

(一)专　用　线

专用线亦称工业企业线,是货主自行投资修建的铁路。我国目前计有专用线 2.3 万公里,担负全国约 70％的铁路货运量装卸任务,对减轻车站货场压力和短途运输的负担起着重要作用。

1. 专用线的分类

专用线按企业内部运输的要求和拥有调车设备的情况,可分为以下几种类型。

(1)企业拥有自备机车,厂内运输作业量也很大的专用铁道,如钢铁联合企业一般都设有工业站,负责解体和编组车辆等作业,铁路与专用线就在工业站办理车辆交接。

(2)企业拥有自备机车,厂内作业量不大的专用铁道,如煤矿、炼油厂,这些专用铁道的机车能力通常比较富余,装卸设备和劳力也比较强,一般不设工业站,车辆在铁路车站交接。

(3)企业没有自备机车,需由铁路派机车取送的专用线。

专用线按使用部门划分,可分为以下几种类型。

(1)工业企业线,如工厂、矿山、港口、油库、物资储备库等专用线。

(2)铁路内部的段管线,如机务段、车辆段、工务段、材料厂、采石厂等专用线。

(3)军用部门及国防工业使用的专用线。

2. 铁路专用线的修建条件

确定一个企业修建专用线是否合理，可通过修建专用线时的一次基建投资与减少短途运输所节省的运杂费进行比较，即计算修建专用线的投资回收年限。当回收年限小于规定的合理年限时，修建专用线是合理的；如大于规定的回收年限时，则不应修建专用线。根据铁道部规定，工业企业修建专业线的条件是运输量一般不小于30万吨。

综合营业线上的专用线所属单位及运量情况，下列单位发到运量以铁路为主要运输方式时，一般符合修建专用线的条件。

(1)工业部门大中型企业

钢铁工业中的大中型钢铁联合企业、大中型特殊钢厂、独立炼铁厂、独立铁矿石矿山；

有色金属工业中的大型矿石采选厂、氧化铝厂；

煤炭工业中的大中型煤炭矿区及独立选煤厂；

石油工业中的大中型炼油厂；

化学工业中的大中型合成氨厂、硫酸厂、纯碱厂、磷肥厂；

电力工业中的大中型火力发电厂；

森林工业中的大中型木材采集林区及独立森工局的储木场；

轻工业中的大中型盐场。

(2)商业物资部门的大中型物资仓库及冷库

(3)中央各部、军委各总部、各军兵种、各军区、各省(市、自治区)的物资储备库

(4)沿海主要港口、内河主要码头

3. 设计中专用线运量的确定

新建与改建铁路设计中，凡发货单位或收货单位设有专用线时，其发送或到达的货物均应列入专用线运量内。对那些新建与改建企业尚无专用线时，应根据其年运量的大小、货物品类、性质、有无专用线修建计划等情况，分析研究修建专用线的必要性与可能性(必要时听取其主管部门的意见)，将那些符合修建专用线条件企业的运量，列入专用线运量。特别是新线设计时，为避免货场规模过大，对大宗货物如煤、石油、矿石等，在其量大时，虽修建专用线计划未定，也应按全部或部分专用线运量对待。

特重货物、罐装危险货物、冷藏车装运的易腐货物及其他需要以铁路专用线为运输条件的货物，应列入专用线运量内。

工矿企业、商业及物资部门的发到运量较大，主管部门有修建专用线计划时，其运量应列入专用线内。

根据危险货物运输规则规定，罐装危险货物应在专用线内办理，列入专用线

运量。

散装水泥和散装谷物应在专用线内办理，列入专用线运量，其装卸由货主自行负责。

4. 专用线共用

将由一家使用的专用线，变为附近几家企业共同使用，称为专用线共用。专用线共用有明显的经济效果，它减轻铁路货场的压力，专用线产权单位增加收入，使用单位因减少短途搬运而节省流通费用。

专用线共用的业务范围一般包括：

(1)办理整车货物发送或到达；

(2)装卸和保管在专用线内发送和到达货物；

(3)代货主办理整车货物的公路铁路联运；

(4)经铁路车站和专用线企业同意，承办其他货物运输业务。

在改建铁路设计中，要了解现有的专用线企业名称和参加共用单位及可能参加共用的单位，将其发到运量列入专用线运量中。在新建铁路设计中，应与地方和运营部门协商，落实共用专用线的单位和使用内容，将参加专用线共用的运量列入专用线运量中。

(二)车站货场

为了保证货物的完整，便于货物装卸作业和提高装卸效率，车站货场必须有相应的场库设备。

1. 货场主要场库设备种类及用途

(1)仓库

仓库用于保管怕风、雨、雪及阳光等自然条件影响的包装成件货物、危险货物和贵重货物。

(2)站台

站台用于存放不怕风、雨、雪及阳光等自然条件影响的包装成件货物。为便于装车，多数发送货物以选择站台为宜。

(3)散堆场

散堆场用于存放不怕风、雨、雪及阳光等自然条件影响的散堆装货物、笨重货物及集装箱货物。散装运输的货物，其到达作业均以选择散堆场为宜。

(4)雨棚

雨棚是带有顶棚的货物站台，用于存放不甚怕风、雨、雪及阳光等自然条件影响的包装成件货物。雨棚的装卸搬运条件较仓库方便，主要用于零担中转作业，保管蔬菜、水果等须良好通风条件的货物以及不规则的成件货物。因雨棚的适用范围较小，故新建与改建铁路设计时，除多雨地区车站或确需雨棚设备外，一般货场不另划分出雨棚运量。

2. 货物装卸保管场地的划分

(1)普通整车货物

①煤、焦炭。大部分在货主的专用场地装卸,在铁路货场装卸时,发送为站台,到达为散堆场。

②石油及其制品。罐车装运的原油及成品油,发到多由货主自理。在铁路货场装卸时,应设置油鹤设施。桶装成品油可列入散堆场。

③钢铁及制品。钢铁品种繁多,每件重量差别很大,在货场内装卸的钢铁主要是生铁、废钢铁和钢材。发送时,对件大体重的钢铁货物,多利用机械装卸,应列为散堆场运量。对以人力装车的小件货物,发送时列入站台运量,到达时列为散堆场运量。对于小量怕受自然条件影响的钢铁类货物,如矽铁等,则宜放在仓库或有防湿用具的站台存放。

④金属矿石、非金属矿石。车站内装卸的金属矿石、非金属矿石,主要是天然原矿,也有少量的矿砂、矿粉等。天然原矿货运组织方法及装卸方式与煤相同,可参照煤的划分方法划分。包装成件的矿粉、石墨粉等,可在备有防湿用具的站台存放。

⑤矿物性建筑材料。其自然形态可分为三类:颗粒状的(土、砂、矿砟、灰砟)、构件状的(水泥电杆、水泥管、水泥轨枕)、块状的(片石、料石、砖、瓦)。颗粒状的和构件状的矿物性建筑材料,可分别比照煤和钢铁品类划分。块状的矿物性建筑材料,当用机械装卸和人力卸车时列为散堆场运量,人力装车时列为站台运量。

⑥水泥。水泥是一种以硅酸钙为主要成份的硬性胶质材料,遇水硬化;纸袋包装的水泥遇潮湿或日晒均会降低水泥标号。因此,宜选择仓库或雨棚保管。散装水泥多用罐装,可以堆场保管。

⑦木材。用机械装卸的各类木材,均应列入散堆场运量。一些加工制成品或半成品,如枕木、板材等,用人力装车时,列为站台运量,用人力卸车时,列为散堆场运量。少量珍贵板材,如樟木板等,则应列入仓库运量。

⑧化肥、粮食、棉花、盐。化肥、粮食、盐三种属于怕湿货物,棉花属于易燃货物。这四类货物原则上应列入仓库运量。但化肥多已改用塑料袋包装,粮食、棉花运输季节性较强,当运量较大时,可部分列为站台运量。在雨量稀少地区,也可选择列入设有货垛的散堆场运量。

⑨日用工业品。日用工业品主要是食品、纺织品及百货等,具有件小、价值高、怕受自然条件影响及易丢失等特点,应列为仓库运量。

⑩化工原料及其制品。化工原料及其制品,其中天然原矿如硫化铁矿石、明

矾石等，比照非金属矿石划分。橡胶、轮胎、胶管等橡胶制品，应列为站台运量。染料、合成纤维、塑料等，应列为仓库运量。

⑪工业机械、农业机械。工业机械、农业机械，件大体重的如各种工业机械设备、金属加工机床、水轮机、收割机等，需用机械装卸，应列为散堆场运量。件小、贵重、带包装的机械设备，如电报机、电话机等，应列为仓库运量。能自轮运转，自行装卸的汽车、拖拉机等，应列为站台运量，并应设置尽端式站台。

⑫农副土特产品。农副土特产品，属于食用的花生、中药材、各种干水果、各种干咸水产品等，应列为仓库运量。竹、藤制品等可列为站台运量。杂木杆、树条、柴炭等可列为散堆场运量。

⑬磷矿石。磷矿石，到达列为散堆场运量，发送应列为站台运量。

⑭其他。其他如有色金属及其制品、价高的重工产品，应列为仓库运量。图书、文教用品、仪表、器械、精密机械等，应列为仓库运量。又如粗杂货物，发送时为站台运量，到达时为散堆场运量。

(2)集装箱货物

1 t 箱与零担货物配装的站，其 1 t 箱货物应比照零担办理。1 t 箱自行装配的站，其 1 t 箱货物应列为站台运量。

5 t 箱和 10 t 箱及以上集装箱，需要专用集装箱场地(集装箱货场或货区)，用大中型装卸机械进行装卸作业，应列为散堆场运量(该堆场场面需硬面化)。

(3)危险货物

危险货物应按其数量、性质和要求，在危险品站、危险品货场、危险品货区办理，存放于一定的仓库、雨棚或场地。

气体钢瓶和桶装、罐装的易燃液体，应放在阴凉通风地点。遇潮或受阳光照射容易燃烧、爆炸或产生有毒气体的危险货物，不得在露天场地存放。

危险品货物存放保管时，应执行危险品货物的装配规定，对不能配装或灭火方法相互抵触的危险品货物，必须严格隔离。

起爆器材与爆炸品相互间不得同库存放。放射性物品不得与其他危险品货物同库存放。

危险货物罐车应在专用线内由发货人、收货人自行装卸。

(4)鲜活货物

凡在铁路运输中需要采取特殊措施，以防止腐烂变质或病残死亡的货物，均属于鲜活货物。

鲜活货物分为易腐货物和活动物两大类。易腐货物包括肉、鱼、水果、蔬菜、鲜活植物等。活动物包括禽、畜、兽、蜜蜂、活鱼、鱼苗等。使用冷藏车运输易腐货物时，应在专用线内装卸。用棚车及牲畜车装运易腐货物及活动物，在货场装卸时，应列为站台运量或雨棚运量。

（三）车站货场运量表

车站货场运量表见表 5-1-8。

表 5-1-8

______车站货物运量表

______线________设计______期　　　　　　　　　　　　　　　　单位：

分类 / 数量 / 品名	总计	发送						到达					
		合计	车站货场				专用线	合计	车站货场				专用线
			小计	仓库	站台	散堆场			小计	仓库	站台	散堆场	
总　计													
煤													
焦　炭													
石　油													
钢　铁													
金属矿石													
非金属矿石													
矿建材料													
水　泥													
木　材													
化肥及农药													
粮　食													
棉　花													
盐													
其　他													
波动系数													
备注：													

设计者　　　　　　　　　　　　复核者　　　　　　　　　　　　设计负责人

年　月　日　　　　　　　　　　年　月　日　　　　　　　　　　年　月　日

第二节　货　流

一、路网货流设计

(一)路网货流研究的必要性和范围

1. 路网货流研究的必要性

随着铁路规模的扩大,货流径路愈来愈多,运输愈来愈复杂,铁路新线建设、既有线改造和枢纽加强,必须放在路网整体中加以动态分析,孤立简单的研究建设项目已不能适应新形式的需要,因此研究相关路网的运输数量和特性,显得特别重要,是建设项目的必要性研究和运量预测的基础。运量设计必须遵循从网到线再到点,形成一个系统。

2. 路网货流研究的范围

建设项目研究的路网既不是全国路网也不仅是一条邻线,而是一个关联度较大的区域,即相互间存在分流作用,具有一定替代作用的相关线路,因此这个路网是相关的区域性路网。

(二)货流 OD 表

1. 货流 OD 表的内容

货流 OD 表的内容包括研究年度的货物品类、分区发送量、分区到达量和分区间的交流量。

货物品类根据项目运输作用和特性确定,一般项目以总量和煤两项为宜,有些项目根据需要还可以增加某个大宗品类,如石油、集装箱等品类。

2. 货流 OD 表设计依据和方法

货流 OD 表设计一般遵循省市间 OD 量预测到区段 OD 量预测的流程。

(1)省(市区)间 OD 预测

省(市区)间 OD 预测是路网货流预测的重点和基础。我国省(市区)间 OD 有多年的历史资料,品类较细,又有全路规划 OD 表可参考。根据经济增长速度、产业布局、结构调整、研究交通量增长弹性系数、铁路货运量增长趋势拟定未来年度分省(市区)发到量和省间交流量。重点品类如煤炭根据产、需平衡分析,拟定未来年度省(市区)发送量、到达量和调拨量。

(2)区段(分区)OD 量预测

由于省(市区)货流 OD 表,其分区范围较大,难以进行经济分配,因此需要按区段作 OD 分区。目前全路有按 483 个区段统计的分品类 OD 历年资料,深细度足以满足货流规划和建设项目运量研究设计的需要。在项目研究设计实际工作中，其范围仅涉及相关的临近线路，因此可以将远离研究项目的区段合并，以简化工作，且不影响精度。区段数目的确定和合并根据实际需要拟定。

区段确定后对历史基年数据进行调整，构成基年区段 OD 表，在根据未来年省(市区)OD 资料求得未来研究年度区段 OD 量。

（三）货 流 图

1. 货流图的意义和作用

货流图设计是将研究年度的省(市区)和区段 OD 量分配到相关路网上，求得影响线路各区段的货流数量。货流图一般采用结点式，分区段分上下行，也可采用棋盘式。货流图反映各线路各区段最大的货流密度，用以检算运能和运量的矛盾，确定路网建设的合理方案，是项目建设的根据，也是项目通过运量设计的基础。

2. 径路选择

线路货流分配实质上就是货流径路选择工作。径路选择的基础是路网构成，相关线路的长度、能力和运输条件。径路选择的原则是费用最低、效益最大，一般遵循一下几个原则：

(1)选择运输距离最短的径路；

(2)线路技术条件好、运输成本低能力有富余的线路；

(3)符合中长期路网发展规划和铁路技术政策；

(4)充分利用空车方向的径路。

二、线路货流设计

（一）地方运量流向分析

设计线地方运量是指设计线范围内各车站产生和消失的货运量，即发送量和到达量(见本章第一节)，按其去向地和来源地作出流向分析，特别是大宗品类，更要根据产销平衡分析出详细的流量流向。地方运量首先按输出、输入和站间往来进行分类：

输出：由本设计线装车到达设计线以外卸车的货物运量；

输入：由设计线以外各地装车到达本线车站卸车的货运量；

站间往来：由本设计线车站装车又到达本线卸车的货运量。

站间往来的流向依据地方运量设计确定，输出、输入的流向要结合路网货流分析资料确定。

（二）通过运量分析预测

通过运量顾名思义是指通过设计线路的货运量，支线和尽头线没有通过运量，只有路网中的干线和联络线才有通过的货运量，起分流作用的干线通过运量不但所占比重高，而且数量大，往往一建成就能分流很多运量。

设计线通过运量包括合理分流的运量和强制分流的运量两大部分。

合理分流的运量是指由于设计线的新建缩短运输里程从而吸引过来的运量；

强制分流的运量是指由于设计线的新建和改建，扩大了运输能力，而相邻线路又因能力限制从而被本线吸引过来的运量。

设计线通过运量分析预测主要依据路网货流分析研究资料，既有省市(大区)表和区段(分区)OD表，先列出合理分流的通过量，再结合相关线路能力和限制条件列出合理绕行即强制分流的通过量。

通过运量应列出方向和通过区段，并尽量列出品类，通过运量汇总表格式如表5-2-1。

表 5-2-1

________车站货物运量表

单位：

方 向	品 名	通过区段	运 量			备 注
			年	年	年	
××～××						

注：在备注栏应尽量注明具体的来源地与到达地。

(三)货物交流表

货物交流表(也称货流斜线表)是根据设计需要对货流OD表的一种合并和变异，是设计线地方运量和通过运量的流向流量综合表现，在铁路总体设计中是组织设计的主要依据，因此它是运量设计的主要内容和表现形式，也是运量设计的重要成果。长大复杂的新建改建铁路均应提出货物交流表。

货物交流表应以满足车列流设计的需要为前提，交流表单元应分出本线和接轨站各方向。本线范围货运量较大的车站应单独列出，而将运量不大的一般车站合并为区段。接轨点应列车各方向。货物交流表格式见表5-2-2。

(四)货 流 图

货流图是设计线路各区段和接轨站各方向货流数量的图上反映，是确定线路货流密度的基础。

货流图一般根据交流表绘制。铁路支线、尽头线也可根据地方运量设计资料和流向分析直接作图。有些设计项目线路网上运量已经控制或两段接轨站未来运量基本确定也可以不依据交流表，而直接按控制运量作图。

表 5-2-2

货物品类：　　　　________线________年货物交流表　　　　单位:万吨

发站 \ 到站		线路沿线各站										各衔接线路方向						合计
		A站	AB间	B站	BC间	C站	CE间	E站	EF间	F站	小计	H方向	I方向	J方向	N方向	D方向	小计	
线路沿线各站	A站																	
	AB间																	
	B站																	
	BC间																	
	C站																	
	CE间																	
	E站																	
	EF间																	
	F站																	
	小计																	
各衔接线路方向	H方向																	
	I方向																	
	J方向																	
	N方向																	
	D方向																	
	小计																	
合计																		

货流图格式有棋盘式、线条式和示意式三种。棋盘式、线条式货流图可以作设计成果资料提交总体设计中下工序的需要，示意货流图只反映在文件中或作为汇报用挂图。各货流图格式如图 5-2-1～图 5-2-3。

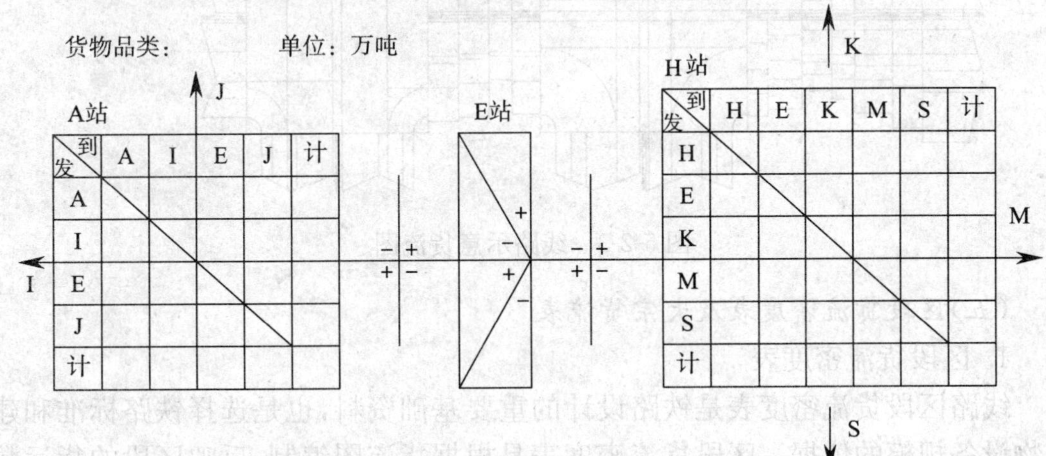

图 5-2-1　棋盘式货流图

“−”表示到达；“+”表示发送。

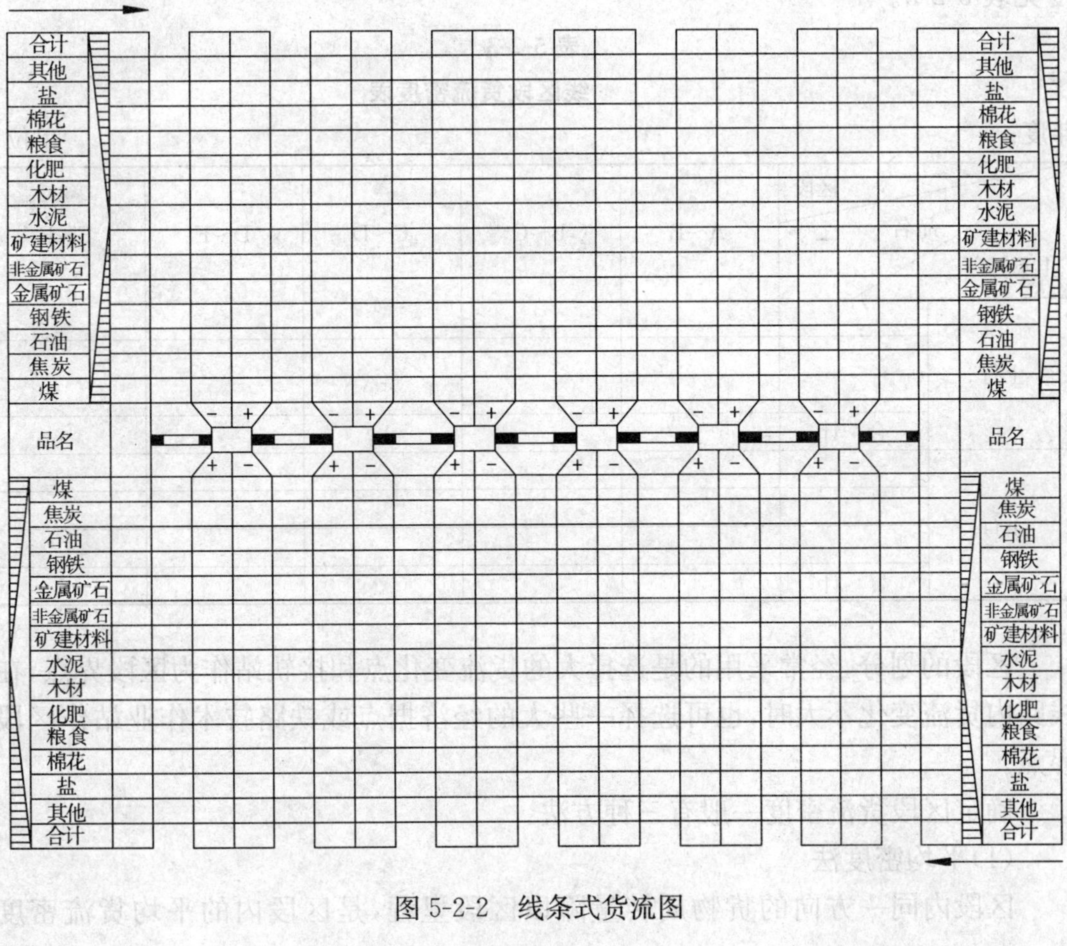

图 5-2-2　线条式货流图

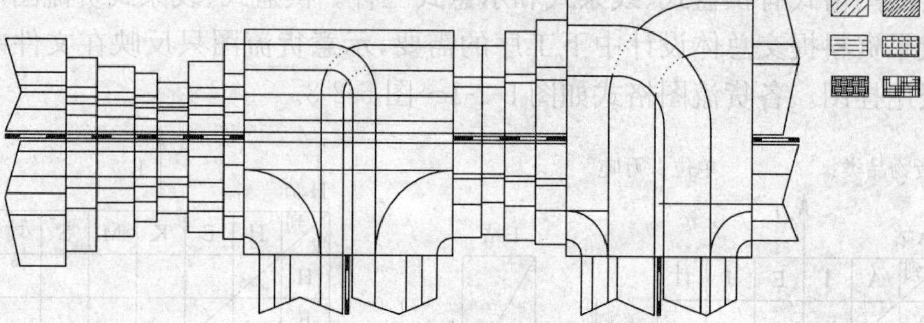

图 5-2-3　线路示意货流图

（五）区段货流密度表及大宗货流表

1. 区段货流密度表

线路区段货流密度表是铁路设计的重要基础资料，也是选择铁路标准和建筑物设备规模的依据。区段货流密度表是根据货流图编制，反映区段的货运数量、空重车方向，以及区段货流变化情况和主要货物品类组成情况。区段货流密度见表 5-2-3。

表 5-2-3

________线区段货流密度表

年度：　　　　　　　　　　　　　　　　　　　　　　　　　　　　单位：

上下行	品名 \ 区段	A～B	B～C	C～D	D～E	E～F
上行						
	合　计					
下行						
	合　计					

区段的划分，经常采用的是选择大的货流变化点和接轨站作为区段界点，在线路内货流变化不大时，也可选择一些大的经济据点或铁路技术作业站作区段界点。

确定区段货流密度一般有三种方法：

(1)平均密度法

区段内同一方向的货物周转量除以区段里程，是区段内的平均货流密度

(注:铁道部统计汇编所列密度即是这种平均货流密度)。

(2)接入交出量平均法

按区段内同一方向的接入量与交出量之和的一半作为密度,即认定在区段内各中间站发到的货物,其平均走行距离为区段长度的一半。

(3)最大值选取法

即选择区段内某一货流最大值,作为本区段的货流密度。在铁路设计中通常采用这种方法。

2. 大宗货流表

大宗货流资料主要用于设计编组直达列车。大宗货流的数量标准,一般是以每天能组织半列直达列车的运量,若本线一列车的年输送量为 70 万 t,那么该线具有明确始发点或终到点的一个品类货物的运量,应达到 35 万 t。

在设计中,大宗货流通常有两种含义。一是能明确列车的装车地、卸车地、或其中之一者,且这类货流有的可以组织始发直达,并多数在专用线内装卸;另一类虽不能确定始发终到站,但能明确某枢纽以远,这类货流可以作为组织技术直达列车,也计入大宗货流。具体可分为以下几种情况:

(1)从某车站(或某专用线)至某车站(或某专用线);

(2)从某车站(或某专用线)至某枢纽及其以远;

(3)从某枢纽及其以远至某车站(或某专用线);

(4)从某枢纽及其以远至某枢纽及其以远。

大宗货流表格形式见表 5-2-4。

表 5-2-4

______线(枢纽)大宗货物流向表

单位:

货物品类	始发地	终到地	经 由	运　量	
				年	年

三、枢纽(地区)货流设计

(一)地方运量流向分析

枢纽是区域政治经济和交通中心,有多条铁路交汇,是客货运量产生、消失和汇集疏散地,客货运量很大。枢纽范围一般也划的较大,有专业货运站、工业站、编组站,有多个中间站,衔接专用线也较多。枢纽的改扩建是铁路建设的重点之一,所以枢纽一般都作独立研究。有些城市所在地虽有两条或以上铁路衔接,但是却还不是枢纽,可是发展前景很大,对路网布局也有很大影响,往往需要作总体规划或总图布置,可以算作小枢纽,称之为地区规划,其运量研究也按枢纽来对待。

枢纽(地区)地方运量是枢纽范围各站发送和到达量,绝大部分发往或来自枢纽以外,大型枢纽的内部小运转车流也是很大的,枢纽内部交往的流向流量是很清楚的。与枢纽外交流的运量其发到量依据地方运量设计资料,其流向按照区段交流的历史流向和发展预测确定。

(二)通过运量分析预测

枢纽通过运量的流量流向采用平均增长率和区域路网货流预测资料相结合的方法进行预测,大宗货流在通过运量中占较大比重,应进行详细的产销平衡和市场分析。

(三)货物交流表

货物交流表是地方运量和通过运量流量流向的综合,反映了枢纽运输数量和运输特性,因此货物交流表是枢纽运量设计的主要内容和设计成果,是枢纽车列流设计的依据,枢纽运量设计必须提交货物交流表。

货物交流表分年度分主要品类。交流单元包括枢纽内各个车站和衔接的各个方向。为了满足枢纽车列流组织的需要,衔接各方向应分出临近编组站以内和以远两个单元。枢纽内以货运量较大的货运站、工业站和有用来接轨的中间站为交流单元,运量小的各站可以合并作为单元。货物交流表的格式见表 5-2-5。

表 5-2-5

______枢纽______年货物交流表

货物品类: 单位:万吨

<table>
<tr><th colspan="2" rowspan="3">到达
发送</th><th colspan="6">枢纽内各站</th><th colspan="10">枢纽各衔接线路方向</th><th rowspan="3">合计</th></tr>
<tr><th rowspan="2">a站</th><th rowspan="2">b站</th><th rowspan="2">c站</th><th rowspan="2">d站</th><th rowspan="2">e站</th><th rowspan="2">各站小计</th><th colspan="3">D方向</th><th colspan="3">E方向</th><th colspan="3">J方向</th><th rowspan="2">各方向计</th></tr>
<tr><th>DF间</th><th>F及以远</th><th>小计</th><th>EH间</th><th>H及以远</th><th>小计</th><th>JG间</th><th>G及以远</th><th>小计</th></tr>
<tr><td rowspan="6">枢纽内各站</td><td>a站</td><td></td><td></td><td></td><td></td><td></td><td></td><td></td><td></td><td></td><td></td><td></td><td></td><td></td><td></td><td></td><td></td><td></td></tr>
<tr><td>b站</td><td></td><td></td><td></td><td></td><td></td><td></td><td></td><td></td><td></td><td></td><td></td><td></td><td></td><td></td><td></td><td></td><td></td></tr>
<tr><td>c站</td><td></td><td></td><td></td><td></td><td></td><td></td><td></td><td></td><td></td><td></td><td></td><td></td><td></td><td></td><td></td><td></td><td></td></tr>
<tr><td>d站</td><td></td><td></td><td></td><td></td><td></td><td></td><td></td><td></td><td></td><td></td><td></td><td></td><td></td><td></td><td></td><td></td><td></td></tr>
<tr><td>e站</td><td></td><td></td><td></td><td></td><td></td><td></td><td></td><td></td><td></td><td></td><td></td><td></td><td></td><td></td><td></td><td></td><td></td></tr>
<tr><td>各站小计</td><td></td><td></td><td></td><td></td><td></td><td>(站间往来)</td><td></td><td></td><td></td><td></td><td></td><td></td><td></td><td></td><td></td><td>(输出)</td><td>(发送)</td></tr>
</table>

续上表

发送＼到达			枢纽内各站						枢纽各衔接线路方向										合计
									D方向			E方向			J方向				
			a站	b站	c站	d站	e站	各站小计	DF间	F及以远	小计	EH间	H及以远	小计	JG间	G及以远	小计	各方向计	
枢纽各衔接线路方向	D方向	DF间																	
		F及以远																	
		小　计																	
	E方向	EH间																	
		H及以远																	
		小　计																	
	J方向	JG间																	
		G及以远																	
		小　计																	
	各方向计							(输入)										(通过)	(接入)
合计								(到达)										(交出)	(总运量)

(四)货　流　图

枢纽货流图一般绘制成形象的示意图,大多以不同线条和颜色表现,所以能非常直观看出货物交流方向和数量的大小,大都用在文件说明书内或用以汇报。枢纽货流图格式见图 5-2-4。

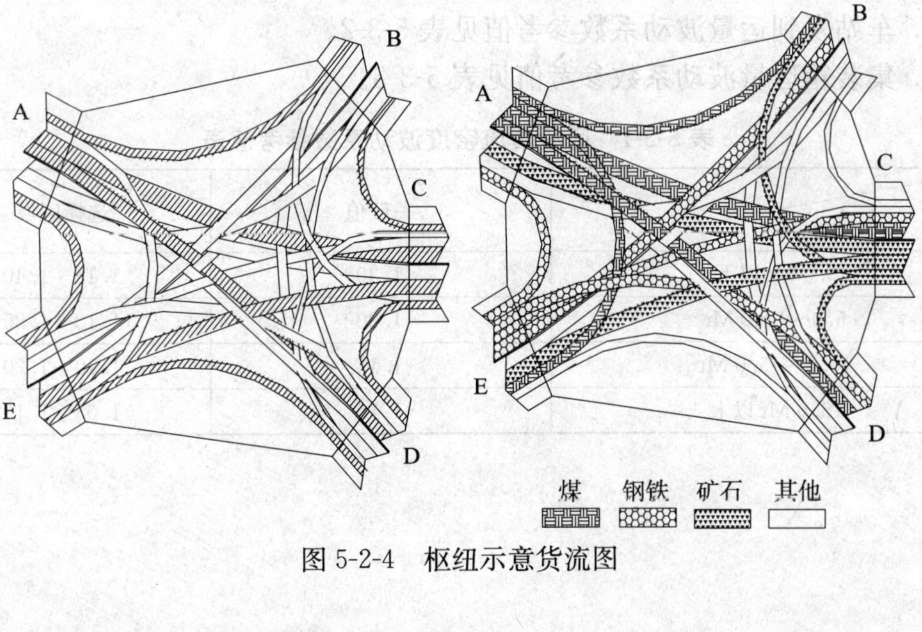

图 5-2-4　枢纽示意货流图

第三节　货运波动系数

一、波动系数定义

由于物资在生产、流通、销售的各个环节存在着不平衡因素，而铁路运输产品——吨公里是不能储备的，为了完成全年的实际运输任务，铁路的设备能力必须有所储备，即按全年的运量计算所需设备能力时，必须乘以一个大于 1 的波动系数。

铁路运输中实际存在月间不平衡、旬间不平衡、日间不平衡三种情况。但铁路设计中一般只考虑月间不平衡，以免把设备规模留得过大而浪费投资。至于在车站货场能力设计中，如果运量过小，由于运输组织中采用成组日历装车的需要，所以在按月间波动系数计算能力时，尚须按运输组织的需要进行检算，即适当留有余地，以满足运输组织需要。

波动系数计算公式为：

$$\alpha_{波} = \frac{H_{月最大}}{H_{月均}} \tag{5-3-1}$$

式中　$\alpha_{波}$——设计波动系数；

$H_{月最大}$——最大月之货运量；

$H_{月均}$——全年月平均货运量。

二、波动系数参考值

1. 区段货流密度波动系数参考值见表 5-3-1。
2. 车站发到运量波动系数参考值见表 5-3-2。
3. 集装箱运量波动系数参考值见表 5-3-3。

表 5-3-1　区段货流密度波动系数参考值表

密度区段 \ α 值	一般值	选择区域
5.0 Mt 以下	1.30	1.15～1.40
5.0～10.0 Mt	1.20	1.10～1.25
10.0～15.0 Mt	1.15	1.10～1.20
15.0 Mt 以上	1.10	1.05～1.15

表 5-3-2　车站发到运量波动系数参考值表

α值 / 发或到运量	一般值	选择区域
100 kt 以下	1.70	1.50～2.00
100～500 kt	1.40	1.25～1.60
500～1 000 kt	1.30	1.20～1.50
1 000 kt 以上	1.20	1.10～1.40

注:1. 运量较小时取该档次高限,反之取低限。

2. 当工业品较大时,取接近低限值;当农业、商业运量较大时,取接近高限值。

表 5-3-3　集装箱运量波动系数参考值表

α值 / 办理站别	一般值	选择区域
主要集装箱办理站	1.30	1.15～1.40
一般集装箱办理站	1.5	1.3～2.0

注:主要集装箱办理站系指大、中型集装箱货场。

第六章　铁路运量规划

第一节　铁路规划运量的作用及主要内容

一、运量规划的特点和作用

（一）运量规划的特点

铁路运量规划是铁路中长期规划及铁路建设项目研究和设计的基础，运量规划工作具有超前性、宏观性、预见性和系统性四个特点。

超前性：表现在部门超前、工作超前和时间超前。由于规划运量是铁路建设和运输发展的研究基础，因而必然要求运量规划部门提前开展工作和交出初步成果，供后续部门参考使用。

宏观性：运量规划的工作要站在国民经济全局的高度，了解和掌握党中央、国务院的经济战略和方针政策，把握经济发展规律，全面研究相关行业现状和发展趋势。

预见性：运量规划一般都属于中长期规划，甚至战略发展规划，预测年度长远，因此要站位高一些，眼光放远些，要在趋势上把握住，既要看清当前的变化增长，更要预见未来时期的发展趋势。

系统性：铁路运输和建设是个系统，综合运输是个系统，国民经济是个系统，运量规划要反映大系统，规划的运量要体现大系统，运量规划必须由系统性作指导。

（二）运量规划的作用

1. 积极参与国民经济的综合平衡，提出生产力布局和交通体系配置的建议。

2. 为铁路行业决策者提供未来运输需求的数量和质量参数、指导铁路建设和经营。

3. 为部门计划、规划工作提供指导。

4. 指导建设项目的立项和设计。

（三）运量规划与建设项目运量设计的不同点

1. 作用不同：规划运量主要指导全行业的发展规划，项目运量设计用于具体建设项目的标准和规模的确定。

2. 需要与可能的关系处理原则不同。规划运量充分反映国民经济和社会发展的需要，设计运量反映设计年度具体的需要，充分考虑建设时期资金的可能。

3. 规划是阶段性的，与设计项目有时间差。

4. 规划运量是宏观性的，不可能很细，特别是地方运量要设计部门自行调查预测，满足设计工序和专业的需要。

二、规划运量的主要内容

（一）客运量规划的主要内容

1. 影响旅客运输量的主要因素

人员出行具有目的性和随机性，一次完整的出行行为的主要构成因素是：出行目的、经济效益、时间效应、安全因素、运输方式选择。因此，影响旅客运输的主要因素，也就是客运量规划研究的主要内容。从出行目的的划分可以分为公务、旅游、探亲、购物、求职、就学、就医等行为目的。从经济效益角度应该考虑人口规模、城镇化率、人均 GDP、人均年可支配收入及交通运输消费比重等等。从时间效应角度应该考虑，是否满足时间上大安排。从安全因素角度应该考虑，选择最为安全的方式。旅客对运输方式的选择主要体现在对安全、便捷、舒适、快速、服务、价格等因素的综合考虑。

客运量规划要研究在各种因素的综合影响条件下客流生成的规模，不同群体，不同收入水平对不同运输方式的偏好程度，而这些影响因素的不确定性很强，客运量规划的难度也因此更显得突出。

2. 铁路客运量规划主要内容

铁路客运量规划，根据每次规划重点和要解决的问题，其内容各有侧重，但一般应包括以下内容：

(1)全社会客运量和旅客周转量；

(2)全路客运量和旅客周转量，分里程别客运量和旅客周转量，铁路旅客平均运距；

(3)分省、市、自治区客运量和旅客周转量；

(4)铁路行政区域间旅客交流或区域性旅客(OD)交流；

(5)铁路局客运量主要指标及交接口客运量；

(6)主要铁路干线分区段客流密度和旅客列车对数等；

(7)以上规划内容的主要编制思路和说明。

在市场经济条件下，铁路客运量规划必须以市场需求为基础，预测全社会客运量水平主要应考虑和研究社会和经济发展目标、人民生活水平提高等因素，而铁路运量预测主要基于各种运输方式竞争能力，确定铁路合理的市场份额。

（二）货运量规划的主要内容

1. 影响货物运输量的主要因素

影响货物运输量的主要因素是生产规模和消费市场，相对旅客运输量而言它的随机性较弱，易于掌握其规律。我国还处于社会主义发展的初级阶段，工业化进程的中级阶段，货运市场以大宗的能源和原材料运输为主。从生产规模角度考虑，规划货运量的主要依据是国民经济发展目标、国民生产总值、地区经济发展规划、主要工业和农业产品产量、产业结构、外贸发展等等。消费市场主要考虑大中型工业企业的能源和原材料消耗、地区资源消费量以及大型建设工程的建材消耗等等。物流概念大引入，对货物运量预测将产生重要影响。

2. 铁路货运量规划主要内容

铁路货运量要依据国民经济发展规划，分析研究全社会货运市场发展趋势，根据市场结构确定铁路的合理份额。

铁路货运量规划，根据每次规划重点和要解决的问题，其内容各有侧重，但一般应包含一下内容：

（1）全社会货运量和货物周转量。

（2）全路货运量和货物周转量；铁路货物平均运距。

（3）分省、市、自治区货运量和货物周转量。

（4）分品类行政区划间铁路货物交流。

（5）铁路局货运量主要指标，路局交接口运量。

（6）主要铁路干线分区段货流密度（区分总计和煤）。

（7）必要时铺划铁路局货流图（主要品名）。

（8）以上规划内容的主要编制思路和说明。

随着社会主义市场经济的逐步完善，铁路货运量规划在继续保持大宗物资运输优势的基础上，要拓展市场，重视高附加值产品特别是集装箱运输的发展。在规划研究过程中，必须改变侧重产量指标的方式，转向重视市场调查，分析市场需要。

第二节 客货运输量的发展趋势

掌握客货运输量的发展趋势，是编制好铁路规划货运量的根本。这就必须对我国国民经济总体发展规划有较深的理解，研究和掌握我国国民经济各产业部门的发展方针和政策，资源的开发和利用，生产力布局的变化等对客货运输产生的影响以及运输市场的竞争动向及发展趋势。

一、旅客运输市场的发展趋势

未来我国客运市场的发展趋势有以下几个特征：

1. 旅客运输数量需求大幅度增加。

我国未来旅客运输需求将会与经济高速增长的发展趋势同步，处于快速增长阶段，客运需求旺盛。旅游将成为客运量增长的重要因素。随着今后我国城镇化率的提高，必然导致城镇人口大量增加，由此旅客运输需求增长的潜力将非常明显。短途城间旅客运输需求增长旺盛。以经济带为主线形成相应的城市带，空间分布聚集于主要干线通道；以大城市为中心的城市密集群将逐步增多，主要城市间的客流量增加，客运需求旺盛。在城市间长途客流持续增长的形势之下，中短途城市间客运需求增势更快。城市及市郊旅客运输是最大的旅客运输市场，建设以大容量快速轨道交通为主体，形成一个包括地面、地下和高架多平面、多交通模式的现代化交通网络，应是城市公共交通发展的必然趋势。各种运输方式的不断发展，全国统一的综合交通运输体系将逐步形成，各种交通运输方式充分发挥各自特长和竞争优势，旅客出行的便捷性会大大提高，出行难的局面将得到根本的改变，使长期受到压抑的潜在旅客需求进一步的释放，市场规模正处于膨胀期。

2. 运输质量需求大幅度提升。

经济、社会的发展对运输质量的提高提出了必然的要求。随着我国社会经济的不断发展、人民生活水平的提高，旅客对于运输质量的需求将会有大幅度的增加。收入的差异导致旅客运输需求的多样性。随着我国市场进程的不断加快，不同群体居民的人均收入在总体水平不断提高的基础上，收入差距将会逐步加大，导致总体运输质量水平不断提高的前提下，旅客对质量的需求也将表现出明显的差异。

3. 区域旅客运输市场需求差异明显。

我国区域经济、社会发展水平的差异导致今后区域间对旅客消费、需求水平仍存在较大差异。东部地区经济发展水平高，各种运输方式发达，交通设施比较完善，旅客对交通运输方式的选择性较大，除了数量需求上的满足，对速度、便捷性、舒适、安全及服务等质量要求将达到较高的程度。因此，高质量、高效率的旅客运输服务将会成为提高各种运输方式市场竞争力的主要手段。中部地区是我国经济发展较快、人均收入和消费水平较高的地区，交通消费支出接近全国平均水平，客运市场需求量增长较快。综合旅客运输网处于不断完善阶段，高速公路发展较快，对铁路旅客运输形成较大的冲击。但在这个时期，旅客对铁路的依赖性仍相对较强。中部地区客运量大部分集中在以铁路干线为中轴的主要通道上，即使是在其他运输方式较快发展的情况下，铁路在能力、速度、舒适度等方面仍具有较大的优势。西部地区在今后一定时期内，国民经济发展、人均收入和消费水平仍将低于东、中部地区，交通消费支出也低于全国平均水平，但随着向中西部倾斜发展战略的实施，西部经济将会有较大程度的增长，中西部地区差异将会逐步缩小，客运市场需求量增长较快。西部旅客运输市场发育还不够完善，竞争局面还没有完全形成，因此，今后铁路在西部地区仍有很大的优势，旅客运输对铁路的依赖性比东、中部要强。

4. 运输市场逐步规范化。

进入 21 世纪，我国基础设施有了长足的发展，长期处于“瓶颈”状态的运输业，虽然从运输能力上看紧张程度有所缓解，各种运输方式之间的竞争日趋激烈，但不适应市场需求的状况还远未根本改变。今后随着我国旅客运输市场的进一步成熟和完善，合理有序的竞争机制将逐步形成，我国交通运输将形成能力强大、各具功能、远近结合、适应运输市场的综合网络，形成公平、开放、合理、有序的运输市场体系。各种运输方式充分发挥自己的优势，为社会发展和人们生活提供更优质的运输服务。运输市场的规范化竞争将促进各种运输方式的合理发展，多种交通运输方式的共同发展将增强人们出行对交通工具的选择性，旅客出行的最终选择是最经济、最合理、最安全、服务质量最高的运输方式。未来的运输市场将趋向合理有序，适度竞争。

二、货物运输市场的发展趋势

本世纪初，是我国全面实施现代化建设第三步战略部署的起步阶段，面临改革、开放和发展的许多新任务。经济发展将进入对经济结构进行战略调整的关键时期，对外开放将进入以更加积极的姿态全面参与经济全球化的新时期。根据我国国民经济和社会发展远景规划，未来 20 年，经济发展将依然保持较高的增长率，GDP 年均增长率将在 7%左右。产业结构和产品结构在经济增长过程中将进一步得到优化；随着外贸体制改革的深入和投资环境的不断改善，对外贸易的发展速度将略高于国民经济增长率；随着产业结构变化，低值的农产品和初级产品的比重将会减少，制成品和附加值高的产品比重将会提高，其结果将导致适箱货的比重增加，集装箱运输将长足发展。

市场机制的建立和完善，是我国现阶段经济发展的主要任务。在发展过程中，影响铁路运输需求的因素也会随之变化。尤其是在中国经济的腾飞处于当今科技、信息技术和全球经济一体化进程高速发展的时期，对铁路运输影响的因素不再仅仅是经济增长率和实物产量指标的简单相关，产业结构的变化，经济增长方式的转变，其他运输方式的拓展等因素对铁路运输的影响更加显著。

(一)经济增长对铁路货物运输需求的影响

运输需求的产生，是社会经济发展的必然结果。经济增长主要取决于资金投入、劳动力投入和科技进步三大要素。要实现社会经济的可持续发展，理性的经济增长速度主要取决于现有经济实力、基础产业对国民经济的适应程度、劳动者素质、科学技术水平、政策水平及国际环境等因素。

随着我国经济体制的改革，经济总量的增长与运输量的增长的必然关系逐渐弱化，经济增长方式对运输量的影响更加明显。从计划经济向市场经济体制的转变，经济增长方式从粗放型向集约型转变，是我国经济体制改革的关键所在。经济体制转变要求遵循市场经济的一般规律，以提高经济整体素质和生产要素的配置效率为重点，优化产业结构，提高规模经济，重视科技进步。

今后我国经济发展的重点是在继续加强基础产业的同时，积极改造传统工业，大力发展高新技术产业，改变目前消耗大，附加值低的产业所占比重过高的现状，提高技术和知识密集型、附加值高的产业比重。

经济组织方式的转变，着重要求提高社会资源的有效利用。针对运输而言，包含一点重要的意义，既有效地节约运输资源。通过经济增长方式的转变和技术进步，减少单位产值的运输强度。例如发电厂单位电量(kW · h)耗煤由1990年的392 g标煤降至2007年的347 g标煤，铁路钢运量由1990年的4.13 t降至2007年的2.56 t。这些行业单位产值运输强度的降低，同时也将影响全社会单位产值运输强度的下降。见表6-2-1。

表6-2-1　单位产值和货运强度变化趋势　　单位：亿元、亿t · km

项目＼年度	1980	1985	1990	1995	2000	2005	2006	2007
GDP	4 518	8 964	18 548	58 268	89 404	183 217	211 924	249 530
货物周转量	12 026	18 365	26 207	35 730	44 452	80 258	88 840	101 419
单位产值运输强度	2.66	2.05	1.41	0.61	0.5	0.44	0.42	0.41

(二)产业结构变化对运输需求的影响

经济的发展和社会的进步，必然使社会的产业结构发生变化。不同的产业产生的运输强度是不同的，对运输质量的要求也存在着差异。因此产业结构的变化，必将对运输的需求产生重要的影响。

我国目前正处在工业化中期阶段，属产业结构急剧变化时期。工业化正在从数量扩张为主向结构优化为主转变。根据国家经济发展的总体战略和国内经济学专家对产业结构变动分析预测，我国产业结构的变动的总趋势是：第一产业继续下降，第三产业强势上升，第二产业先扬后抑。作为对运输需求量大的第二产业发展速度减缓，第三产业中高技术含量的产值的增加及服务业的扩充，使今后经济增长与运输需求的关系产生变化，单位产值运输强度将会继续降低。

（三）其他运输方式的发展对铁路运输量的影响

公路、水运、航空、管道与铁路是我国交通运输体系的重要组成部分，他们之间即存在着相互协作，同时也有竞争。各种运输方式间的竞争，是市场经济条件下运输市场完善的重要标志，随着各种运输方式的发展和经营效率的提高，服务质量的改善，这种竞争会愈加激烈。竞争的结果固然受各种运输方式的自身经济技术特征的影响，但同时不能忽视各种运输方式自身的发展水平、运输质量的提高、营销战略的开展等因素的影响。近十年来，随着其他运输方式的较快发展，铁路在运输市场中所占的份额逐渐减少，这既有其他运输部门较铁路在发展速度较快的原因，同时也有铁路部门自身在一段时期不重视提高运输质量，缺少市场意识的原因。各种运输方式历年情况见表6-2-2、表6-2-3。

表 6-2-2　各种运输方式基本情况表

项目＼年度		1980	1985	1990	1995	2000	2005 年	2006 年	2007 年
铁路	营业里程(万公里)	5.33	5.50	5.78	6.26	6.87	7.54	7.71	7.80
	年均增长率(%)		0.63	1.00	1.61	1.88	1.4	2.2	1.17
公路	里程(万公里)	88.33	94.24	102.8	115.7	140.27	334.52	345.70	358.37
	年均增长率(%)		1.30	1.76	2.39	3.93	78.82	3.34	3.67
海运	港口吞吐量(万吨)	21 731	31 154	48 321	80 166	125 603	292 777	342 191	388 200
	年均增长率(%)		7.47	9.18	10.65	9.40	18.98	16.88	13.45
民航	机场数量(个)		82	94	139	139	135	142	148
	年均增长率(%)			2.77	8.14	0	1.5	5.19	4.23
	航线数量(条)		268	437	797	1 165	1 257	1 336	1 506
	年均增长率(%)			10.27	12.77	7.89	−1.7	6.28	12.72
管道	长度(万公里)	0.87	1.17	1.59	1.72	2.47	4.40	4.81	5.45
	年均增长率(%)		6.10	6.33	1.58	7.51	15.18	9.31	13.31

注：资料来源 2007 年《中国统计年鉴》。

表 6-2-3　各种运输方式市场占有率

方式	类　别	1980 年	1985 年	1990 年	1995 年	2000 年	2005 年	2006 年	2007 年
铁路	货物发送量(亿吨)	11.13	13.09	15.07	16.59	17.80	26.93	28.82	31.42
	占全社会比重(%)	20.37	17.55	15.53	13.44	13.12	14.8	14.5	13.81
	货物周转量(亿 tkm)	5 716.87	8 125.66	10 622.4	12 870.3	13 902.1	20 726	21 954	23 797
	占全社会比重(%)	47.54	44.25	40.53	36.02	31.27	49.7	47.5	23.5
公路	货物发送量(亿吨)	38.20	53.81	72.40	94.04	103.88	134.18	146.63	163.94
	占全社会比重(%)	69.90	72.15	74.59	76.16	76.49	72.06	71.98	72.04
	货物周转量(亿 tkm)	764.00	1 903.20	3 358.10	4 694.90	6 129.4	8 693.2	9 754.2	11 354.7
	占全社会比重(%)	6.35	10.36	12.81	13.14	13.79	10.83	10.98	11.20
水运	货物发送量(亿吨)	4.27	6.33	8.01	11.32	12.24	21.96	24.87	28.12
	占全社会比重(%)	7.81	8.49	8.25	9.17	9.01	11.79	12.21	12.36
	货物周转量(亿 tkm)	5 052.76	7 729.30	11 591.9	17 552.2	23 734.2	49 672.3	55 485.7	64 284.8
	占全社会比重(%)	42.02	42.09	44.23	49.12	53.39	61.89	62.46	63.39
民航	货物发送量(亿吨)	0.000 89	0.001 95	0.003 70	0.010 1	0.019 7	0.030 7	0.034 9	0.040 2
	占全社会比重(%)	0.011	0.002 6	0.003 8	0.008 2	0.014 5	0.016	0.017	0.018
	货物周转量(亿 tkm)	1.41	4.15	8.20	22.30	50.27	78.9	94.28	116.39
	占全社会比重(%)	0.011	0.023	0.031	0.62	0.11	0.10	0.11	0.11
管道	货物发送量(亿吨)	1.05	1.37	1.58	1.53	1.87	3.10	3.34	4.06
	占全社会比重(%)	1.92	1.84	1.63	1.24	1.38	1.66	1.64	1.78
	货物周转量(亿 tkm)	491	603	627	590	636	1 088	1551	1866
	占全社会比重(%)	4.08	3.28	2.39	1.65	1.43	1.36	1.75	1.84
全国	货物发送量(亿吨)	54.65	74.58	97.06	123.48	135.81	186.21	203.71	227.58
	货物周转量(亿 tkm)	12 026	18 365	26 207	35 909	44 321	80 258	88 840	101 419

注:资料来源 2007 年《中国统计年鉴》。

(四)货物运输市场发展的总体基本趋势

按照市场化要求,货运市场逐步向快捷化、集装化、低能耗、轻污染方向发展。

1. 货运需求继续稳步增长,运输总量继续增加。

2. 高科技、高附加值、时效要求高的产品,特别是特种运输商品将快速增长,对运输质量的要求更高。

3. 外贸物资继续较大幅度增长,适箱货物的比重逐步增加,国际多式联运、集装箱运输的发展加快,货运日趋物流化。

4. 运输市场进一步地由运方市场转为货方市场,法规进一步健全和完善,市场竞争进入更加有序和规范时期。

第三节　国民经济相关产业发展对铁路运输的影响

目前我国铁路运输中，煤炭、石油、冶炼物资、磷矿石、矿建、水泥、木材、粮食、化肥等大宗物资，以及集装箱货物占有相当大的比重，根据 2007 年统计，以上物资的货物运输占全路发送量的 88%，货物周转量的 87%，因此，了解、掌握和研究与这些部门相关的资源分布、生产与消费、产业发展趋势及对铁路运量规划的影响，对运量的预测十分重要，以下仅对目前掌握的情况和资料对煤、石油、冶炼物资等重点品名作简要介绍，为实际运量规划操作提供调研思路。

一、煤炭工业现状和发展趋势

煤炭是我国铁路运输的大户，多年来在总运量中煤炭运量占 40%以上，各主要干线煤炭运量占 50%，铁路运输是煤炭的主要运输方式，目前全国煤炭产量的 50%以上是由铁路运出的。据统计，2007 年全路货运量 22.76 亿 t，煤炭运量 10.1 亿 t，因此煤炭业的未来发展对铁路运输的影响仍然是很大的，研究了解煤炭业的发展趋势是运量规划的重要内容。

（一）煤炭的资源特征

首先，我国是个煤炭资源丰富的国家，资源总量为 5.06 万亿 t，2007 年保有储量达 1 万亿 t，居世界前列。我国矿物能源总量中煤炭占 90%，煤炭为主，油气不足的这种资源结构决定了能源发展结构，决定了煤炭在我国能源发展中的长期主导地位。

其次，煤炭资源地理分布很不平衡。全国 1 800 多个县有 1 400 多个有煤炭资源。但保有储量的 75%集中在山西、陕西、内蒙和贵州等 4 省区，资源的集中分布决定了煤炭的长距离调运。

第三，煤种齐全，但不均衡。动力煤较多，炼焦煤不足，炼焦煤中肥煤和主焦煤不足，这就造成了我国外贸中的有出有进。

第四，煤质总体上看还是好的，小于 1%低硫煤占 65%～70%，但中高硫还较多，特别是南方地区。因此，像我国这样一个人口众多的国家，环境压力非常大。

（二）煤炭的产销结构特征

1. 我国是世界上为数不多的能源以煤为主的国家。

由于资源限制，煤炭是我国生活和消费中的主要能源，对经济发展和居民生活影响很大。长期以来煤炭在能源的生产和消费中占主导地位，2007 年煤炭在能源生产和消费中均占70%，详见表6-3-1。据有关方面研究分析，今后石油天然气的消费比重会有所提高，但能源以煤炭为主的格局不会出现根本性的变化。

表 6-3-1　我国能源生产和消费结构变动情况(%)

年度	生　产				消　费			
	煤炭	原油	天然气	水核电	煤炭	原油	天然气	水核电
1980	69.4	23.8	3.0	3.8	72.2	20.7	3.1	4.0
1985	72.8	20.9	2.0	4.3	75.8	17.1	2.2	4.9
1990	74.2	19.0	2.0	4.8	76.2	16.6	2.1	5.1
1995	75.3	16.6	1.9	6.2	74.6	17.5	1.8	6.1
2000	66.6	21.8	3.4	8.2	66.1	24.6	2.5	6.8
2001	68.6	19.4	3.3	8.7	65.3	24.3	2.7	7.7
2002	71.2	17.3	3.1	8.4	65.6	24.0	2.6	7.8
2003	74.5	15.1	2.9	7.5	67.6	22.7	2.7	7.0
2004	75.6	13.5	3.0	7.7	67.7	22.7	2.6	7.0
2005	76.5	12.6	3.2	7.7	69.1	21.0	2.8	7.1
2006	76.7	11.9	3.5	7.9	69.4	20.4	3.0	7.2
2007	76.6	11.3	3.9	8.2	69.5	19.7	3.5	7.3

注：资料来源：国家统计局《中国统计年鉴》。

2. 煤炭产销地区差异较大

我国煤炭受资源限制，产量主要集中在华北和西北，而华东和华南和沿海省份则产量不大却销量很大，缺口很严重，因此北煤南运、西煤东运的格局将长期存在。历年各地区的生产量和消费量比例见表6-3-2、表6-3-3。

表 6-3-2　我国分地区原煤生产所占份额(%)

地区	1991	1995	2000	2004	2005	2006	2007
全国	100	100	100	100	100	100	100
华北	38	37	38	40	41	41	43
东北	15	12	12	10	9	9	8
华东	14	15	20	18	13	13	12
中南	14	15	12	12	12	11	11
西南	12	13	9	11	13	13	13
西北	8	8	9	9	12	13	13

注：资料来源《中国能源统计年鉴》(1997～2007)。

表 6-3-3 我国分地区煤炭消费所占份额(%)

地区	1991	1995	2000	2001	2002	2003	2004	2005	2006	2007
全国	100	100	100	100	100	100	100	100	100	100
华北	22	25	26	26	27	26	26	25	25	26
东北	18	14	13	13	12	11	11	11	11	12
华东	24	25	26	27	27	27	26	27	28	27
中南	17	18	18	18	18	18	18	19	19	18
西南	11	11	11	10	10	11	11	10	10	10
西北	7	7	6	6	6	7	8	8	7	7

注:资料来源《中国能源统计年鉴》(1997～2007)。

3. 目前我国煤炭工业结构性矛盾较多

(1)大小矿结构不合理,生产集中度低,小煤矿仍占煤矿总数的 90%以上。2007 年我国各类煤矿总数约为 1.6 万处,安全保障生产能力 17.9×10^9 t/年,其中国有重点煤矿 740 处,生产能力 7.8×10^9 t/年;国有地方煤矿 1 544 处,生产能力 2.8×10^9 t/年;乡镇煤矿 2.2 万处,年产煤约 7×10^9 t 左右。目前我国年产煤 $3\,000\times10^4$ t 以上企业仅 4 家,市场占有率仅 14%,而美国为 40%。

(2)产业结构不合理,煤矿办电,煤化工、煤层气开发利用等进展缓慢,大部分煤炭企业尚未摆脱单一品种、单一经营的老路。

(3)产品结构不合理,深加工和精加工远远不够,煤炭洗选率多年来一直在 30%左右徘徊。

(三)煤炭产销发展趋势

经济的高速增长、人民生活水平的不断提高,必然要求能源与之适应。近几年来我国煤炭供求又趋紧张,2007 年产量达 25.23×10^9 t,仍然缺口很大。我国原材料如钢铁、建材、化工中的某些产品其总产量虽然居世界第一,但人均水平仍然很低。特别是电力 2007 年人均消费量 1 981 kW · h,仅相当于世界平均水平的 60%左右,为发达国家平均水平的 15%,据《电力工业中长期发展规划》,2010 年我国电力装机达到 6.6×10^9 kW,2020 年将达到 9×10^9 kW 以上,其中煤电达 6×10^9 kW 以上。2020 年预测电煤消费量达到 15×10^9 t 以上。

根据有关部门研究预测,2020 年我国煤炭产销量将达到 $28\sim30\times10^9$ t。

(四)大能力煤炭运输通路建设仍是铁路建设的重点

我国煤炭资源分布在内地,而沿海地区消费量又很大,决定煤炭的长距离调运,铁路是最经济的运输工具,因此煤炭是铁路运输的重点,据有关方面预测

2020 年铁路煤运量将达到 20×10^9 t 以上，大同、神府、太原、晋东南、陕北、平顶山、兖州、两淮、贵州、黑龙江东部等十个地区有可能成为亿吨煤产区。通过修建客运专线实施客货分流，释放既有线货运能力，通过改造既有线，实现煤炭重载运输等措施，建成发达的煤炭运输大能力通路是未来时期铁路建设的重要任务。

二、石油工业现状和发展趋势

(一)资源和生产特征

我国石油资源虽然比较丰富，但人均拥有量很低，据 1994 年全国第二次油气资源评价，我国石油资源量约 904×10^9 t，其中陆上 660.5×10^9 t。目前探明的经济可采储量约 40×10^9 t，可采年限为 24 年。由于资源限制，我国石油产量难以突破 2×10^9 t。2007 年原油产量为 1.87×10^9 t，居世界第五位。

(二)石油消费趋势

经济发达国家大都完成了能源消费的结构性调整，油气能源总需求占主导地位，而我国石油在能源消费比重一直徘徊在 20%。随着经济高速发达和人民生活水平的提高，石油消费量必将有大幅度提高。由于国内产量的限制，加大进口石油弥补国内缺口数量将愈来愈大，寻求国际合作是我国石油工业的大趋势。

我国是世界上第二大石油消费国，2007 年石油消费量近 3.5×10^9 t 以上，原油进口量达 1.63×10^9 t。据有关方面预测，2020 年石油需求量将达 4.5×10^9 t，需进口 2.5×10^9 t。

(三)石油运输方式发展趋势

我国原油运输以管道和水路为主，铁路的原油运量不大。2007 年铁路石油运量为 $1\,274\times10^4$ t 比 2006 年同期下降 2.2%，今后除新疆原油东运出区仍由铁路承担外，其余油田铁路承担量都不会大。

我国制品油运输以铁路和水运为主，管道很少。2007 年制品油运输总量 $13\,500\times10^4$ t，其中铁路占 58%，水路占 29%，公路占 10%，管道仅占 3%。

目前我国成品油管道数量少，管道输送技术水平低，成品油顺序输送优势没有充分发挥，而国外如美国成品油管道不仅数量多，而且口径大，进油、分油点多，输油量大，年输送量达 $7.8\times10^9\,m^3$。估计今后铁路油品运输总量仍会提高，但管道输油比例必将大大提高。据估计 2020 年管道输送比例将超过成品油总运输量的 50%。

三、冶炼物资、钢铁工业的现状和发展趋势

钢铁产量是一个国家综合经济实力的重要指标之一，与钢铁直接有关的金属

矿石、钢铁及其制品、焦炭和非金属矿运输量(统计冶炼物资2004年为5.06×10^9 t)占铁路总运量的23.4%。因此,研究钢铁工业现状和发展趋势对运量规划工作有很大影响。

(一)我国钢铁产量和增长空间

我国钢产量于1995年突破1×10^9 t,从而位居世界第一,近年来受国际国内钢铁市场刺激,钢产量增长很快,2007年达到4.9×10^9 t,2006年达到4.2×10^9 t(表6-3-4)。20世纪80年代以来,发达国家如美日等国钢铁已呈饱和,且采取产业转移政策,因此钢产量不增反降,而发展中国家则采取大力发展的策略。有分析人士预测2004年全世界钢材产量将迈上10×10^9 t平台。

表6-3-4　我国历年钢铁产量　单位:10^4 t

年份 品类	1990	1995	2000	2001	2002	2003	2004	2005	2006	2007
生铁	6 237	10 529	13 100	15 554	17 085	21 367	25 185	34 375—	41 245	47 652
钢	6 635	9 536	12 850	15 163	18 237	22 234	27 280	35 239	41 915	48 929
钢材	5 153	8 980	13 146	16 067	19 252	24 108	29 723	39 692	46 893	56 561

我国钢产量是否还能高速增长、空间有多大、2020年产量指标如何,目前还没有机构作出预测,但据业内人士分析研究,一个国家人均GDP 1 100～2 000美元,人均钢产量300～600 kg,人均钢积蓄量超过5 t,钢铁消费会出现饱和现象。目前我国人均钢产量已达到0.2 t,总产量占世界的四分之一以上,因此从宏观上讲,钢铁产量已经不低,不宜再高速发展。但是新建和改扩建钢铁项目的立项申请仍然不少,盲目发展的势头业未得到有效抑制,受市场惯性推动,近几年钢产量的增长速度仍会很快,但空间不会太大。国家也已对冶金工业采取了从严的调控政策。

(二)矿石供应和运输

我国铁矿石的保有量约458×10^9 t,90%以上为贫矿,品位低、埋藏深、成本高且开发难度大。目前我国铁矿石原矿产量2.3×10^9 t,成品矿1.2×10^9 t,只能满足7 000～8 000×10^4 t生铁的需要。一方面我国铁矿石后备资源不足,另一方面国际经济合作加快,因此,铁矿石的进口数量增长很快。据统计,2005年进口铁矿砂约27 526×10^4 t,2006年达到1.86×10^9 t,2007年达到3.83×10^9 t。进口铁矿砂由海运进港后大都由疏港铁路接运,随着大型散装船的投入运输,使进口铁矿石成本大大降低,目前我国有宁波、日照两个20×10^4 t级矿石中转码头。进口铁矿砂的增加对疏港铁路带来很大压力。

(三)我国钢铁工业布局

我国钢铁厂星罗棋布,其中东北的鞍钢、本钢,华北的首钢、太钢、包钢,华东的宝钢,中南的武钢和西南的攀钢为全国著名的大型钢铁公司,近年来沿海省份钢铁工业发展更快,钢铁工业的区域间不平衡更加突出,各大区的钢产量份额见表 6-3-5。

表 6-3-5　2007 年各大区钢产量份额(%)

	1980	1990	2000	2002	2003	2004	2005	2006	2007
全国	100	100	100	100	100	100	100	100	100
华北	21.5	22.7	25.6	24.9	31.6	33.1	33	33.4	33.8
东北	26.4	20.9	14.0	12.6	12.5	11.9	10.7	10.9	10.6
华东	24.7	27.6	31.6	31.5	30.4	30.2	31.9	31.7	31.4
中南	15.1	16.6	15.5	16.4	15.9	15.3	15.1	14.6	14.9
西南	10.3	9.4	8.8	7.8	6.6	6.6	6.1	6	6.1
西北	1.9	2.8	3.4	2.9	3.0	2.9	3.2	3.4	3.2

目前钢产量超千万吨的省市有河北(1×10^9 t)、山西($2\ 276\times10^4$ t)、辽宁($3\ 790\times10^4$ t)、上海($1\ 897\times10^4$ t)、江苏($4\ 391\times10^4$ t)、湖北($1\ 631\times10^4$ t)、山东($4\ 080\times10^4$ t),总产量占全国 62.67%。未来时期钢产量的区域分布不会有很大变化。钢铁产量区域分布不平衡,形成了庞大的钢铁运输量,运输距离也会有增长的趋势。

第四节　运量规划编制程序和主要成果

一、运量规划编制程序

全国运量规划,由铁道部计划主管部门根据国民经济发展规划的编制要求,提出规划编制的要求和时间安排,并组织进行经济调查工作。在综合规划部门、设计院、铁路局调查的基础上,由计划主管部门适时召开运量规划工作会议或研讨会,相互交流经济资料,充分论证国民经济结构和生产力布局调整,主要产业发展情景以及各种运输方式发展趋势,研究分析和确定规划期全国铁路客货运量总水平及分地区运量水平,确定规划运量各项指标等等。

二、规划运量的年度

铁路运量规划是铁路发展规划的重要组成之一。而铁路发展规划是指导铁路建设和运营的综合规划，它和国民经济发展密切相关，是国民经济发展的组成部分，一般都与国民经济五年计划和十年发展思路相对应，因此，铁路运量规划的编制年度，应与国民经济五年计划和十年发展思路保持一致。并根据国民经济发展的新形势、新情况，进行滚动调整，适时修改。

三、运量规划的基础调查

运量规划的基础调查工作是整个程序中的一项重要内容，深入各相关产业部门，了解它们的发展规划，对铁路运输的需求；深入基层了解各枢纽、各干、支线运量与运能的矛盾，掌握薄弱环节。基础调查可以分为综合调查和专项调查。

1. 综合调查

考察国民经济发展态势，产业发展规划和结构调整，人口变动趋势和人民生活水平综合性指标，主要调查内容有：国家和地区国民经济发展战略、目标、方针、政策；国民生产总值及三次产业结构；工业发展规划，农业发展规划，资源开发规划，交通运输发展规划，城镇发展规划等等。其特征是调查面广，内容丰富，一般只进行各部委及必要的省(市、区)调查。

2. 专项调查

一般指为某一特殊目的而进行，如建设项目前期工作中的经济调查或根据需要进行的客、货运输市场调查。建设项目的专项调查内容与综合调查相似，但其目的比较专一，通过调查能够反映出沿线地区经济特征。而铁路为适应市场需要经常进行的春运、暑运属典型的专项调查。

四、运量规划的预测模型

运量预测运用的模型很多，如时间序列、回归分析、指标系数、经济数学、市场协调、产销平衡等(详见第三章)。

任何模型预测，都有一定的适应性，应根据掌握的资料数据情况，选用可靠度高的模型，同时，宜选用几种预测方法进行对比，大宗品类如煤的OD分析宜采用产销平衡，然后经过综合分析，最终作出取值判定。

五、运量规划主要成果

(一)全社会运输量份额及指标分析

全社会运量指标见表6-5-1～表6-5-4。

表 6-5-1　各种运输方式旅客运量及周转量　单位：万人，亿人 · km

年度	客运量					旅客周转量				
	总计	铁路	公路	水路	民航	总计	铁路	公路	水路	民航
1990	772 682	95 712	648 085	27 225	1 660	5 628.64	2 612.63	2 620.62	164.91	230.48
1995	1 172 596	102 745	1 040 810	23 924	5 117	9 001.90	3 545.70	4 603.10	171.80	681.30
2000	1 478 573	105 073	1 347 392	19 386	6 722	12 261.09	4 532.59	6 657.42	100.54	970.54
2005	1 847 018	115 583	1 697 381	20 227	13 827	17 466.7	6 062	9 292.1	67.8	2 044.9
2006	2 024 158	125 656	1 860 487	22 047	15 968	19 197.2	6 622.1	10 130.8	73.6	2 370.7
2007	2 227 761	135 670	2 050 680	228 35	18 576	21 592.6	7 216.3	11 506.8	77.8	2 791.7
2007	2 227 761	135 670	2 050 680	22 835	18 576	21 592.6	7 216.3	11 506.8	77.8	2 791.7
规划										
规划										

表 6-5-2　各种运输方式旅客运量及周转量份额　单位：%

年度	客运量份额					旅客周转量				
	总计	铁路	公路	水路	民航	总计	铁路	公路	水路	民航
1990	100.00	12.39	83.87	3.52	0.21	100.00	46.42	46.56	2.93	4.09
1995	100.00	8.76	88.76	2.04	0.44	100.00	39.39	51.13	1.91	7.57
2000	100.00	7.10	91.10	1.30	0.50	100.00	36.97	54.30	0.82	7.92
2005	100.00	6.26	91.9	1.10	0.75	100.00	34.71	53.20	0.39	11.71
2006	100.00	6.21	91.91	1.09	0.79	100.00	34.50	52.77	0.38	12.35
2007	100.00	6.09	92.05	1.03	0.83	100.00	33.42	53.29	0.36	12.93
规划										
规划										

表 6-5-3　各种运输方式货运量及周转量　单位：10^4 t，10^9 t · km

年度	货运量						货物周转量					
	总计	铁路	公路	水路	民航	管道	总计	铁路	公路	水路	民航	管道
1990	970 602	150 681	724 040	80 094	37	15 750	26 207	10 622.4	3 358.1	11 591.9	8.2	627
1995	1 234 937	165 982	940 387	113 194	101	15 274	35 909	13 049.5	4 694.9	17 552.2	22.3	590
2000	1 358 682	178 581	1 038 813	122 391	197	18 700	44 321	13 770.5	6 129.4	23 734.2	50.3	636
2005	1 862 066	269 296	1 341 778	219 648	306.7	31 037	80 258	20 726	8 693.2	49 672.3	78.9	1 088
2006	2 037 060	288 224	1 466 347	248 703	349.4	33 436	88 840	21 954.4	9 754.2	55 485.7	94.28	1 551
2007	2 275 822	314 237	1 639 432	281 199	401.8	40 552	101 419	23 797	11 354.7	64 284.8	116.39	1 866
规划												
规划												

表 6-5-4　各种运输方式货运量及周转量份额　单位：%

年度	货运量份额						货物周转量					
	总计	铁路	公路	水路	民航	管道	总计	铁路	公路	水路	民航	管道
1990	100.00	15.52	74.60	8.25	0.00	1.62	100.00	40.53	12.81	44.23	0.03	2.39
1995	100.00	13.44	76.15	9.17	0.01	1.24	100.00	36.34	13.07	48.88	0.06	1.64
2000	100.00	13.14	76.46	9.01	0.01	1.38	100.00	31.07	13.83	53.55	0.11	1.43
2005	100.00	14.46	72.06	11.80	0.02	1.67	100.00	25.82	10.83	61.89	0.10	1.36
2006	100.00	14.15	71.98	12.21	0.02	1.64	100.00	24.71	10.98	62.46	0.11	1.75
2007	100.00	13.81	72.04	12.36	0.02	1.78	100.00	23.46	11.20	63.39	0.11	1.84
规划												
规划												

(二)规划期全国铁路客货运量和周转量

1. 总运量水平

规划期总运量水平见表 6-5-5。

2. 分品类货运量水平

规划期分品类运量指标见表 6-5-6。

表 6-5-5　全国铁路客货总运量指标　单位：亿人(t)、亿人(t)km、km

	2000 年	2007 年	规划年	规划年
旅客发送量	10.5	13.57		
其中：国铁	10.2	12.87		
旅客周转量	4 532.6	7 216.3		
其中：国铁	4 414.7	6 896.2		
平均行程	432	532		
其中：国铁	433	536		
货物发送量	17.8	31.4		
其中：国铁	16.5	26.2		
货物周转量	13 902.1	23 797		
其中：国铁	13 336.1	22 113		
平均行程	781	757		
其中：国铁	808	837		
换算周转量	18 434.7	29 009		
其中：国铁	17 868.7	26 910		

表 6-5-6　全路分品类货运量指标　单位：10^4 t、10^9 t·km

品　类	货物发送量				货物周转量			
	2000年	2007年	规划年	规划年	2000年	2007年	规划年	规划年
合计	165 498	261 239			13 336.1	21 856.1		
煤	68 545	122 081			3 806.1	7 416.3		
石油	9 391	12 702			816.0	1 158.3		
焦炭	4 725	9 327			402.2	865.5		
金属矿石	13 022	27 577			616.5	1 727.5		
钢铁及有色金属	11 537	21 594			1 244.5	2 328.9		
非金矿	8 138	9 187			472.7	609.1		
磷矿石	1 208	1 610			117.9	177.7		
矿建材料	9 671	8 032			493.2	403.3		
水泥	3 900	3 541			167.4	139.9		
木材	3 436	3 729			588.1	516.5		
粮食	7 935	1 0471			1 012.3	1 672		
棉花	233	386			64.7	144.4		
化肥农药	5 189	8 152			611.9	1 112.3		
盐	1 245	1 356			93.83	101.77		
集装箱	3 839	7 116			721.8	1 155.7		
其他	13 484	23 104			2 193.3	3 660.3		

(三)规划期“三西”能源基地煤炭外运量

1. 煤炭产运量分析(表 6-5-7)

表 6-5-7　全国及“三西”煤炭产运量

项目 \ 年度	2000年	2007年	规划年度	规划年度
全路发送量(亿 t)	16.55	26.12		
全路煤运量(亿 t)	6.85	12.2		
煤炭运量占总量%	41.39	46.71		
年均增长(万 t)	238	7 675		
全国煤炭产量(亿 t)	10.00	25.3		
煤炭产运系数%	68.50	48.22		
“三西”外运量(亿 t)	2.365	5.56		

2."三西"煤炭外运通路及流向分析表(表 6-5-8)

表 6-5-8

_______年"三西"煤炭外运通路及流向表 单位:10^4 t

	三西计	山西省					蒙西	陕西	神府东胜	宁夏
		山西计	晋北	晋中	晋南	晋东南				
产量										
外运量										
通　路										
大秦线										
丰沙大										
京原线										
朔黄线										
石太线										
邯长线										
太焦线										
侯月线										
风陵渡										
陇海线										
侯西线										
西康线										
宁西线										
大包线										
集通线										
去向:										
北京										
天津										
河北										
其中:										
秦皇岛										
黄骅港										
东北										
华东										
中南										
西北										
蒙西										
四川										

3. 必要说明

如能源生产与消费现状及发展趋势,煤炭运量预测,重点矿产量情况;主要港口煤炭下水量;新扩建电厂规模及电厂耗煤;各通道煤炭外运分配等有关必要的说明。

(四)分地区客货运量水平

主要按行政区划确定运量水平,其预测结果及表达格式可见表 6-5-9。

表 6-5-9　分省(市、自治区)客运量水平表　　单位:万人 、亿人 km

地区 \ 年度 \ 客运	旅客发送量					旅客周转量				
	1990	2000	2007	规划	规划	1990	2000	2007	规划	规划
合计	772 682	1 478 573	2 227 761			5 628.3	12 261	21 593		
北京市		17 610	16 190				118.2	238.3		
天津市		3 532	6 829				91.6	147.4		
河北省		65 609	88 886				795.8	1 165.3		
……		……					……			
青海省		3 587	5 607				29.7	66.7		
宁夏		5 497	8 134				52.1	73.0		
新疆		14 631	27 648				186.8	370.1		

分省(市、自治区)货运量水平表格式与 6-5-9 表相同。

(五)规划期铁路行政区域间客货交流

历年度行政区域间货物交流量(OD)见全国铁路统计资料汇编,规划年度根据总量水平和重点品类流向分析进行流向分析分配,表 6-5-10。

表 6-5-10

________年铁路行政区域间货物(旅客)交流　　单位:10^4 t

发送省 \ 到达省	北京市	天津市	河北省		青海省	宁夏	新疆	合计
合计				……				
北京市								
天津市								
河北省								
……			……		……			
青海省								
宁夏				……				
新疆								

(六)规划期铁路局交接口客货运量水平及旅客列车对数

铁路局交接口客货运量水平,是推算干线客货流密度,铺画货流图的基础和依据。其表达方式多样化，可按路局排列也可按交接口直接排列，表 6-5-11 为按路局表示的局间交接口货运量表。

表 6-5-11　哈尔滨铁路局交接口运量表

品名：　　　　　　　　　　　　　　　　　　　　　　　　单位：

项目＼年度	2000 年	2007 年	规划年	规划年
发送量				
接入量				
泰来				
五常				
陶赖昭				
太阳升				
鹿道				
到达量				
交出量				
泰来				
五常				
陶赖昭				
太阳升				
鹿道				
运输量				

（七）规划期铁路主要干线货流图

货流图铺画一般按铁路局为单位铺画，铺画对铁路局各项指标应协调一致，并符合以下关系式：

局接入量 ＝输入量 ＋ 通过量；

局交出量 ＝输出量 ＋ 通过量；

局运输量 ＝局发送量 ＋ 局接入量；

＝局到达量 ＋ 局交出量；

局发送量 ＝局管内 ＋ 输出量；

局到达量 ＝局管内 ＋ 输入量。

（八）规划期铁路主要干线客货流密度及客车对数表

铁路主要干线客、货流密度及客车对数表细目包括线名、区段名、区段公里、客车对数、客流密度、上行货流密度、其中煤，下行货流密度、其中煤等项内容，一般除了规划年度外，应有两个统计年度。

铁路干线客货流密度及客车对数是运量规划中的重要成果，是铁路网规划选项的基础，是铁路建设项目规划研究和既有线扩能的重要参数。

（九）区段交流和支点站交流规划

1. 全路区段交流

目前全路有按 483 个区段（OD）划分的交流量统计软件。其内容包括旅客和 15 个货类，由铁道部统计中心提供，该资料全面反映了历史年度客货产生地和消失地数量和流向，对掌握客货流动态，研究线路、枢纽承担客、货流的来龙去脉、现状分工以及新线投产后分流原则调整，是十分重要的统计资料，是预测规划年度建设项目客、货运量的重要基础资料。

全路规划年度详细 OD 的预测，尚未全面开展过，此项工作十分需要，但工作量大。在建设项目研究中可根据需要进行合并和简化。

2. 全路支点站客货交流规划

支点站指的是客、货流的大量汇集点，客货列车始发、终到、集结、编组的运输枢纽。

支点站旅客交流规划是研究旅客列车开行方案、大型旅客站的布局、客技站的规模布局等重要基础资料。

支点站货物交流规划是研究编组站布局规模、分工以及制定列车编组计划方案的重要基础资料。

支点站交流从概念上是 OD 资料的异化，区别有两点。①由于基础资料的限制，一般 OD 表对客、货 OD 小区划分是一致的，而支点站交流需分别划分客、货支点。②一般 OD 交流是 OD 小区产生和消失的交流，不受路网变化的影响；而支点站由于它是客、货流的汇集点，支点站交流单元的划分随方向不同而变动，如研究天津、济南、徐州三个支点时，济南支点发往天津支点时济南支点的范围包括胶济线、济南徐州间、菏兖石线、邯济线，同样济南支点发往徐州支点时其包括的范围应是济南天津间、石德线、邯济线、胶济线等，因此不同的支点和不同的方向其范围需进行重新归并、组合，这就增加了预测的工作量和预测难度。

第七章　客货运主要设施

第一节　客运设施

一、客运业务办理站分布

（一）中 间 站

我国铁路的绝大部分中间站均办理客运业务。对客运量很少的中间站也可不办理客运业务。

（二）区 段 站

区段站都办理客运业务。一般情况下，区段站的客运业务量较大。

（三）客 运 站

1. 客运站的设置条件

客运站是指专办客运业务（发售客票、旅客上下车和候车、问询、小件寄存，以及文化生活、购物等服务；行包发到、承运、交付、装卸、保管，邮件装卸搬运业务；发到客车车底整备、通过客车接发、机车换挂等技术作业）的车站，有的客运站也兼办少量货运业务。

客运站的设置可参考以下条件：

（1）省会或城市人口为 100 万人及以上的特大城市，应设置客运站，全国客运中心和超大城市可设置多个客运站。

（2）位于交通枢纽的中等城市，有条件的也可设置客运站。若近期客运量不大，可根据具体情况先设置客货运站，随着运量的增长再逐步发展为客运站，并应做好过渡规划。

2. 枢纽内客运站数量和分工

一般情况，枢纽内设置一个客运站。全国客运中心及城市人口在 200 万人以上的超大城市，客运量很大，枢纽内可设置两个或两个以上客运站。

当设置两个及以上客运站时，其分工办法有以下几种：

（1）按衔接方向分工。

（2）按办理普通和办理市郊旅客列车分工。

（3）按办理始发终到和办理通过旅客列车分工。

(4)按铁路线路性质分工(如高速、普速)。

3. 客运站的位置

客运站应设置在市区范围内。根据多年的运营经验,宜设在距市中心 2～6 km 的地方。

(1)尽头式客运站对城市干扰较小,车站可深入市区,设于距市中心两公里左右的地方,以尽量方便旅客乘降。

(2)小城市(20 万人以下)所在地的客运站,因市内交通条件相对较差,宜设置在距市中心两公里左右的地方,既方便旅客又对城市干扰不大。

(3)大城市(50 万～100 万人)和特大城市(100 万人以上)所在地,客运站宜设置在距市中心 4～6 km 的地方,位于城区边缘或中心区之外,方便旅客又不大干扰城市。

(4)位于中等城市(20 万～50 万人)的客运站,距市中心的距离可根据具体情况加以选择。城市范围不大时,可设置在距市中心 2～3 km 处,位城区边缘或靠近中心区,方便旅客又不大干扰城市;若城市发展迅速或范围分散,且市内交通方便时,也可设于距市中心 3～4 km 处。

(5)城际铁路客运站,应尽量设置在市中心,以方便旅客集散。

(6)位于特大城市需设两个及以上客运站时,应注意各自吸引范围。第二客运站距市中心距离可比上述者稍大,但仍宜在市区范围,以免大部分客流仍被第一客运站吸引,达不到分流的作用。

(7)为减少旅客旅途时间,客运站除设置在距市中心不太远的地方以外,还应注意方便旅客换乘地铁和其他运输工具,实现“零”换乘。水陆联运量较大,可将客运站设置在码头附近;特大城市配置客运站,应考虑为发展综合运输创造条件等。

(8)体现客运站的城市“窗口”功能,做到与城市规划密切配合。

4. 客运站规模

客运站根据日接发旅客列车对数、日均上下车旅客人数和旅客列车到发线数量可分为大型客运站及一般客运站。日接发换算旅客列车对数 30 对及以上,日均上下车旅客 4.5 万人及以上和旅客列车到发线 7 条及以上者为大型客运站,其他为一般客运站。

据全国主要客运站不完全统计资料,沈阳、沈阳北、北京、北京西、天津、郑州、西安、上海、武昌、广州、成都等车站都符合上述条件,其所处均在政治、经济、文化、交通中心的直辖市、省会城市,与其在全国城市中重要位置相适应,定为大型客运站,随着客运站规模的不断扩大,大型客运站将越来越多。其他地处省会、自治区首府、铁路局、对外口岸和主要旅游城市的以客运为主者为一般客运站，全国主要客运站业务量统计表见表 7-1-1。

表 7-1-1　全国主要客运站业务量统计表

站　名	客车到发线（条）	始发终到旅客列车（对）	通过旅客列车（对）	换算旅客列车（对）	日均上下车人数（人）
沈阳	9	25	47.5	49	81 868
北京	11	73	6	76	175 254
北京西	11	72	4	74	
天津	11	27	31	42.5	69 570
郑州	11	26.5	84	68.5	113 104
西安	9	37.5	41.5	58	83 124
上海	13	91	13.5	98	219 612
武昌	7	26	45	48.5	62 400
广州	7	72	16	80	130 276
成都	7	45	5	47.5	82 792
哈尔滨	5	29.5	47.5	53	125 826
石家庄	7	21	58	50	74 426
太原	5	31	5	33.5	65 510
济南	7	20	28.5	34	43 124
徐州	9	13	59.5	43	38 136
南京	5	4.5	75	42	58 576
杭州	5	39	13.5	46	77 042
南昌	7	16	38	35	62 904
长沙	5	20	52	46	65 218
重庆	7	30	4.5	32	47 878
昆明	5	28		28	49 712
贵阳	5	21	19	30.5	42 110
柳州	5	4	24	16	18 100
兰州	7	20	17	28.5	30 246

注：以上为 2005 年资料

（四）旅客乘降所

旅客乘降所是不办理列车会让，仅办理市郊列车或少数慢车，上下旅客的地方。一般情况在靠近居民集中地、厂矿区、旅游风景点和市郊客流较多的铁路区间，为方便旅客乘降及职工通勤，当通过能力允许时可设置。

二、旅客站房

(一)旅客站房的设置条件和位置

旅客站房的设置应与城镇规划和车站总布置相配合。通过式车站的旅客站房应设于线路靠居民点一侧。尽头式车站的旅客站房,宜设于站台线尽端;当客运量、行包量很大且有条件时也可设于线路的一侧。

(二)旅客站房的规模

1. 确定旅客站房规模的依据

确定铁路旅客站房规模的主要依据为远期旅客最高聚集人数。

2. 旅客站房规模的划分

旅客站房规模以旅客最高聚集人数划分,见表 7-1-2。

表 7-1-2　旅客站房规模划分表

站房规模	旅客最高聚集人数(人)
小　型	$50 \leqslant H \leqslant 400$
中　型	$400 < H < 2\,000$
大　型	$2\,000 \leqslant H < 10\,000$
特大型	$H \geqslant 10\,000$

注:以上站房规模划分不包括高速铁路或客运专线旅客站房。

标准设计的小型旅客站房一般可分为 50、100、200、300、400 人 5 种。标准设计的中型旅客站房一般可分为 500、600、800、1 000、1 200、1 500、1 800 人 7 种。

3. 中小型旅客站房面积指标

候车室每人使用面积,普通旅客不小于 1.1 m^2,(小型站综合候车室还宜增加 15%);母婴、软席不小于 2.0 m^2;贵宾不小于 3.0 m^2;军人(团体)不小于 1.1 m^2;老弱残 1.3 m^2,小、中型旅客站房建筑面积见表 7-1-3、表 7-1-4。

表 7-1-3　小型旅客站房建筑面积指标表

规模 项目	旅客最高聚集人数				
	50 人	100 人	200 人	300 人	400 人
指标(m^2/人)	5.0	3.8	3.3	3.1	2.9

表 7-1-4　中型旅客站房建筑面积指标表

规模 项目	旅客最高聚集人数						
	500 人	600 人	800 人	1 000 人	1 200 人	1 500 人	1 800 人
指标(m^2/人)	2.8～2.9						

(三)行包房面积与行包数量的确定

小型旅客站房行包房面积一般为 18～90 m²,中型旅客站房行包房面积一般为 175～495 m²。

大型及特大型站房的行包房面积及行包件数的确定因素及计算方法如下:

1. 行包数量的确定

行包数量是指车站年到发行包件数,有中转行包作业的车站还应包括中转作业数。

行包数量可采用人均指标法,根据行包率计算,也可采用增长速度法计算。行包率经验值见表 7-1-5。

表 7-1-5　ε 经验值

车站所在地区	$\varepsilon_{发}$(%)	$\varepsilon_{中}$(%)
省(市)所在地及中型以上		
客运站:一般	16～23	20～25
工业发达城市	20～40	22～30
主要中转站	25～30	25～40
地(市)所在地及小型		
客运站:一般	15～20	10～15
工业发达城市	18～25	15～20
主要中转站	20～35	20～40

2. 行包房面积的确定

行包房面积计算公式见式 7-1 和 7-2:

$$F=\frac{Q\cdot\alpha\cdot\varepsilon\cdot T}{365}Y \tag{7-1-1}$$

式中　F——行包房面积(m^2);

Q——年旅客发送量、中转量;

α——月不平衡系数,采用 1.2～1.5;

ε——行包率;

T——保管天数,采用 0.2～0.9;

Y——每件行包占地面积(0.4～0.45 m^2)。

$$F=0.7H\cdot\alpha\cdot Y \tag{7-1-2}$$

式中　F——行包房面积(m^2);

H——旅客同时最高聚集人数;

α——调整值,采用 1.1～1.5,取值大小与中转行包量大小,车站所在城市,工业、乡镇企业等因素确定。

而《铁路旅客车站建筑设计规范》行包房使用面积计算公式为下式：

$$F = 0.35N \tag{7-1-3}$$

式中　F——行包库使用面积(m^2)；

0.35——每件行包使用面积(m^2)；

N——设计行包库存件数，按发送、中转、到达作业分开计算式如下：

$$N = M \cdot p \cdot s \tag{7-1-4}$$

式中　M——由所在站统计资料提供的距设计时最近年度最高月日均行包作业件数(按发送、中转、到达作业分列)；

s——周转系数，见表 7-1-6；

p——发展系数，按下式计算：

$$p = (1 + g)^n \tag{7-1-5}$$

式中　g——设计前 10 年实际最高月日均行包作业件数的平均递增率，%；

n——统计年度至设计年度(远期)间的年数。

表 7-1-6　周转系数表

作业分类	周转系数
发送	0.5～0.8
中转	0.8～1.5
到达	1.5～2.5

当设计行包库存件数少于 400 件时，行包库使用面积另增 10 m^2。

全国主要客站站房数据见表 7-1-7。

表 7-1-7　全国主要客站站房数据表

	客运发送量(万人)	设计站房容量(人)	客运房屋		
			总面积(m^2)	候车室(m^2)	建成年份
北京站	2 278	12 000	59 373	12 647	1959
北京西	2 429				1997
大津	1 040	10 000	43 395	12 546	1988
石家庄	1 098	7 000	23 110	6 500	1988
太原	879	4 000	14 195	5 001	1973
哈尔滨	1 448	10 000		9 682	
沈阳	1 176	12 000			
沈阳北	1 209				
长春	1 147				
上海	3 648	10 000	52 500	14 552	1987

续上表

	客运发送量（万人）	设计站房容量（人）	客运房屋		
			总面积（m^2）	候车室（m^2）	建成年份
上海南					2004
南京	1 069	10 000			2004
济南	797	—	8 000	3 268	
青岛	431	5 000			
徐州	696	3 000	5 500	3043	
合肥	489				1997
苏州	1 018	3 000	9 600	3 600	
杭州	1 406	7 000			
南昌	1 148	6 000			
福州	518	5 000			
郑州	1 797	20 000	51 000	22 000	
汉口					
武昌	973	4 000	21 000	6 500	
长沙	1 154	6 000			
株洲	580	3 500	7 600	4 900	
广州	2 336	6 000	29 800	7 200	
广州东		7 000			
深圳	1 189	6 000	16 100	7 600	
南宁	415	4 000			1978
柳州	257	4 000	10 200		1988
成都	1 344	7 000	20 000	7 800	1984
重庆	779	5 000	19 700	6 200	1986
重庆北	0	5 000			2006
贵阳	605	7 000	—	—	2005
昆明	690	7 000	—	—	2005
西安	1 517	7 000	16 400	9 300	1985
兰州	552	4 000	11 000		1978
乌鲁木齐	407	4 000			

注：客运发送量数据为2004年。

三、旅客站台及跨线和通信自动化设施

(一)旅客站台设置数量与宽度

办理客运业务的车站和乘降所应设置旅客站台。

1. 旅客站台的分类

旅客站台按其与站房和线路的配置关系,可分为基本站台、中间站台和分配站台三种;按其站台面搞出相邻线路轨顶面的高度,可分为低站台、一般站台和高站台三种。

2. 旅客站台的设置

(1)基本站台

凡办理旅客运输的车站,均应设置基本站台。在尽头式的客运站,设置分配站台。

(2)中间站台

①在单线上,不进行客车交会的中间站,可不设置中间站台。

②在单线上,为考虑旅客列车交会,在 2~3 个区间内,至少选定一个站设置中间站台。

③在县以上所在地的车站及联轨站,考虑其客车停车次数比一般中间站多和有客车技术作业等,可设置中间站台。

④在双线区段行车密度大,一般又不反向接车,因旅客列车按上下行分别停靠关系,故每个车站均应设置中间站台。

⑤在省会和枢纽所在地,或线路客车密度大的主要站,交会车多,有技术作业,有始发客车等,可设置两个或两个以上的中间站台。

3. 旅客站台数量

旅客站台的设置数量和位置,应与旅客站房和旅客列车到发线的布置相配合。而旅客列车到发线数量,应根据旅客列车对数及性质、引入线数量和车站技术作业过程等因素确定,一般参考表 7-1-8 确定。

表 7-1-8　旅客站台设置数量表

始发终到旅客列车对数(对)	到发线数量(条)	旅客站台(个)	始发终到旅客列车对数(对)	到发线数量(条)	旅客站台(个)
12 对以下	3	2	51~57	7~8	4~5
13~24	3~4	2~3	58~73	8~9	5
25~36	4~5	3	74~90	9~10	5~6
37~50	6~7	4	91~100 及以上	11 及以上	6 以上

注:1. 表中幅度可按列车对数大小对应取值。
2. 旅客站台中均包括基本站台一个,其余为中间站台。
3. 客车对数 60 对以前到发线数量修改摘自《站场手册》,之后为推算。

4. 旅客站台宽度

旅客站台的宽度应根据站台两侧同时停靠客车时最大一次上下车人数、行包运输工具的类型、售货车和旅客购物时所需的宽度、车站绿化和站台上设置的天桥、地道、高架候车室、行车室、列检所、售货亭、行包邮件房屋等建筑物和设备的尺寸确定。设计时可参考表 7-1-9。

表 7-1-9　旅客站台宽度表　单位:m

名　称	平均一次上(下)车的最大旅客人数				
	无立交跨线设备		设置立交跨线设备		
	100 人	100～400 人	200～400 人	500～700 人	800 人及以上
中间站台	4～5	5～6	8～9	9～10	10～12
基本站台	6	6～7	8～10	10～12	12～14

5. 旅客站台的长度

旅客站台的长度原则上应满足旅客列车的长度。根据设计规范规定:客运站的旅客站台长度不应小于 550 m;Ⅲ级铁路旅客站台长度不应小于 450 m;特殊困难条件下,个别站台长度可采用 400 m。仅服务于短途和市郊旅客列车的旅客站台长度,应按短途和市郊旅客列车的实际长度确定。尽头式客运站的旅客站台长度,应按上述规定增加机车及供机车出入的必要长度。其他车站的旅客站台长度,应按近期客流量和具体情况确定,但不宜小于 300 m。在人烟稀少地区或客流量较小的车站,站台长度可适当缩短。参见表 7-1-10。

表 7-1-10　客车编挂辆数与站台长度对照表

客车编挂辆数(辆)	站台长度(m)	客车编挂辆数(辆)	站台长度(m)
10	270	16	430
12	320	20	550
14	380		

注:1. 以 25 型客车为准,每辆长度按 26.6 m 计算。

2. 编挂 20 辆计算 532 m 采用 550 m,其他比照设计规范选用 400、300 m。

6. 旅客站台雨棚

根据设计规范要求,客流量、行包装卸量及降雨量较大地区车站的旅客站台应设置雨棚。地道出入口和位于多雨地区的天桥走廊,也应设置雨棚。雨棚长度可按 200～300 m 设置;在大型客运站上,应设置与站台等长的雨棚。雨棚的宽度应与站台宽度相适应,且不应小于中间站台的宽度。

（二）天桥、地道设置条件与宽度

1. 天桥、地道的设置条件

天桥、地道应根据站型、客流量及行包、邮件数量等因素确定，一般应设在：

（1）位于大、中城市的通过式车站上；

（2）旅客上下车人数和行包邮件较多，且旅客由站台至出站口的通路经常被通过列车、停站列车或调车所占用的车站上。

2. 天桥、地道的数量和宽度

天桥、地道的数量和宽度应根据同时上、下车的客流量确定。

位于中等城市的客运站，天桥、地道可设置 1～2 处；位于大城市的客运站，天桥、地道可设置 2 处以上；如客流、行包和邮件数量都很大，可设置或预留行包邮件地道。

天桥、地道的宽度：大型客运站不应小于 6 m，一般客运站不应小于 5 m，其他办理客运业务的车站不应小于 3 m。

（三）通信、客运自动化

旅客车站的通信、客运自动化设备应根据旅客车站建筑规模、总体布局和客运作业需要配置。

1. 旅客车站设置会议电话分机、地区电话、客运播音设备，要符合国家现行标准《铁路通信设计规范》有关规定。

2. 特大型、大型站分别在客运总值班室，客运计划室及广播室设集中电话机。

3. 最高聚集人数在 1 000 人及以上的客站设客运自动化系统，并符合表7-1-11规定。

表 7-1-11　客运自动化系统设置表

名　称	旅客车站建筑规模		
	特大型	大型	中型
列车到发微机通告系统	○	△	△
客运自动广播系统	○	△	—
旅客向导电子显示系统	○	○	△
旅客问讯电视系统	△	—	—
微电脑电话查询系统	○	△	—
监视电视系统	○	△	—
售票检票统计系统	○	○	△
旅客行包微机管理系统	○	△	—

注：1. 表中符号："○"为应设；"△"为宜设；"—"为不设。

2. 特大型、大型站设置客运及行包无线通信系统。最高聚集人数 1 000 人及以上中型客站，设客运及行包无线通信系统。

4. 特大型、大型站列车到发微机通告系统作为中心信源,与客运自动广播系统、旅客向导电子显示系统、旅客问讯电视系统、微电脑查询系统等构成通告显示综合信息系统。

5. 特大型、大型站及有特殊需要的客站设旅客携带物品安检设备。

第二节 货运设施

一、货运站、货场

(一)货运站、货场的类型

1. 按办理的货物品类及服务的对象分类

(1)综合性货运站(货场)

办理多种品类货物,为整个吸引区域服务的货运站(货场)称为综合性货运站(货场)。一般情况下,货运站(货场)应设计为综合性的货运站(货场)。

综合性货场可根据货物品类、作业量、作业性质和货场管理的需要,划分为包装成件货区、长大笨重货区、散堆装货区、零担货区、集装箱货区、牲畜装卸货区和危险品货物货区。

大型货场内可以按货物的到达、发送、中转和方向别划分作业区。

办理水陆联运业务的货场,水运货区和铁路货区应分开布置。

(2)专业性货运站(货场)

办理单一品类货物的货运站(货场)称为专业性货运站(货场)。这类货运站(货场)按办理的货物品类分为:专业性液体货运站(货场);大宗散堆装货物货运站(货场),如煤、砂石料与石灰、木材可设计放在一起,当煤量大时,也可单设专业性煤炭货运站(货场);零担货物货运站(货场);集装箱货运站(货场);危险品货运站(货场)。

2. 按办理作业的性质分类

(1)装车站

车站作业基本以装车为主。

(2)卸车站

车站作业基本以卸车为主。

(3)装卸站

车站作业装卸兼有,我国大部分车站都属此类。

3. 按平面布置形式分类

货运站按车场的布置形式分为通过式和尽头式两种;按车场与货场的相互

配置形式分为横列式和纵列式两种。

货场按车场的布置形式分为贯通式、尽头式和混合式。大型货场宜采用尽头式货场；中型货场宜采用尽头式或混合式货场；小型货场宜采用贯通式或混合式货场。中间站小型货场宜采用贯通式或混合式布置。中间站中型及以上的货场，且作业量较大并配有专门调机取送作业时，也可采用尽头式布置。

（二）货场规模划分

综合性货场规模按运量分为大、中、小型三种，表 7-2-1。

表 7-2-1　货场规模划分表

货场规模	年货运量（Mt）	货场规模	年货运量（Mt）
小型货场	Q＜0.3Mt	大型货场	1Mt≤Q
中型货场	0.3≤Q≤1		

（三）中间站货场的设置条件

铁路区段内不应每站设置货场，应充分发挥铁路和公路的运输效能，通过全面比较集中设置。

在经济比较发达、交通方便的东、中部地区，当发到运量合计（专用线运量除外）在 0.1 Mt 及其以上时，可设置小型综合性货场。

在经济比较落后、交通条件比较差的西部地区，当发到运量合计（专用线运量除外）在 50 kt 及其以上时，可酌情设置小型综合性货场。

（四）枢纽内货运站和货场的设置与分工

枢纽内货运站和货场的数量、分工和配置，应从方便货物运输出发，根据货物作业量、货物品类、作业性质、运营要求、既有设备状况、城市规划和当地交通运输条件等因素比选确定。

根据我国铁路运营实践，结合有关资料分析，枢纽内货运站或货场的设置数量提出以下设计参考意见。

1. 宜设置一个货运站或货场的枢纽

位于小城市的枢纽，一般到发总货运量不满 1.0 Mt 时，宜设置一个货运站或货场。

2. 宜设置多个货运站或货场的枢纽

(1)位于中等城市的枢纽，货场运量在 0.5～2.0 Mt 时，设置 1～2 个规模在 1.0 Mt 左右的货场。

(2)位于大城市和特大城市的枢纽，一般设置两个及两个以上货运站或货场。

（五）货运站、货场的设置地点

1. 中间站货场

中间站的货场位置应靠近主要货源方向一侧，以便运输和管理。

(1)货源在站房同侧，货运量较小时，货场可设在站房同侧；当货运量较大或受当地条件限制时，货场也可设在站房对侧。

(2)货源在站房对侧,不论货运量大小,货场均应设于站房对侧的合适地点;

(3)在有大量散堆装货物或其他季节性货物装卸,并经常组织整列或成组列车到发的车站上,宜在站房对侧设置长货物线。

2. 区段站货场

区段站的货场位置应结合城镇规划、货源方向、地形条件、地方运输工具能力和与铁路交叉的方式、环境保护需要、货物品种及装卸量等确定。

根据我国的运输实践,当运量较小时,货场多设于站房对侧或分设两侧。

3. 枢纽内货运站和货场

(1)在枢纽中的位置

货运站有条件时宜尽量设在环线、迂回线或联络线上,如这些线路上无合适位置时,也可设在由编组站、中间站引出的线路上或设在主要线路上。

货场不宜设在编组站或客运站上。

(2)各种类型的货运站和货场在城市中的位置

①新建综合性货运站和货场,应设置在市区边缘或市郊,以减轻对城市的干扰。

②大宗散堆装货物(如煤、砂石、木材、矿石等)专业性货运站和货场,宜设在市郊并靠近所服务的工业区或加工厂,减少对城市的干扰和污染,并可缩短搬运距离。

③以零担到发为主的货运站和货场宜设在市郊范围内。为了充分利用货运设备,便于货物配装,加速货物运送和车辆周转,零担货物宜集中在一个货运站和货场办理。

仅办理大量零担货物中转的货场,应设在编组站附近。

零担到发量较少,中转量也不大时,到发与中转宜在一个货场办理;当零担到发量和中转量均较大时(到发 50 车/日,中转 100 车/日左右),可以分设到发和中转货场。

④为转运外地各市县物资服务的货运站和货场,应设在市郊便于转运的地方。

⑤危险品专业性货运站和货场,应设在市郊和城市主导风向的下风向和河流的下游地区。

根据设计规范要求,在危险货物比较集中的城市,应设置专业性危险货物货运站或货场。如危险货物较少时,也可在综合性货场内设置危险品货物仓库或货区。

根据铁路运营实践经验,一般在化学工业比较发达,有大量整车和零担危险货物到达和发送的大、中城市,如年运量在 100 kt 以上时,宜设置专业性危险货物货场。

综合性货场的危险货物货区，不应办理爆炸品及放射性货物装卸业务，这些货物应由铁路指定专门的车站办理。

专业性危险货物货场，综合性货场内的危险品货物货区与爆炸品、放射性货物装卸站的地点、位置和主要设备，应符合国家有关规定，并征得当地有关部门的同意。

在专业性爆炸品及放射性货物货场内，一般情况下仅办理爆炸品货物的装卸。货场内一般只设置货物线和装卸站台，不设置储存爆炸品货物的仓库，在受理货物的同时组织装车；货物到达时及时通知货主，卸车同时直接搬入转运车辆。需设置储存仓库时，应留有足够的安全距离。

⑥集装箱货运站和货场，宜设于市郊并便于公路、水运转运的地点。

集装箱专用平车主要技术参数及装载量见表 7-2-2。

表 7-2-2　集装箱专用平车主要技术参数及装载箱量表

	X_{6A}	X_{6B}	X_{6C}	NX_{17A}	NX_{17B}	X_{1K}	XN_{1K}	X_{3TU}
自重(t)	17.8	2 205	20	22.5	22.3	19.75	22	21
载重(t)	60	60	60	60	61	50	60	60
底架长度(mm)	13 000	15 400	15 400	13 000	15 400	13 800	13 900	18 400
底架宽度(mm)	3 090	2 970	3 030	2 980	29 600	3 070	29 700	2 750
载重面高(mm)	1 160	1 160	1 174	1 211/1 234	1 213/1 233	1 160	1 219/1 199	1 159
车辆长度(mm)	13 938	16 338	16 338	13 938	16 338	13 738	14 838	19 338
车辆最大宽度(mm)	3 180	3 170	3 220	3 180	3 165	3 170	3 166	2 926
运行速度(km/h)	100	100	100	100	100	120	100	100
装载箱量 10t(个)	5	6	6	5	6	5	5	-
装载箱量 20ft(个)	2	2	2	2	2	2	2	3
装载箱量 40ft(个)	1	1	1	1	1	1	1	1
装载箱量 50ft(个)	—	1	1	1	1	1	—	1

二、货运设备需要量的计算与确定

(一)货场内装卸设备的设置

货场的货运设备主要包括行车设备、货物装卸设备和其他设备。货物装卸设备包括货物线、仓库、货棚、站台、散堆场、装卸机械等。

1. 货物线和牵出线

为了办理货物运输，货场内需设置各种用途的货物线和牵出线。

2. 货物仓库

为了保管怕湿、贵重货物和零担货物，货场内需设置货物仓库。

3. 货物货棚

货物货棚主要用于保管一般怕湿货物，便于使用机械，但用途有限，货物易丢失，只在大型货场和中转零担货物使用。

4. 货物站台

货物站台可分为普通站台、尽端式站台和高站台。

普通货物站台是指站台面距轨顶高度 1.1m 的站台。普通站台有供设置仓库、货棚的，也有不设仓库、货棚而直接用于堆积货物的。

尽端式站台用于装卸自行移动的货物，如汽车、拖拉机等。

高站台是指高于轨顶面 1.1m 的站台。有大量散堆装货物的装车时，采用高站台可以节省劳力、减轻劳动强度、缩短装车时间。高站台又可分为平顶式、滑坡式和漏斗式三种。

5. 货物仓库、货棚、站台布置形式

货物仓库、货棚宜采用单层矩形布置。地形狭窄或改建困难时，可采用双层或多层仓库。宜采用矩形布置的站台与货物装卸线配置宜采用一台一线的布置形式。如货运量较大，到发量大致平衡时，可采用两台夹一线的布置形式。如办理大量零担中转和到发作业时，可采用三台夹两线的布置形式。

6. 散堆场

散堆场用于存放笨大、粗杂、大宗的不怕湿散堆装货物及集装箱。

(二)货物装卸线的有效长度、散堆场面积和长度

1. 一般规定

货物装卸线的装卸有效长度和货物堆积场地面积和长度，应根据货运量、货物列车性质、各类货物车辆平均净载重、单位面积堆货量、货物占用货位时间、每昼夜取送车次数和货位排数的因素确定。

各类货物的货车平均净载重、单位面积和堆货量、货位宽度和占用货位时间，可采用表 7-2-3 中的数值。

表 7-2-3　各类货物单位面积堆货量、货位宽度和占用货位时间表

序号	货物品类	货车平均净载重(t)	单位面积堆货量(t/m^2)	货位宽度(m)	占用货位时间(d)	
					到达	发送
1	整车怕湿货物	39	0.50	5.5	3	2

续上表

序号	货物品类		货车平均净载重(t)	单位面积堆货量(t/m^2)	货位宽度(m)	占用货位时间(d)	
						到达	发送
2	普通零担货物	到达	26	0.20	9.0	3	—
		发送	26	0.25	9.0	—	2
3	中转零担货物		23	0.15	11.0	1.5	
4	混 合 货 物		34	0.30	8.0	3	2
5	整车危险货物		38	0.50	5.5	3	2
6	零担危险货物		25	0.15	12.0	3	2
7	整车笨重货物		48	1.00	4.0	4	2
8	零担笨重货物		36	0.40	6.5	4	2
9	散堆装货物		54	1.00	4.0	3	2
10	集装箱货物		25	0.26	—	3	2

注：1. 求算单位面积堆货量总面积，库棚内包括纯堆货面积、叉车或人行通道、货盘间作业和堆货间隔面积，但不包括汽车通道和辅助机械走行场地面积。

2. 集装箱货物货位宽度应根据不同箱型和箱位布置确定。

2. 货物装卸线有效长度的计算

货物装卸线有效长度，除应满足平均每次来车的长度外，还应保证货物线两侧有足够的货位长度，因此，应算出二者需要的长度，选择其较大者作为设计的长度，其计算公式见式(7-2-1)和式(7-2-2)。

按平均每次来车数计算时：

$$L=\frac{Q\alpha l}{365q}\cdot\frac{1}{C} \tag{7-2-1}$$

按所需货位数计算时：

$$L=\frac{Q\alpha l}{365q}\cdot\frac{T}{n} \tag{7-2-2}$$

式中 L——货物装卸线的装卸有效长度(m)；

Q——年到发货运量(t)，当设备按到发分开使用时，分别为到达或发送量；零担中转货物的货运量应扣除约占30%的座过车运量；如有双重作业的线路，只按装或卸的最大货运量计算；

α——货运波动系数；

l——货车平均长度(m)，采用14 m；

q——货车平均净载重(t)；

T——货物占用货位的时间(大)；

n——货位排数，即一个车长范围内所容纳的货位个数；

c——每昼夜取送车次数。

3. 仓库、站台、散堆场面积的计算

仓库、货棚、站台、长大笨重货物和散堆货物场地的面积(包括有效面积和搬运机械走行通道、货位间隔距离等辅助面积),需根据货运量、货位占用时间和单位面积堆货量等因素确定,其计算公式见式(7-2-3):

$$F=\frac{Q\alpha T}{365P} \tag{7-2-3}$$

式中 F——堆积场面积(m^2);

Q——年到发货运量(t);

α——货运波动系数;

T——货位占用时间(天),见表 7-2-3。

P——单位面积堆货量,(t/m^2)见表 7-2-3。

每 10 kt 运量所需堆积场面积查用表见表 7-2-4。

表 7-2-4　每 10 kt 运量所需堆积场面积查用表

α	T \ P	0.1	0.2	0.3	0.4	0.5	0.6	0.7	0.8	0.9	1.0
1.05	2	575.34	287.67	191.78	143.84	115.07	95.89	82.19	71.92	63.93	57.53
	3	863.01	431.51	287.67	215.75	172.60	143.84	123.29	107.88	95.89	86.30
1.10	2	602.74	301.37	200.91	150.68	120.55	100.46	86.11	75.34	66.97	60.27
	3	904.11	452.05	301.37	226.03	180.82	150.68	129.16	113.01	100.46	90.41
1.20	2	657.53	328.77	219.18	164.38	131.51	109.59	93.93	82.19	73.06	65.75
	3	986.30	493.15	328.77	246.58	197.26	164.38	140.90	123.29	109.59	98.63
1.30	2	712.33	356.16	237.44	178.08	142.47	118.72	101.76	89.04	79.15	71.23
	3	1 068.49	534.25	356.16	267.12	213.70	178.08	152.64	133.56	118.72	106.85
1.40	2	767.12	383.56	255.71	191.78	153.42	127.85	109.59	95.89	85.24	76.71
	3	1 150.68	575.34	383.56	287.67	230.14	191.78	164.38	143.84	127.85	115.07
1.50	2	821.92	410.96	273.97	205.48	164.38	136.99	117.42	102.74	91.32	82.19
	3	1 232.88	616.44	410.96	308.22	246.58	205.48	176.13	154.11	136.99	123.29
1.60	2	876.71	438.36	292.24	219.18	175.34	146.12	125.24	109.59	97.41	87.67
	3	1 315.07	657.53	438.36	328.77	263.01	219.18	187.87	164.38	146.12	131.51
1.70	2	931.51	465.75	310.50	232.88	186.30	155.25	133.07	116.44	103.50	93.15
	3	1 397.26	698.63	465.75	349.32	279.45	232.88	199.61	174.66	155.25	139.73

续上表

α	T \ P	0.1	0.2	0.3	0.4	0.5	0.6	0.7	0.8	0.9	1.0
1.80	2	986.30	493.15	328.77	246.58	197.26	164.38	140.90	123.29	109.59	98.63
	3	1 479.45	739.73	493.15	369.86	295.89	246.58	211.35	184.93	164.38	147.95
1.90	2	1 041.10	520.55	347.03	260.27	208.22	173.52	148.73	130.14	115.68	104.11
	3	1 561.64	780.82	520.55	390.41	312.33	260.27	223.09	195.21	173.52	156.16
2.00	2	1 095.89	547.95	365.30	273.97	219.18	182.65	156.56	136.99	121.77	109.59
	3	1 643.84	821.92	547.95	410.96	328.77	273.97	234.83	205.48	182.65	164.38

4. 仓库、站台、散堆场的长和宽的确定

(1)仓库(货棚)

仓库的宽度,应根据货运量、货物品类、作业性质、装卸机械类型、取送车组长度以及仓库结构的模数等因素确定。常用仓库跨度宜选用 9 m、12 m、15 m 和 18 m。

仓库的长度,根据需要的堆货面积和采用的仓库宽度计算确定,其计算公式为:

$$L_{仓}=\frac{F}{b} \tag{7-2-4}$$

式中　$L_{仓}$——仓库长度(m);

F——仓库需要的面积(m^2);

b——设计的仓库宽度(m)。

计算结果应按仓库建筑模数调整。

(2)站台

货物站台的长度可根据需要确定。

货物站台的宽度,应根据货运量、货物品类、作业性质、装卸搬运机械设备及站台上仓库的设置等因素确定。普通货物站台长度不宜大于 210 m,零担中转站台不宜大于 280 m。

(3)散堆场

散堆场的宽度应根据货运量、装卸机械类型、货位布置、货位排数、货位宽度等因素确定。

(4)各类地区车站货运量与货运设备

各类地区车站货运量与货运设备类比参考数据见表 7-2-5。

表 7-2-5　各类地区车站货运量与货运设备表

项　目 \ 所在地性质		乡、镇	县城（及县级市）	地区（及地级市）
1. 货场运量(kt)	发送	70	200	300
	到达	80	300	700
	小计	150	500	1 000
2. 货场总面积(m^2)		8 000	16 000	40 000
其中　仓库面积(m^2)		400	1 500	3 000
站台面积(m^2)		1 500	2 500	5 000
散堆场面积(m^2)		2 000	5 000	12 000
其他面积(m^2)		4 000	7 000	20 000
3. 货物装卸线有效长(m)		400	1 000	2 000

注：上表数据根据现状调查资料整理，相当于总样本的大致平均数，供比较参考。

5. 集装箱场面积的计算

集装箱场面积应按年发送、到达的集装箱箱数和中转集装箱数、每一集装箱的底面面积以及集装箱场辅助面积等因素确定。

(1)铁路通用集装箱规格

目前，铁路上使用的通用集装箱有 1、5、10、20、30 吨等五种吨位，其中 5 吨箱已停止生产，3 吨箱亦已淘汰，规格见表 7-2-6。

表 7-2-6　各型集装箱参数表

吨数别	型号	外部尺寸(m)			内部容积(m^3)	重量(t)			每辆 50t 敞车装载箱数
		长	宽	高		自重	载重	总重	
1 t	TJ_1	0.130	0.130	0.090	1.20	0.0175	0.825	1.00	54～56
5 t	5D	1.968	2.438	2.438	9.10	0.840	4.160	5.00	6
5 t	TJ_5B	1.968	2.438	2.438	9.49	0.900	4.100	5.00	6
5 t	TJSC	1.968	2.438	2.591	10.10	0.955	4.045	5.00	6
10 t	10D	4.012	2.438	2.438	19.60			10.00	4
10 t	TBJ_{10}	3.070	2.500	2.650	16.81	1.618	8.382	10.00	4
20 t	ICC	6.058	2.438	2.591	32.10	2.000	18.320	20.320	2
30 t	IAA	12.192	2.438	2.591	65.70	3.400	27.080	30.480	1

(2)集装箱箱数的确定

①确定各类集装箱比例

确定各类集装箱比例时应考虑集装箱货物的品类、体积、重量、流向等因素，适合装何种类型的集装箱以及集装箱办理站的业务范围，即属全国通用办理站或管内办理站，办理何种类型集装箱。并参照营业线典型调查资料或比照相类似的集装箱办理站和调查掌握的有关情况，分析确定各类集装箱的比例。

②计算箱数

按各类集装箱比例，分别计算各类集装箱数。计算公式为：

$$N_{集} = \frac{Q_{集}}{q_{集}} \tag{7-2-7}$$

式中 $N_{集}$——集装箱个数(个)；

$Q_{集}$——各类型集装箱运量(t)；

$q_{集}$——各类型集装箱的载重量(t)。

③集装箱场面积计算

集装箱场面积的计算公式为：

$$F = \frac{N_n \alpha T f_{集} k}{365} + F_{辅} \tag{7-2-8}$$

式中 F——集装箱场面积(m^2)；

N_n——年度发送或到达集装箱数(个)；

α——集装箱发送或到达月度不平衡系数；

T——集装箱保管期限(发送 2 天，到达 3 天，中转 1.5 天)；

$f_{集}$——集装箱底面面积(m^2)；

k——集装箱场地辅助面积系数，一般为 2.0～2.5；

$F_{辅}$——集装箱场地辅助面积按采用装卸机械的类型、汽车通道布置形式、集装箱作业方法等具体情况而定。

(三)装卸机械

在较大的货场内，应按货物品类及作业性质合理配备相应类型和性能的装卸机械。各类货物可参考表 7-2-7 选配装卸机械。

表 7-2-7　各类货物配备装卸机械类型表

货物品类	装卸机械类型
包装成件货物	叉车(配托盘)、输送机、桥式起重机
集装箱	门(桥)式起重机、正面吊
长大笨重货物	门(桥)式起重机、轮胎式起重机、汽车起重机、轨道起重机
散堆装货物	抓斗门(桥)式起重机、装载机、输送机、链斗式装卸机、螺旋式卸车机、坑道输送机(配底开门车)
粉末颗粒状货物	气力装卸机
液体货物	鹤管、上卸及下卸装置

第三节　特种设施

一、冷藏运输设施

为了保证肉、蛋、鱼、水果、蔬菜等鲜活易腐货物的质量完好，铁路运输大都采用冷藏运输。我国目前铁路冷藏运输车分加冰和机械冷藏车两大类。加冰冷藏车为 B_6 型车顶冷藏车。机械冷藏车有 10 辆一组 B_{18} 型，9 辆一组 B_{20} 型，5 辆一组国产 B_{19} 型和进口 B_{21}、B_{22} 型及基于 B_{22} 型的国产 B_{23} 型。

（一）加冰设施

1. 加冰所的分类及配置

（1）始发加冰所

为装车地服务的加冰所称为始发加冰所。始发加冰所的设置，应根据本站易腐货物发送量与邻近加冰所的距离和冷藏车的车流方向等因素综合考虑。如易腐货物装车站距离相邻中途加冰所较近（不超过 250 km），送来的空车又经由中途加冰所，空车可在中途加冰所预先加冰时，则该站可不再设置始发加冰所。

始发加冰所应尽量布置在装车点附近。

（2）中途加冰所

中途加冰所主要为通过的冰箱冷藏车加冰、加盐服务。

中途加冰所在铁路网上的分布，应根据冷藏车内温度在一定时间内的变化情况而定。加冰所间的距离要保证冷藏车在加冰所加冰后，运行到前方加冰所时车内温度不会升高到超过货物所要求的温度。因此，要求冷藏车冰箱内冰的融化量不应超过一定的百分数（例如车端式冰箱冷藏车内冰的融化量不应超过 40％～50％；车顶式冰箱冷藏车内冰的融化量不应超过 80％～85％）。两相邻中途加冰所的距离采用 800～1 000 km 为宜。

中途加冰所以设置在编组站为宜。

全路既有加冰所有：广州西、广州北、株洲北、柳州南、江岸西、郑州北、襄樊北、徐州、济南、天津北、丰台西、杨浦、新龙华、鹰潭、西安东、宝鸡东、成都东、贵阳南、锦州、四平、哈尔滨、博克图、满洲里、集宁北、兰州西、哈密、乌西等站。

2. 加冰所的主要设备及其规模

加冰所设有备冰、储冰、储盐、加冰等设施，规模根据加冰所的性质和任务量确定。始发加冰所需要的冰、盐一般由发货人自备，如铁路有供冰条件，经协商也可由铁路供应。

(1)日加冰车数的确定

日加冰车数按式(7-3-1)计算：

$$N = \frac{H_{上} + H_{下} + H_{始}}{q_{净} Z} k_{冰}(1 + \varphi) \tag{7-3-1}$$

式中　N——日均加冰车数(车)；

$H_{上}$、$H_{下}$——各月份上、下行通过易腐货物运量(t)；

$H_{始}$——各月份始发的易腐货物运量(t)；

$q_{净}$——冰箱冷藏车净载重(t/车)；

Z——当月天数(天)；

$k_{冰}$——使用冰箱冷藏车的易腐货物占总易腐货物运量的比例；

φ——考虑波动及预留的富余程度，一般取 20%。

(2)年加冰量的确定

加冰所年加冰量按式(7-3-2)计算：

$$B = B_{始} + B_{中} + B_{他} \tag{7-3-2}$$

式中　B——年总加冰量(t)；

$B_{始}$——年始发加冰量(t)其值为：

$$B_{始} = N_{始}\, g(1 - k_{盐}) \tag{7-3-3}$$

式中　$N_{始}$——年始发加冰车数(车)；

g——冰箱容冰量见表 7-3-1；

$k_{盐}$——冰箱内掺盐比例见表 7-3-2；

$B_{中}$——年中途加冰量(t)其值为：

$$B_{中} = N_{中}\, g r(1 - k_{盐}) \tag{7-3-4}$$

式中　$N_{中}$——年中途加冰车数(车)；

r——中途补冰量占冰箱容冰量的比例，一般为 55%～58%；

$B_{他}$——其他用冰或损耗量(t)。

表 7-3-1　冷藏车冰箱容冰量

项目 \ 车辆类型	B_6	$B_{6改}$	B_{12}
载　　重(t)	38	38	45
冰箱总容积(m^3)	10.7	10.0	11.4
冰箱容冰量(t)	7.0	7.0	7.0

注：因大型车比重逐渐增大，设计时可按 6～7 t 考虑。

表 7-3-2 易腐货物车内平均温度和冰箱内冰盐比例表

运输要求 货物品类	途中车内温度(℃)		冷藏车冰箱内掺沿(%)			备 注
	冷藏车	机械冷藏车	热季(20℃以上)	温季(1～19℃)	寒季(0℃以下)	
冰箱货物	－5 以下	－9～－12	20～25	15～20	10～15	
贵重水果、叶菜类	0～5	0～3	始发 10～15 中途 5～10	始发 2～10 中途 2～5	加冰或保温	
鲜鱼介类	0～3	0～3	10			视季节、运距、包装内应分层夹碎冰
鲜蛋、卤鱼、其他水果	3～10	0～3	5	2～5		
香蕉、西瓜、菠萝	10～15	9～15	0	0	加冰或保温	顶式冰箱隔箱加冰，端式加 50%

(3)备冰设备

备冰设备根据不同备冰方法而定，备冰方法有三种：冰结法、搬运法、机械制冰法。

①冰结法

冰结法是以人工撒水、天然结冰的方法来备冰的，主要设备是结冰场地。结冰场地面积按式(7-3-5)计算：

$$F=\frac{B}{0.005tqn} \tag{7-3-5}$$

式中 F——结冰场地面积(m^2)；

B——备冰数量(t)；

t——每昼夜外界平均温度(℃)；

q——冰的单位容积，一般为 0.83～0.90 t/m^3；

n——能冰结的天数(天)；

0.005——气温每降低 1℃时一昼夜的结冰厚度(m)。

②搬运法

采用搬运工具从水池、河川等处搬冰，主要设备为搬运工具和临时存冰场。

③机械制冰法

根据年总加冰量或日均加冰车数，确定制冰所的规模，其主要设备为制冰间、制冷间、储冰库、维修及材料间等。

(4)储冰设备

储冰设备包括储冰库或储冰堆，储冰库用来储存制冰机生产的冰，储冰堆储存天然冰。

(5)储盐设备

设置储盐库房时，其面积应根据加冰所最忙季节 30～60 天的用盐量考虑，按每平方米存放 2.5 t 盐计算盐库面积。

(6)加冰设备

加冰设备有加冰台和加冰机。

加冰台有侧式和跨线式，以后者作业较为方便。

加冰台宽度，应满足加冰机械和安全作业等要求，一般侧线式为 4 m，跨线式为 5～6 m。

加冰台长度，根据加冰作业量及一次加冰作业车辆数而定，一般可采用半列冷藏车或一组冷藏车的长度。在始发加冰所，若车站无移动车辆的设备时，加冰台长度可按一列冷藏车考虑。

加冰加盐设备，目前采用的有以下几种：

①皮带输送机运冰，绞车提升机运盐，手推车配合；

②用刮板输送机和手推车配合；

③链斗式提升机运冰，皮带输送机加冰。

(二)机械冷藏车

国外广泛采用新冷源，应用升华温度为－78.9℃的干冰，液体氮和液体二氧化碳也有被用，但用的最多还是机器制冷，B_{22}型为主型机械冷藏车。

在有大量易腐货物装车的机械冷藏列车始发站设置机械冷藏车车辆段，担当该种列车车辆的检修、保养、整备和日常运用工作。

在有机械冷藏列车运行的沿线选适当大站(编组站、区段站)设置机械冷藏车加油站，担当中途加油作业。

(三)冷板冷藏车

冷板冷藏车类型有无制冷机组和有制冷机组两种。前者利用地面制冷机给车上冷板充冷，后者利用车上制冷机给车上冷板充冷(利用地面电源)。

(四)冷藏集装箱

冷藏集装箱的种类有：

(1)水冰冷藏箱。

(2)干冰冷藏箱。

(3)冷板冷藏箱。

(4)夹套冷藏箱。

(5)气调冷藏箱。

(6)低压冷藏箱。

(7)液体空气冷藏箱。

(8)液体二氧化碳冷藏箱。

(9)液氮冷藏箱。

(10)机械冷藏箱。

二、牲畜运输设施

牲畜运输设施包括：牲畜露天站台、牲畜圈、饲料棚、引水处和其他辅助设施。为满足通过牲畜的运输需要，在区段站、编组站或在距离100～200 km的车站设置供牲畜引水的给水栓。

牲畜露天站台高度一般为1.1 m，宽度不小于4 m，长度应按照牲畜装车数和车型确定。站台上应设置可移动的装车架和活动栅栏。牲畜圈一般应根据牲畜车装载牲畜量及每头牲畜占用面积等因素确定。参见表7-3-3、表7-3-4。

表7-3-3　每头牛马占用面积尺寸

种类 车型	牛		马	
	黄牛	水牛	小马	大马
长度(m)	1.30～2.15	1.50～2.25	2.50～2.85	2.90～3.10
宽度(m)	1.00～1.45	1.20～1.65	1.40～1.65	1.70～1.85

表7-3-4　牲畜车装载牲畜头数

种类 车型	牛、马	猪、羊	
		双层装车	三层装车
30 t专用车	14～18	110～120	150～160
50 t专用车	18～22	120～130	170～180

三、货车清扫

(一)设置条件和位置

1. 设置条件

根据铁路《危险货物运输规则》要求，凡装过危险货物的车辆，卸车后必须进行彻底清扫；对装过剧毒品的车辆，卸车后必须进行洗刷。如车辆受到危险货物污染或有刺激异臭等气味，必须进行洗刷和消毒。未经洗刷、消毒的车辆严禁使用。装过牲畜、畜产品、活动物、鲜鱼蚧类、污染物等货物的车辆，也应根据具体情况，卸完后进行彻底清扫、洗刷和消毒。因此，在有大量危险货物、牲畜、畜产品、水产品和鲜货的卸车站或排空较多的编组站，可根据需要设置洗刷消毒所。

当卸车量不多而卸车点比较分散时，应在能够吸引上述货物卸空回送车辆的编组站或区段站上集中设一个货车洗刷消毒所。在卸车量不多而又不需要严格消毒时，也可以在车站上设置有供水管路的专用线上，进行清扫洗刷作业。

2. 位置选择

在有大量危险货物、牲畜、污秽品的卸车站，货车洗刷、消毒所一般设在货场附近。主要为排空车辆的货洗所，可设于调车场附近。在专门设置的危险品货运站(货场)，也可结合危险货物货运站设置。

为了避免污染城市，货洗所应与城市有一定距离，并设于主导风向的下风方向和河流的下游，同时征得有关部门同意。此外，货洗所与编组站、货场应有便捷的通路，避免与正线干扰。

(二)消毒、洗刷分类与方法

1. 消毒、洗刷车辆分类

消毒、洗刷车辆分类见表 7-3-5。

表 7-3-5 消毒洗刷车辆分类表

车辆种类	待洗刷消毒车辆的性质	说 明
第一类	卫生条件完全良好及无毒害性的一般污染车辆	在一般洗车台位进行洗刷
第二类	有临时性污染而不剧烈，或疑是污染痕迹不显著及有害货物污染的东西	在特洗台位进行洗刷
第三类	有持久强烈的污染性或疑似持久性的污染痕迹显著者及放射性物品污染的车辆	通知卫生防疫部门或公安部门处理

注：1. 洗刷车类百分比，一般第一类为 85%，第二、三类为 15%。

2. 无毒害性的污染车辆是指含酚化物以外的危险品货物；

3. 有害货物污染车辆是指装过酚类化合物(包括沥青、油枕、油毡等)而有污染的车辆。

2. 消毒、洗刷方法

消毒洗刷作业前，要有一定时间的通风，并彻底清扫残货，分别采用水(水管压力一般为 300～400 Pa，热水温度不小于 60℃)、酸、碱溶液或其他药剂进行消毒洗刷。

(1)装过危险货物的车辆，一般可按表 7-3-6 所列方法进行消毒洗刷。

表 7-3-6　车辆洗刷消毒方法

编号	洗刷、消毒用药剂	洗刷、消毒方法
1	水(具有一定压力的自来水)	用大量水冲洗
2	稀盐酸(浓盐酸用水冲淡 20 倍)	药剂浸湿车板后,用自来水大量冲洗
3	碱或肥皂水(烧碱或纯碱用水冲淡 50 倍)	
4	硫化硫酸钠(用水冲淡 30 倍)	
5	放射性货物用大量水冲洗,遇有放射性物质散落污染时,须先用肥皂水洗刷后,再用水大量冲洗。	

(2)装过牲畜、活动物、畜产品、鲜鱼蚧类、污秽品等货物的车辆,也可分别按类进行消毒洗刷。

(三)货车消毒洗刷所的主要设备

1. 洗车台

洗车台可根据作业量和地形、站场布置等条件不同,布置在洗车线一侧或布置在两条洗车线中间。

洗车台台位数可按式(7-3-6)计算:

$$N = \frac{n}{C}\alpha_{波} \tag{7-3-6}$$

式中　N——洗车台台位数,洗车台位一般取单侧 6 台位或双侧 12 台位;

n——每昼夜消毒洗刷车辆数;

C——每昼夜取送车次数;

$\alpha_{波}$——不均衡系数,一般可采用 1.2～1.3。

2. 洗车线

洗车线的数量与长度和洗车台相配合,其布置可设于洗车台的一侧或两侧。如作业量较小时,可将各类洗车线合并设置,但应分别设置一、二类车辆的排水沟,污水分别流入不同的污水池。洗车线附近还需独立设置一、二类牲畜车辆的堆粪场和危险货物车辆垃圾堆放场地,相互要留有一定的空间位置。

3. 水泵房、热水罐及锅炉房

4. 污水处理池

应分别设置一二类车辆的污水处理池。对一类车污水,一般加碱进行消毒处理;对二类车污水,可考虑采用生化处理。

四、军 供 站

军供站是军用饮食供应站的简称。修建军供站时,要贯彻统筹安排、因地制宜、经济合理、方便部队的原则,进行总体规划和设计。

军供站分为两级：一级军供站设在军事运输繁忙，常年有供应任务的铁路枢纽内的车站上，其占地面积 9 000～12 000 m^2，房屋建筑面积为 2 560～2 830 m^2。二级军供站设在军事运输较忙，间断有供应任务的编组站或区段站上，其占地面积 6 000～9 000 m^2，房屋建筑面积为 2 000～2 200 m^2。

中间站一般不设军供站。

军供站的位置，应尽量布置在靠近车站到发线、站台及其他设施的地方。如因特殊原因不能利用这些设施时，应另修军用饮食供应线、站台、客车给水栓及通站道路等项目，以保证部队上下车、进站就餐以及送饭、送水车顺利通行的条件。

第八章　货运量计算的主要参数

第一节　主要物资分使用方向的消耗指标

一、电力(表 8-1-1)

表 8-1-1

产品名称	计算单位	数量	附　注
(一)国内生产总值平均电耗	10^9 kW·h/亿元	0.13	2007 年全国平均
(二)单位产品电耗	kW·h/t		
钢铁生产综合	kW·h/t	320～420	综合参考指标
电炉钢冶炼	kW·h/t	400～410	综合参考指标
硅铁冶炼	kW·h/t	8 000～9 000	综合参考指标
电解铜	kW·h/t	400～500	综合参考指标
电解铝	kW·h/t	18 000～20 000	综合参考指标
电解锌	kW·h/t	3 800～4 300	综合参考指标
纯碱(联碱法)	kW·h/t	230～250	综合参考指标
纯碱(氨碱法)	kW·h/t	100～120	综合参考指标
烧碱(隔膜固碱)	kW·h/t	2 330～2 360	综合参考指标
合成氨(大、中型)	kW·h/t	1 220～1 250	综合参考指标
电石	kW·h/t	3 400～3 430	综合参考指标
水泥	kW·h/t	90～100	综合参考指标
平板玻璃	kW·h/重量箱	9～10	综合参考指标
粘胶纤维(短丝)	kW·h/t	1 450～1 470	综合参考指标
粘胶纤维(长丝)	kW·h/t	7 750～7 800	综合参考指标
纺纱(混合)	kW·h/t	2 130～2 150	综合参考指标
新闻纸	kW·h/t	500～600	综合参考指标
民用(人均生活用电)	kW·h/人年	274.9	2007 年平均

二、煤(表 8-1-2)

表 8-1-2

产品名称	计算单位	消耗指标	附　注
(一)每亿元国内生产总值平均耗煤	t/亿元	1.04	2007 年全国平均
(二)单位产品煤耗			
煤矿生产自用率	%	2.0~4.0	参考指标
发电(标煤计)	g/kW·h	350~360	参考指标
供热(标煤计)	kg/百万 kj	40~42	参考指标
炼焦(全焦耗洗煤)	t/t	1.3~1.4	参考指标
烧结矿	kg/t	80~100	参考指标
炼钢(平炉)	kg/t	170~200	参考指标
轧钢(非连轧)	kg/t	120~160	参考指标
粗铜综合煤耗	kg/t	1 000~1 030	参考指标
粗铅综合煤耗	kg/t	600~620	参考指标
粗锌综合煤耗	kg/t	1 080~1 100	参考指标
氧化铝综合煤耗	kg/t	1 140~1 170	参考指标
纯碱	kg/t	240~250	参考指标
烧碱(固体)	kg/t	380~420	烘干用
苛化法烧碱	kg/t	110~120	原料用
合成氨耗白煤	kg/t	1 400~1 600	参考指标
水泥熟料(标煤)	kg/t	150~160	参考指标
平板玻璃(标煤)	kg/重量箱	21~25	参考指标
机制砖	t/万块	0.9~1.2	参考指标
石灰	t/t	0.2~0.3	参考指标
机制纸	t/t	0.7~1.0	参考指标
机制糖	t/t	0.8~1.0	参考指标
真空制盐	t/t	0.8~1.0	参考指标
棉纱(耗标煤)	t/t	0.1~0.2	参考指标
蒸汽(耗标煤)	kg/吨汽	100~120	表压 8~12
日用陶瓷	t/t	1.0~1.2	参考指标

三、焦炭(表 8-1-3)

表 8-1-3

产品名称	计算单位	消耗指标	附　注
高炉炼铁入炉焦比	kg/t	396	2008 年重点企业平均
机械工业化铁炉焦耗	kg/吨铁水	120	参考指标
粗铜(火法冶炼)	t/t	1.0～1.5	参考指标
合成氨生产(84%)	t/t	1.2～1.4	参考指标
黄磷(电炉法)	t/t	2.0	参考指标
电石	t/t	0.6	参考指标

四、石油及其制品(表 8-1-4)

表 8-1-4

产品名称	计算单位	消耗指标	附　注
亿元国内生产总值耗原油	t/亿元	0.22	2007 年全国平均
油田生产自耗	%	1.5	参考指标
原油加工耗燃料油	kg/t	9.0	参考指标
发电耗渣油	$t/10^4 kW \cdot h$	2.0	参考指标
生铁冶炼(喷吹)	kg/t	50	参考指标
炼钢耗重油	kg/t	80～250	参考指标
氧化铝耗重油	kg/t	130	参考指标
合成氨造气用重油	kg/t	775	参考指标
合成氨生产燃料用重油	kg/t	535	参考指标
平板玻璃	kg/重量箱	25	参考指标
乙烯生产耗原料油(轻柴油)	t/t	2.2～2.5	参考指标
乙烯(裂解法)耗裂解原料油	t/t	3.0～3.2	参考指标
运输业用油			
铁路内燃机车耗油	$kg/10^4 t \cdot km$	25	2004 年全国平均
公路客运百人公里耗油	L/百人 km	柴油 9.8/汽油 10.8	2004 年全国平均
公路货运百吨公里耗油	$L/10^2 t\ km$	柴油 5.5/汽油 7.4	2004 年全国平均
海运耗柴油	kg/千吨海里	8.0～9.0	参考指标
内河航运耗柴油	$kg/10^3 t\ km$	6.0～7.0	参考指标

五、钢铁及其制品(表 8-1-5)

表 8-1-5

产品名称	计算单位	消耗指标	附　注
(一)综合平均			
每亿元 GDP 消耗钢材	10^4 t/亿元	0.23	2007 年全国平均
每亿元全社会固定资产投资消耗钢材	10^4 t/亿元	0.49	2007 年全国平均
(二)钢铁冶炼			重点钢铁企业平均
转炉钢耗金属料	kg/t	1 109	2003 年全国平均
其中:生铁	kg/t	998	2003 年全国平均
电炉钢耗钢铁料	kg/t	1 121	2003 年全国平均
其中:生铁	kg/t	300	2003 年全国平均
轧钢综合成材率	%	94.9	2003 年全国平均
(三)机械制造			
铸件耗钢铁	kg/t	1 300～1 500	参考指标
每吨机床耗铸铁	kg/t	1 100～1 150	参考指标
每吨机床耗钢材	kg/t	230～250	参考指标
建筑机械耗钢材	kg/t	1 050～1 100	参考指标
石油机械配件耗钢材	kg/t	1 200～1 250	参考指标
通用机械配件耗钢材	kg/t	800～860	参考指标
工业锅炉制造耗钢铁	kg/t 蒸发量	4 500～5 000	参考指标
一般轴承耗轴承钢	t/万套	17～19	参考指标
(四)基本建设			
一般民用建筑耗钢筋	kg/m²	27～30	参考指标
新建铁路耗钢材	t/km	130～150	不含轨料
新建公路耗钢材	kg/t	15～30	参考指标

六、金属矿石、非金属矿石(表 8-1-6)

表 8-1-6

产品名称	计算单位	消耗指标	附　注
(一)金属矿石			
生铁耗铁矿石(50%计)	kg/t	2 000	参考指标
粗铜耗铜精矿(16%计)	t/t	6.5	参考指标
粗铅耗铅精矿(50%计)	t/t	2.2	参考指标
粗锌耗锌精矿(48%计)	t/t	2.3	参考指标
氧化铝耗铝土矿(Al_2O_3 60%)	t/t	1.8	参考指标
电解铝耗氧化铝	t/t	1.9～2.0	参考指标
精锡耗锡精矿(45%计)	kg/t	2.2	参考指标
锰铁耗锰矿(20%计)	kg/t	2.3	参考指标
(二)非金属矿石			
冶炼生铁耗石灰石	kg/t	500～600	参考指标
生产烧结矿耗石灰石	kg/t	220～250	参考指标
有色冶炼耗石灰石	kg/t	280～300	参考指标
氧化铝烧成耗石灰石	t/t	1.0～1.4	参考指标
苛化法烧碱耗石灰石	t/t	1.5	参考指标
电石生产耗石灰石	t/t	2.2	参考指标
水泥熟料耗石灰石	t/t	1.1	参考指标
石灰生产耗石灰石	t/t	1.5～1.6	参考指标
机制糖耗石灰石	t/t	0.37～0.39	参考指标
水泥生产耗石膏	kg/t	40	参考指标
耐火砖耗粘土	t/t	1.27	参考指标
平板玻璃耗石英砂	kg/重量箱	30～40	参考指标
(三)化学矿石			
硫酸耗硫铁矿(S 35%)	kg/t	1 000	参考指标
磷肥综合耗磷矿(30%计)	t/每吨 P_2O_5	4.0～4.5	参考指标
普钙耗磷矿(30%计)	kg/吨普钙	750	普钙按 P_2O_5 18%计
重钙耗磷矿(30%计)	t/吨重钙	2	重钙按 P_2O_5 46%计
磷铵耗磷矿(30%计)	t/吨磷铵	2.0	平均含 P_2O_5 46%
黄磷生产耗磷矿(26.5%计)	t/t	10～11	一般指标
硝酸磷肥耗磷矿(30%计)	kg/t	550	平均含 P_2O_5 13.3%
钙镁磷肥耗蛇纹石	kg/t	450～600	参考指标
生产钾肥耗明矾石	kg/t	1200	参考指标

七、水泥、矿建材料(表 8-1-7)

表 8-1-7

产品名称	计算单位	消耗指标	附　注
民用建筑每平方米耗水泥	kg/m^2	150～200	参考指标
铁路建设每公里耗水泥	t/km	1600～2 000	参考指标
公路建设每公里耗水泥	t/km	250～350	参考指标
民用建筑耗石料	t/m^2	0.35～0.50	参考指标
铁路养护道碴	t/km	250～300	参考指标
沥青路面耗石料	m^3/km	1900～2 000	参考指标

八、化工原料(表 8-1-8)

表 8-1-8

产品名称	计算单位	消耗指标	附　注
(一)硫酸			
普钙耗硫酸	kg/吨 P_2O_5	2050～2080	参考指标
磷酸耗硫酸(湿法)	t/t	2.5	磷酸按 P_2O_5 100%计
磷铵综合耗硫酸	t/t	1.2～1.3	磷铵按 P_2O_5 50%计
重钙综合耗硫酸	t/t	1.0	重钙按 P_2O_5 46%计
粘胶纤维(短纤)耗硫酸	t/t	0.75～0.85	参考指标
粘胶纤维(长丝)耗硫酸	t/t	1.2～1.3	参考指标
(二)烧碱、纯碱			
铝氧耗纯碱(烧结法)	kg/t	110	参考指标
铝氧耗纯碱(联合法)	kg/t	65	参考指标
苛化法烧碱耗纯碱	kg/t	1 300～1 400	参考指标
平板玻璃耗纯碱	kg/重量箱	10～11	参考指标
本色化学木浆耗纯碱	kg/t	463	参考指标
粘胶纤维(短纤)耗纯碱	t/t	0.55	参考指标
粘胶纤维(长丝)耗纯碱	t/t	0.76	参考指标
(三)其他			
聚乙烯(低压)耗乙烯	kg/t	1 000～1 050	参考指标
聚乙烯(高压)耗乙烯	kg/t	1 023	参考指标

续上表

产品名称	计算单位	消耗指标	附　注
聚丙烯耗丙烯	kg/t	1 054	参考指标
氯丁橡胶耗电石(300 L/kg)	kg/t	3 064	参考指标
聚乙烯醇(88.87%)耗乙烯	kg/t	642	参考指标
聚乙烯醇耗电石(300 L/kg)	kg/t	2 069	参考指标

九、木材(表 8-1-9)

表 8-1-9

产品名称	计算单位	消耗指标	附　注
(一)工业生产			
本色化学木浆耗木材	m^3/t	4～5	参考指标
机械纸浆耗木材	m^3/t	2.5	参考指标
煤矿开采耗坑木	$m^3/10^4 t$	20～25	参考指标
(二)基建			
煤矿建设耗木材	$m^3/10^4 t$ 能力	40～60	参考指标
民用建筑每平方米耗木材	m^3/m^2	0.01～0.02	参考指标
铁路建设每公里耗木材	m^3/km	600～800	参考指标
公路建设每公里耗木材	m^3/km	80～90	一级公路
公路建设每公里耗木材	m^3/km	10～20	三级公路

十、盐(表 8-1-10)

表 8-1-10

产品名称	计算单位	消耗指标	附　注
纯碱生产耗盐(平均)	kg/t	1 450～1 480	参考指标
纯碱生产耗盐(氨碱法)	kg/t	1 480～1 500	参考指标
纯碱生产耗盐(联碱法)	kg/t	1 160～1 180	参考指标
烧碱生产耗盐(隔膜法)	kg/t	1 630～1 650	参考指标
烧碱生产耗盐(离子膜法)	kg/t	1 550～1 570	参考指标
人均食盐消耗	kg/人年	7	参考指标

第二节　主要工业生产用原材料消耗参考指标

本节所列参考数值一般仅指净值，例如煤、各类矿石等矿产品均为干基重量，不含外在水分，特别是精选后含水量较大，一般都在10%左右，另外成品也仅指净重，未包括包装重量。由于设备工艺上的差异，操作水平以及原材料质量的差异，各厂的原材料消耗及厂外运输量指标是不同的。本节所列指标均为参考指标，可供分析计算货物运输量使用，选用时要作具体分析。

一、煤炭工业

（一）每万吨原煤所需材料参考指标（表 8-2-1）

表 8-2-1

	炸药(t)	钢材(t)	水泥(t)	坑木(m^3)
矿井开采	3～3.5	15～20	25～30	10～30
露天开采	10～12	12～14	20～22	—

（二）全国重点煤矿技术经济指标（表 8-2-2）

表 8-2-2

	单位	指　标
企业耗坑木	$m^3/10^4t$	27.67
原煤综合耗电	$kW \cdot h/10^4t$	56.19
洗精煤回收率	%	53.09
采煤机械化程度	%	74.43
原煤入选比重	%	44.78
炼焦煤入选产率	%	61.05
动力煤入选产率	%	86.39

（三）煤炭开采主要技术经济指标变化趋势（表 8-2-3）

表 8-2-3

年　度	原煤生产耗坑木($m^3/10^4t$)	原煤综合耗电($kW \cdot h/10^4t$)	采煤机械化程度(%)	洗精煤回收率(%)	洗精煤灰分(%)
1975年	127.4	30.3	27.8	54.9	11.0
1980年	90.4	34.3	37.1	56.2	10.3
1985年	62.7	37.3	45.0	55.0	10.3

续上表

年　度	原煤生产耗坑木($m^3/10^4t$)	原煤综合耗电($kW·h/10^4t$)	采煤机械化程度(%)	洗精煤回收率(%)	洗精煤灰分(%)
1990年	35.6	40.2	63.7	55.4	10.3
1995年	36.5	52.6	72.0	54.0	10.4
1996年	31.4	60.0	73.3	53.9	10.0
1997年	29.9	54.9	73.3	53.6	9.9
1998年	27.7	56.2	73.6	53.1	9.8

二、石油工业

(一)原油生产

1. 原油生产技术经济参考指标(表8-2-4)

表8-2-4

名　　称	计算单位	数量	附注
钢材	$t/10^4t$	20～25	参考指标
水泥	同上	20～25	参考指标
木材	$m^3/10^4t$	1～2	参考指标
企业原油自用率	%	1.4～1.6	参考指标
企业原油损耗率	%	2.00	参考指标
原油生产耗电	kW·h/t	140～150	参考指标

2. 油田运输量参考指标

油田所需物资主要为钢材、水泥、器材工具及其他货物等,运入总量按油田规模的10%考虑。原油商品率平均为95%左右。

(二)石油加工

1. 处理每吨原油消耗指标(表8-2-5)

表8-2-5

指标	电(kW·h/t)	燃料油(kg/t)	催化剂(kg/t)	蒸汽(t/t)
数量	66.74	14.61	1.5	0.5

2. 炼油厂一般回收指标(表8-2-6)

表 8-2-6

回收指标	汽、煤、柴、润总收率(%)	轻质油收率(%)	石油产品综合商品收率(%)	加工损失率(%)
2000 年全国平均水平	60	69.00	90～94	1.32
中国石油天然气集团公司	59	67.31	90	1.30
中国石化集团公司	62	70.59		

3. 中石油集团重点炼厂成品油回收率(表 8-2-7)

表 8-2-7

	原油加工量(10^4t)	四大类产品回收率(%)				
		汽油	煤油	柴油	润滑油	合计
抚顺石化公司	757	18.1	4.0	39		70.0
大连石化公司	518	25.2	6.0	30.8	4.0	66.0
独山子石化总厂	530	14.4	4.0	41.1	2.7	62.2
大庆石化总厂	330	19.2	3.3	40.8	3.7	67.0
吉化集团	450	17.8	—	20.9	0.8	39.5
锦州石化集团	385	21.5	2.8	38.4	—	62.6
锦西炼化总厂	445	18.5	3.7	34.6	1.8	58.6
大庆油田化工总厂	352	20.6	0.1	29.4	0.6	51.0
兰州炼化总厂	411	17.1	4.3	33.1	6.3	60.8
西太平洋石化公司	426	23.0	11.3	37.9		72.3
乌鲁木齐石化总厂	332	24.6	4.2	39.6	—	68.3
辽阳石油化纤公司	280	0.4	3.6	34.4	—	38.4

4. 石油炼厂运输量分析

炼油厂所需原油一般经管道和铁路运输供给，由于设备工艺和产品区别及原油质量的差异，各炼厂的外运量不尽相同。运出成品油和石化产品总量约为加工量的 90%左右。

三、电力工业

(一)火电厂各类型机组燃料需要量指标(表 8-2-8)

表 8-2-8

每台机组容量(10^4 kW)	机组型式	标准发电煤耗(g/kW·h)	年最大利用时数(h)	全年折合实物燃料需要量		
				标准煤(10^4 t)	石油/渣油(10^4 t)	原煤(10^4 t)
5	N_{50}—90	380	6 000	11.36	8.15	15.9
7.5	N_{75}—90	380	6 000	17.11	12.23	23.9
10	N_{100}—90	360	6 500	23.40	16.70	32.8
12.5	N_{120}—130	330	7 000	28.90	20.60	40.4
20	N_{200}—130	332	7 000	46.43	33.20	65.0
30	N_{300}—165	325	7 000	68.22	48.40	95.3
60	N_{600}—165	322	7 000	135.00	96.60	189.0

注:1. 标煤发热量为 29 330 kJ/kg(7 000 大卡/kg),原煤为 20 950 kJ/kg(5 000 大卡/kg);原油及渣油发热量为 41 062 kJ/kg。

2. 电厂耗原煤量一般也可按 2.5 10^4 t/10^4 kW 计算,应根据机组容量年发电小时所用原煤的质量分析。

(二)2002 年全国电力工业主要技术经济指标(表 8-2-9)

表 8-2-9

项 目	单位	指标	项 目	单位	指标
平均发电耗标煤	g/kW·h	356	发电设备平均利用小时	小时/年	4848
平均供电耗标准煤	同上	383	线路损失率	%	7.52
电厂自用率	%	6.15			

注:6 000 kW 及以上火电厂。

四、钢铁工业

(一)采　　选

1. 生产 1 t 铁矿石消耗指标(见表 8-2-10)

表 8-2-10

材料名称	计量单位	露天矿			坑内矿
		大型	中型	小型	
炸药	kg/t	0.1～0.2	0.1～0.2	0.1～0.2	0.4～0.5
电力	kW·h/t	1.5～1.8	2.5～3.0	1.5～2.5	15～20
工具设备	kg/t	0.9～1.2	0.8～1.1	0.3～0.5	0.8～1.2

2. 选矿

选矿乃是采矿和冶炼的一个中间环节。根据矿石的种类不同，所用的选矿方法也不同，通常主要用磁选、浮选两种方法。选矿消耗的原材燃料主要为原矿、电力、钢球、铁球及衬板等，有关参考指标：原矿品位 28.0%～32.5%，精矿品位 58.0%～64.0%；选矿比为 2.0～3.0 倍，电耗 25～40 kW·h/t，钢球1.5～2.5 kg/t，铁球 1.0～1.5 kg/t。2003 年全国铁矿选矿主要技术经济指标：原矿品位 32.6%，精矿品位 64.3%，尾矿品位 10.62%，选矿金属回收率 81.6%（一吨精矿需 2.4 t 原矿）。

（二）炼　　铁

1. 烧结

矿粉和精矿粉不能直接入炉冶炼，须掺入适当的煤或焦粉、石灰石粉用烧结机烧成烧结矿。使用烧结矿炼铁可以降低焦炭和石灰石消耗，增加生铁产量，大型钢铁企业一般均配设烧结厂。生产 1 t 烧结矿所消耗的主要原材燃料参考指标：精矿粉(60%)750～850 kg/t，煤或焦粉 80～100 kg/t，溶剂（石灰石）220～300 kg/t，电耗 18～25 kW·h/t。2007 年全国重点钢铁企业烧结矿平均品位为 57.3%。

2. 生产 1 t 生铁原材料消耗指标（表 8-2-11）

表 8-2-11

品名	单位	数量	附注
铁矿石	kg/t	1 830～2 200	铁矿石品位 50%左右
石灰石	同上	865～500	烧结矿、铁矿石各占 50%时为 500 kg
锰矿	同上	45～10	
焦炭	同上	550	
辅助材料	同上	25～20	

现代化高炉以重油、煤粉或天燃气喷入炉内代替部分焦炭作燃料，目前重油、煤粉可代替焦炭使用量的 1/3 左右。其中每吨重油折合焦炭 1.2 t，每吨煤粉折合焦炭 0.8 t。2007 年全国重点钢铁企业高炉炼铁平均技术经济指标：喷吹煤粉 135 kg/t，入炉焦比 396 kg/t，入炉矿品位 57.35%。

3. 重点钢铁企业炼铁主要技术经济指标（表 8-2-12）

表 8-2-12

项　目	2008 年上半年	2007 年	2006 年	2005 年	2004 年
全国生铁产量，10^4 t	26 319.48	46 944.63	40 416.70	33 741.13	25 185.05
高炉利用系数，t/(m^3·d)	2.616	2.677	2.675	2.642	2.516

续上表

项　　目	2008年上半年	2007年	2006年	2005年	2004年
综合焦比,kg/t	522	518	516	522	526
入炉焦比,kg/t	398	392	396	412	427
喷煤比,kg/t	134	137	135	124	116
入炉矿品位,%	57.30	57.71	57.78	58.03	58.21
炼铁工序能耗,kgce/t	430.58	426.84	430.59	445.71	466.20

(三)炼钢(表 8-2-13)

表 8-2-13

原料名称	计算单位	电炉炼钢		转炉炼钢	
		一般指标	全国平均	一般指标	全国平均
金属料	kg/t	1 050～1 150	1 121	1 100～1 200	1 110
其中:生铁	同上	150～350	300	950～1 100	998
废钢铁	同上	750～1 000	784	50～100	94
合金料	同上	25～40	31	10～18	16
电力消耗	kW·h/t	550～750	403	—	—
溶剂、耐火材料	kg/t	130～180	—	230～300	—

注:全国平均为2003年全国重点企业平均。

(四)轧钢(表 8-2-14)

表 8-2-14

品　　名	计量单位	参考指标
钢锭	kg/t	1 100～1 300
轧辊	同上	14～22
油类	同上	5
机械设备	kg/t	8～12
电力	kW·h/t	70～80
标准煤	kg/t	100～140

(五)炼　　焦

1. 炼焦配煤比例

一般用于炼焦的煤种为气煤、肥煤、主焦煤及瘦煤,其配煤比例(见表 8-2-15)

表 8-2-15

	气　煤	肥　煤	主焦煤	瘦　煤
一般比例(%)	40	24	21	15
煤种波动范围(%)	30～60	10～40	5～50	5～25

2. 炼焦耗煤参考指标

一般每吨焦炭耗洗精煤 1.4 t 左右。2003 年全国重点钢铁企业平均结焦率 77.30%,吨焦耗洗精煤 1 380 kg。

(六)耐火材料参考指标

冶金用耐火材料主要有黏土砖、高铝砖、镁砖、镁砂、石灰、白云石和耐火粘土等等,其耐火材料制品所需的原料和燃料参考指标(表 8-2-16):

表 8-2-16

耐火材料制品	原料和燃料消耗指标(t/t)		
粘土砖	粘土熟料 0.93	粘土结合料 0.33	重油 0.12
高铝砖	高铝熟料 1.01	软质粘土 0.12	
镁砖	制砖镁砂 1.04	高铝熟料 0.03	重油 0.17
焦油白云石砖(炉衬)	白云石 1.85	沥青 0.09	焦炭 0.33

五、有色冶金工业

(一)采矿和选矿参考指标

铜、铅锌等有色金属矿藏一般都是伴生的。采矿需要消耗的主要材料有炸药、雷管、钢钎等,开采每吨原矿综合材料消耗约 0.5 kg 左右,数量很小。

选矿生产主要材料消耗为钢球、钢棒、衬板、药剂等,每吨原矿选矿综合材料消耗:铜、铅锌选矿为 3～5 kg,金矿选矿为 2 kg 左右,砂锡选矿为 0.13 kg 左右,脉锡选矿为 0.48 kg 左右,硫铁矿选矿为 12 kg 左右,磷矿选矿为 7 kg 左右。

选矿作业基本包括破碎、选别、脱水三个作业过程,其中选别作业一般是在水中进行的。因此,脱水干燥每吨精矿一般需用煤 30～50 kg。

有色金属选矿回收率参考指标:铜 88%,铅 84%,锌 84%,镍 86%,钨 80%,锡 71%,钼 86%。

(二)冶炼参考指标

1. 铜

火法冶炼粗铜主要材料消耗(表 8-2-17)

表 8-2-17

材料名称	计量单位	参考指标	附　　注
铜精矿	t/t	5～7	铜精矿品位为 21%～16%
溶剂	同上	1～1.3	
煤/焦	同上	1～1.2	反射炉耗煤，鼓风炉耗焦。
耐火材料	同上	0.04～0.05	
油类	同上	0.1	
电力	kW·h/t	1 000～1 300	电炉生产时耗电 3 500～4 300 kW·h/t
其他	t/t	1～1.5	

电解铜材料消耗参考指标：耗油 115～300 kg/t，耗电量 250～520 kW·h/t，消耗硫酸 5～10 kg/t。

2. 冶炼 1 t 精铅主要原材料消耗(表 8-2-18)

表 8-2-18

材料名称	单　位	数　量
铅精矿(品位 50%)	t/t	2.3～2.5
焦 炭	kg/t	280～330
块 煤	kg/t	100～120
硅氟酸	kg/t	1.7～2.5
电 力	kW·h/t	400～560
石灰石	kg/t	280～300
其 他	kg/t	50～100

注：目前全国铅精矿平均品位 58%左右。

3. 冶炼 1 t 精锌主要原材料消耗(表 8-2-19)

表 8-2-19

材料名称	计量单位	数量	附　注
锌精矿(品位 50%)	t/t	2.2～2.3	目前全国锌精矿平均品位 57%左右
还原煤(洗精煤)	同上	0.8～1.2	或用焦粉 0.4～0.6
燃料煤	同上	0.2～0.4	或用煤气 70～100 立方米
电 力	kW·h/t	3 500～4 500	
石 灰	kg/t	80～100	
其他材料	同上	40～60	硫酸、黄药等

4. 铝

(1)生产1 t氧化铝原材料消耗(表8-2-20)

表8-2-20

材料名称	单位	烧结法	联合法	附　注
铝土矿	t	1.8	1.65	铝土矿含 AL_2O_3 65%计
石灰石	t	1.36	1.0	
纯 碱	t	0.11	0.07	
烧成用煤	t	0.85	0.40	
电 力	kW·h	430	320	
煤 气	m^3		1 400	
重 油	t	0.13	0.08	

(2)生产1 t电解铝主要原材料消耗(表8-2-21)

表8-2-21

材料名称	单位	数量	附　注
氧化铝	t	1.9～2.0	参考指标
氟化盐	t	0.09	包括冰晶石、氟化铝、氟化镁
阳极糊	同上	0.5	
直流电	kW·h	15 000	参考指标

5. 锡

生产1 t锡主要原材料消耗(表8-2-22)

表8-2-22

材料名称	单位	数量	附　注
锡精矿	t/t	1.8～2.6	品位40%～60%
煤、焦炭	同上	1.7～2.0	其中无烟煤0.3～0.4、焦炭0.2
石灰石和石英	t/t	0.3	其中石灰石0.2
电	kW·h/t	2 000	
其他	t/t	0.4～0.7	

6. 镍

冶炼1 t镍主要原材燃料消耗(表8-2-23)

表 8-2-23

材料名称	单位	鼓风炉	电炉	附注
镍精矿	t/t	16～18	17～20	
煤炭	t/t	4～5	1～1.2	
焦炭	t/t	5～7	—	
重油	t/t	—	2.0	
石灰石、石英石	t/t	—	5～6	其中石灰石约占45%
纯碱	t/t	1.2～1.3	1.3～1.4	
电	kW·h/t	8 000～10 000	21 000～25 000	
其他	t/t	1.0～1.3	1.5～1.8	主要包括硫酸、盐酸、液氯等

六、化学工业

(一)化工矿山开采物耗参考指标

我国化工矿产品主要为磷矿、硫铁矿、硼矿、氯化钾和石灰石等。其中磷矿、硫铁矿产量较大。

矿山开采主要物耗指标见表 8-2-24。

表 8-2-24

材料名称	单位	参考指标
1. 硫铁矿		
硫铁矿平均品位	%	34～36
原矿消耗炸药	$t/10^4$ t	5.7～6.0
原矿消耗坑木	$m^3/10^4$ t	11～14
原矿消耗电力	kW·h/t	11～12
2. 磷矿		
磷矿石平均品位	%	24～27
原矿消耗炸药	$t/10^4$ t	3.2～3.6
原矿消耗坑木	$m^3/10^4$ t	2.0～2.3
原矿消耗电力	kW·h/t	7.0～8.0

(二)硫　　酸

2007 年全国生产硫酸 5 413 10^4t,其中冶炼烟气制酸约占 30%;硫磺制酸约占 25.0%;硫铁矿制酸约占 43%;磷石膏制酸约占 2%。全国硫酸消费以磷复肥为主,磷肥耗用硫酸约占 60%以上。硫酸生产主要原材燃料消耗见表 8-

2-25。

表 8-2-25

材料名称	单位	数量	附　注
1. 硫铁矿制酸			
硫铁矿	kg/t	1 000	硫铁矿含硫 35%计
煤　炭	同上	25	燃料用
石　灰	同上	40	
电　力	kW·h/t	110	
2. 硫磺制酸			
硫　磺	kg/t	340	
电　力	kW·h/t	77	

(三)硝　　酸

工业上采用氨氧化法生产硝酸，一般先生产稀硝酸(浓度 42～47%)，再以稀硝酸为原料生产浓硝酸。由于压力不同，稀硝酸生产可分为常压法、加压法和综合法。生产稀硝酸(折 100%)主要原材料消耗见表 8-2-26。

表 8-2-26

材料名称	单位	工艺方法		
		常压法	加压法	综合法
氨(折 100%)	kg/t	295	286	285
铂网	g/t	0.06	0.1	0.05
电	kW·h/t	340	10	265
蒸汽	t/t	0.34 (0.6 MPa)	0.25 (0.6 MPa)	

浓硝酸生产分间接、直接两种方法。间接法以稀硝酸为主要原料，其参考指标：耗稀硝酸(折 100%)1 080～1 200 kg/t；直接法以氨为主要原料，其参考指标：耗氨(折 100%)300 kg/t 左右，耗电量 450～520 kW·h/t。

(四)盐　　酸

盐酸生产工业上多用合成法生产，且多附设于电解食盐的烧碱厂内。合成法生产盐酸(31%)主要原材料消耗见表 8-2-27。

表 8-2-27

材料名称	单位	数量
氯气(100%)	kg/t	310～320
氢气(100%)	同上	10～11

(五)纯　　碱

纯碱一般采用联合法和氨碱法生产，2007 年全国纯碱产量 1765 10^4t，其中联合法生产约占 40%；氨碱法生产约占 60%。

纯碱主要原材燃料消耗见表 8-2-28。

表 8-2-28

材料名称	单位	数量	附　注
1. 联合法制纯碱			同时生产纯碱和氯化铵两种产品(1:1)
精盐(>95%)	kg/t	1 100～1 230	2000 年全国平均 1 176
合成氨(>98%)	同上	330～400	2000 年全国平均 376
煤	同上	420～460	
电	kW·h/t	230～280	2000 年全国平均电耗为 238
2. 氨碱法制纯碱			
原盐(85%)	kg/t	1 430～1 600	2000 年全国平均为 1 497
合成氨	同上	6.1	
石灰石(100%)	同上	1 300～1 400	2000 年全国平均为 1 332
煤炭	同上	320～370	

(六)烧　　碱

烧碱生产方法有隔膜法、离子膜法、苛化法三种，2007 年全国烧碱产量1 759 10^4t，其中隔膜法生产约占 70%。隔膜法和离子膜法主要以原盐为原料，通过对盐水电解制得烧碱；苛化法是以纯碱为原料，加石灰乳进行苛化制得烧碱。各种生产方法的原材燃料消耗见表 8-2-29。

表 8-2-29

材料名称	单位	数量	
		固碱	液碱
1. 苛化法(100%)			
纯碱(100%)	kg/t	1 380～1 400	1 360～1 370
石灰石(100%)	同上	1 500～1 550	1 500～1 550
焦碳或无烟煤(84%)	同上	110～120	110～120
燃料煤(标准煤)	同上	430～160	—
2. 隔膜法(100%)			
原盐(100%)	kg/t	1 570～1 600	1 640～1 660
标准煤	同上	730～740	—
重油	同上	180～190	—

续上表

材料名称	单位	数　量	
		固碱	液碱
直流电	kW·h/t	2 340～2 360	2 340～2 350
交流电(380V)	同上	2 430～2 450	2 433～2 440
其他	kg/t	10～15	10～15

注:离子膜法消耗指标与隔膜法基本相同

（七）化　　肥

化学肥料分为氮肥、磷肥、钾肥三大类。氮肥主要以合成氨(NH_3)为原料。氮肥的生产主要是合成氨的生产。

1. 合成氨

工业生产合成氨主要是先分别制得氮气和氢气,再在高温高压下合成。标准的合成氨含 N 量为 82%。生产合成氨的造气原料有焦炭、无烟煤、褐煤、石油、天然气、焦炉气等,各种不同原料生产合成氨($NH_3$100%计)的原料消耗见表 8-2-30。

表 8-2-30

原料种类	计量单位	原料数量	燃料数量
1. 以焦炭、白煤为原料	kg/t	1 390～1 600	400
2. 以褐煤为原料	kg/t	3 000～3 500	800
3. 以天然气为原料	m^3/t	900～1 100	350
4. 以重油为原料	kg/t	700～800	500

2. 氮肥

氮肥有效成份为 N,氮肥纯量以含 N100%计量。工业生产的氮肥主要品种为尿素,仅有一些小化肥厂(合成氨 1.0 10^4t 左右)生产其他品种。生产 1 t 氮肥(实物)原料消耗见表 8-2-31。

表 8-2-31

原料名称	单位	氮肥种类			
		尿素 (N46%)	硫酸铵 (N21%)	硝酸铵 (N34%)	碳酸氢铵 (N17%)
合成氨($NH_3$100%)	kg/t	570～620	210～250	220～250	250
二氧化碳(100%)	同上	785	—	—	650
硫酸(100%)	同上	—	780～860	—	—
硝酸(100%)	同上	—	—	800～850	—

2000年尿素(引进装置)耗氨平均指标为578 kg/t,氨利用率97.7%。硫酸铵耗氨平均指标为218 kg/t,耗硫酸(100%)平均845 kg/t。硝酸铵耗氨平均指标为245 kg/t,耗硝酸(100%)平均825 kg/t。

3. 磷肥

磷肥有效成份为P_2O_5。磷肥纯量以含$P_2O_5$100%计。磷肥的种类很多,我国目前主要以发展重过磷酸钙、磷酸铵为主。生产磷肥的主要原料是磷矿石或磷矿粉。

重过磷酸钙简称重钙,商品标准为含P_2O_5 46%左右。重钙厂一般先制取磷酸,然后以磷酸和磷矿为原料生产重钙。磷酸一般含P_2O_5 53%~55%。磷酸生产方法有两种:一种是湿法,即用硫酸去分解磷矿制取磷酸;一种是热法,即以磷矿通过电炉制取黄磷,然后制取磷酸。

磷酸铵是含磷、氮二元素的高效复合肥料,工业上生产的磷铵为磷酸一铵、磷酸二铵的混合品,商品磷铵平均含$P_2O_5$50%、氮14%。

生产磷肥的原材燃料消耗指标见表8-2-32。

表 8-2-32

材料名称		计算单位	数量
1. 重钙(P_2O_5 46%)			
磷矿粉(P_2O_5 31%)		kg/t	440~450
磷酸(P_2O_5 55.0%)		kg/t	630
2. 磷酸铵			
磷酸(P_2O_5 55%)		kg/t	910
合成氨(N82%)		kg/t	180~210
3. 磷酸			
湿法	磷矿(P_2O_5 31%)	kg/t	2 000
	硫酸(100%)	kg/t	1 500
热法	硅　石	kg/t	185
	焦炭(入炉焦)		510
	磷矿(P_2O_5 30计)		2 000

目前,磷酸铵、硫酸、水泥联合生产新技术得到推广,首先用硫酸和磷矿制取磷酸和磷石膏(废渣),再利用磷石膏生产水泥和硫酸。生产1 t磷酸铵可联产2 t水泥,所需原料磷矿石约3.5 t左右、燃料煤炭1.2 t左右。

4. 钾肥

钾肥有效成分为氧化钾K_2O。钾肥纯量以K_2O100%计量,工业生产的钾肥产品主要是氯化钾,一般含氧化钾40~60%,我国生产钾肥主要原料为钾盐矿。

(八)电　　石

电石是重要的化工原料。生产电石以焦炭(或无烟煤)与生石灰为原料，以电热法在密闭的电炉内制得。生产电石消耗主要原材燃料见表 8-2-33。

表 8-2-33

材料名称	单　位	参考指标
石灰石(CaO97%)	kg/t	2 000～2 200
焦炭	kg/t	700～800
电	kW · h/t	3 200～3 500
氮气	m^3/t	210

(九)乙　　烯

乙烯除了少部分可以从焦炉气、炼厂气回收外，绝大部分均由石油原料裂解制得，同时产生丙稀和丁稀、丁二稀、乙炔、苯、甲苯、二甲苯等石化产品。生产乙烯的裂解原料可以用轻油或轻柴油，也可以用原油。每生产一吨乙烯，同时副产丙稀和丁稀为主的其他石化产品约 0.9 t。生产乙烯不同原料消耗原材料见表 8-2-34。

表 8-2-34

材料名称	单　位	数　量
1. 轻柴油为裂解原料		
轻柴油	t/t	2.2～3.0
碱	kg/t	9
2. 轻油为裂解原料		
原料轻油	t/t	2.6～3.2
碱液(42%)	kg/t	31
3. 原油为裂解原料		
原油	t/t	3.5～5.0
碱液(20%)	kg/t	300

七、建材工业

(一)水　　泥

水泥生产过程一般由磨制生料、熟料烧成及磨制水泥三个阶段构成。水泥的生产原料主要是石灰石和粘土、硫酸渣、石膏及混合材料，熟料烧成需用煤炭。水泥生产消耗原材燃料见表 8-2-35。

表 8-2-35

材料名称	单　位	数　量
石灰石	t/t	1 000～1 200
粘 土	kg/t	150～180
硫酸渣	kg/t	50～60
石 膏	kg/t	40～50
煤(标准)	kg/t	150～180
混合料	kg/t	50～300
电	kW·h/t	90～100

(二)平板玻璃

平板玻璃以标准箱、重量箱分别作计量单位。标准箱反映生产能力,重量箱计算原材料消耗。平板玻璃每重量箱重 50 kg,根据平板玻璃厚度的不同,标准箱折算重量箱的系数见表 8-2-36。

表 8-2-36

厚度(mm)	每 10 m^2 折合标准箱	每 10 m^2 折合公斤	折重量箱
2.0	1	50	1.00
2.5	1.25	62.5	1.25
3.0	1.65	75	1.50
4.0	2.5	100	2.00
5.0	3.5	125	2.50
6.0	4.5	150	3.00
8.0	6.5	200	4.00
10.0	8.5	250	5.00
12.0	10.5	300	6.00

生产平板玻璃的主要原料为石英沙、纯碱、芒硝和石灰石、白云石、长石等。每重量箱平板玻璃原材燃料消耗见表 8-2-37。

表 8-2-37

材料名称	单　位	数　量
石英砂	kg/重量箱	36～40
白云石等	kg/重量箱	9～12

续上表

材料名称	单　位	数　量
纯碱	kg/重量箱	9～11
标煤	kg/重量箱	25～35
电力	kW·h/重量箱	3～5
包装材料	kg/重量箱	6～7

八、轻工、纺织工业

(一)制糖工业

制糖的主要原料是甘蔗和甜菜，一般糖厂能力以每天处理甘蔗或甜菜的数量计算。甘蔗制糖年平均生产天数为120天，出糖率为11%左右；甜菜制糖年平均生产天数为150天，出糖率为13%左右。制糖工业原材燃料消耗指标见表8-2-38。

表 8-2-38

原材料名称	质量规格	计算单位	甘　蔗		甜菜
			碳酸法	亚硫酸法	碳酸法
甘蔗		t/t	9	9	—
甜菜		t/t	—	—	8
石灰		kg/t	—	20	—
石灰石	含碳酸钙96%	kg/t	370	—	390
硫磺	含硫95%以上	kg/t	2.5	6	1.4
焦炭		kg/t	54	—	60
煤炭		kg/t	800	800	850

(二)造纸工业

造纸的原料种类很多，主要有木材、蔗渣、芦苇、稻草、麦草、棉麻及废旧纸布等各类纤维原料。造纸生产过程分为制浆、洗涤、漂白、打浆和抄纸五部分。造纸各类产品的原材燃料消耗见表8-2-39。

表 8-2-39

材料名称	单位	新闻纸	高级纸	包装纸	纸板
纸　浆	kg/t	980	940～970	1 000～1 020	1 030～1 050
滑石粉	kg/t	50～60	150～190	30～40	—
硫酸铝或明矾	kg/t	10～15	40～60	15～30	0～12

续上表

材料名称	单位	新闻纸	高级纸	包装纸	纸板
松　香	kg/t	—	8～15	5～11	0～3
纯　碱	kg/t	—	1～2	1～1.5	0～1
煤　炭	kg/t	430～460	480～520	400～470	400～530
电　力	kW·h/t	430～450	700～1 000	600～700	150～200

(三)棉纺织工业

棉纺厂规模产品及原材料消耗量见表 8-2-40。

表 8-2-40

规模(万锭/年)	年产品数量				原材料需要量(t/年)		
	棉纱		棉布		棉花	煤炭	其他材料
	万件	重量(t)	万匹	重量(t)			
1	0.7	1270	26.6	1200	1400	1100	400
3	2.1	3810	79.8	3600	4200	3300	1200
5	3.5	6350	133	6 000	7 000	5500	2 000
10	7.0	12700	266	12 000	14 000	11 000	4 000

注:每件棉纱重 181.4 kg,耗棉花 193 kg,1 件纱出布 38 匹,一匹布折重 4.5 kg。

九、机械工业

机械制造工业产品种类很多、规格、型号繁杂,产品重量和所消耗原材燃料差异很大。机械工业产品所消耗原材燃料主要是钢铁及有色金属、煤炭、焦炭和其他配件、材料等,根据产品重量和特性对所需物耗应进行具体分析和调查确定。

(一)锻铸件原材燃料消耗参考指标(表 8-2-41)

表 8-2-41

材料名称	计算单位	铸钢件	铸铁件	铸铜件	锻钢件
1. 基本材料					
金属料	kg/t	1 500～1 600	1 300～1 400	1 300～1 400	1 290～1 300
2. 辅助材料					
①耐火材料	kg/t	70～100	40～60	30～40	
②型砂	kg/t	600～800	300～400	220～250	
③燃料					

续上表

材料名称	计算单位	铸钢件	铸铁件	铸铜件	锻钢件
煤	kg/t	100～150	100～150		600～700
焦炭	kg/t	30～50	200～250	800～900	
④木材	m^3/t	0.1～0.12	0.1～0.12	0.1～0.12	
⑤其他材料	kg/t	200～250	180～220	200～230	

(二)机械设备原材料消耗参考指标(表 8-2-42)

表 8-2-42

产品名称	计算单位	钢铁及有色金属材料消耗		
		钢材	锻铸件	有色金属
1. 发电设备				
水轮发电机	t/10^4 kW	18～25	10～15	4～6
汽轮发电机	t/10^4 kW	2.5～3.0	2～3	5～7
高压锅炉	kg/t 蒸发量	4 500～5 100	～190	～50
中压锅炉	kg/t 蒸发量	4 600～5 000	～700	～20
2. 其他机械设备				
有色冶炼设备	kg/t	700～900	600～700	30～40
液压设备	kg/t	200～300	1 050～1 200	5～8
锻压设备	kg/t	170	1 090	11
铸造设备	kg/t	140	1 470	25
采掘设备	kg/t	500～550	550～700	20～40
钻采设备	kg/t	700～900	400～600	8～10
起重设备	kg/t	850～950	210～260	3～4
建筑筑路机械	kg/t	870～920	210～250	3～4
机床产品	kg/t	250～300	1 000～1 100	10～13
轴承	t/万套	1.8～2.0		

第三节　交通、农业、市场物耗指标

一、交通运输

交通运输能耗参考指标见表 8-3-1。

表 8-3-1

主要物资	单位	2003 年度统计数量	附　注
一、铁　　路			
蒸汽牵引万吨公里耗标煤	$kg/10^4 t \cdot km$	330	
内燃牵引万吨公里耗油	$kg/10^4 t \cdot km$	25.0	2007 年为 24.6
电力牵引万吨公里耗电	$kW \cdot h/10^4 t \cdot km$	110	2007 年为 111.8
二、公　　路			
客车百吨公里耗汽油	$L/10^2 t \cdot km$	12	参考指标
客车百吨公里耗柴油	$L/10^2 t \cdot km$	11	参考指标
货车百吨公里耗汽油	$L/10^2 t \cdot km$	8	参考指标
货车百吨公里耗柴油	$L/10^2 t \cdot km$	6	参考指标
三、水　　运			
每千吨公里耗柴油量	$kg/10^3 t \cdot km$	6.0	2007 年为 6.0
四、管道输油			
输油总损耗率	%	0.24	
输送原油耗电量	$kW \cdot h/10^4 t \cdot km$	250	
输送原油耗燃料油	$kg/10^4 t \cdot km$	55	
五、民用航空		2004 年统计	
每吨公里耗油	$kg/t \cdot km$	0.34	各机型平均
每飞行小时耗油	kg/h	3.30	各机型平均

注:汽车运输每 10 人 km 折算为 $1.0 t \cdot km$。

二、农用化肥施用量参考指标

1. 全国化肥施用量情况(表 8-3-2)

表 8-3-2

年份	播种面积（千公顷）	化肥施用量（折纯量 10^4 t）	＃氮肥（10^4 t）	＃磷肥（10^4 t）	＃钾肥（10^4 t）	＃复合肥（10^4 t）
1990	148 363	2 590.3	1 638.4	462.4	147.9	341.6
1995	149 879	3 593.7	2 021.9	632.4	268.5	670.8
2000	156 300	4 146.4	2 161.6	690.5	376.5	917.9
2004	153 553	4 636.6	2 221.9	736.0	467.3	1 204.0
2007	153 460	5 107.8				

2. 单位播种面积化肥施用量情况（表 8-3-3）

表 8-3-3

数量 / 年份	kg/平均每公顷		kg/平均每市亩	
	折纯量	实物量	折纯量	实物量
1990	174.6	623.5	11.6	41.6
1995	239.8	719.4	16.0	48.0
2000	265.3	742.8	17.7	49.5
2004	302.0	785.2	20.1	52.3
2007	332.8	832.0	22.2	55.5

三、居民平均每人全年主要消费品消费量（表 8-3-4）

表 8-3-4

主要物资	单位	2000 年	2004 年	2007 年
1. 城镇				
粮食（成品）	kg/人	82.31	78.18	77.60
食用植物油	kg/人	8.16	9.29	9.63
鲜菜	kg/人	114.74	122.32	117.8
肉食	kg/人	25.50	29.22	31.80
水产品	kg/人	11.74	12.48	14.20
鲜蛋	kg/人	11.21	10.35	10.33
水果（瓜果）	kg/人	57.48	56.45	59.54
酒	kg/人	10.01	8.94	9.14
煤炭	kg/人	128.07	91.97	51.04
2. 农村	kg/人			
粮食（原粮）	kg/人	250.23	218.26	199.48

续上表

主要物资	单位	2000 年	2004 年	2007 年
食油	kg/人	7.06	5.29	5.96
肉食	kg/人	18.30	19.24	20.54
酒	kg/人	7.02	7.84	10.18
水果	kg/人	18.31	16.97	19.43

四、基建物资消耗定额

1. 民用建筑每平方米物耗参考指标(表 8-3-5)

表 8-3-5

主要物资	单　位	数　量	主要物资	单　位	数　量
钢铁材料	kg	26～30	石灰	kg	26～30
水泥	kg	180～200	石碴、砂石料	t	1.2～1.5
木材	m^3	0.01～0.03	沥青、油毡	kg	2.5～3.0
标准砖	块	200～250	其他材料	kg	26～30

2. 铁路建设每公里主要物资消耗(表 8-3-6)

表 8-3-6

主要物资	单　位	数　量	主要物资	单　位	数　量
钢材	t	126	水泥	t	1 658
木材	m^3	800	炸药	t	42.8

注:钢材不包括轨料。

3. 公路建设每公里主要物资消耗(表 8-3-7)

表 8-3-7

公路等级	新建公路				改建公路			
	木材 (m^3)	钢材 (t)	水泥 (t)	沥青 (t)	木材 (m^3)	钢材 (t)	水泥 (t)	沥青 (t)
一级公路	77.88	35.24	285.8	78.3	72.93	33.45	271.34	74.34
二级公路	26.63	11.75	95.27	26.10	23.48	10.61	86.07	23.58
三级公路	17.50	7.10	65.70	18.00	15.18	6.89	55.85	15.30
四级公路	10.50	4.86	39.42	10.80	9.15	4.37	35.48	9.72
等外公路	7.55	3.01	23.65	6.48	5.89	2.48	19.05	5.22

第九章 参考资料

第一节 交通运输资料

一、综合交通

(一)各种运输方式线网长度(表 9-1-1～表 9-1-5)

表 9-1-1 各种运输线网长度 单位:10^4 km

年份	铁路营业里程		公路	高速	内河	民航	管道
	合计	国家铁路					
1952	2.29	2.29	12.67		9.5	1.31	
1957	2.67	2.67	25.46		14.41	2.64	
1962	3.46	3.46	46.35		16.19	3.53	0.02
1965	3.64	3.64	51.45		15.77	3.94	0.04
1970	4.10	4.10	63.67		14.84	4.06	0.12
1975	4.60	4.60	78.36		13.56	8.42	0.53
1978	5.17	4.86	89.02		13.60	14.89	0.83
1979	5.30	4.98	87.58		10.78	16.00	0.91
1980	5.33	4.99	88.33		10.85	19.53	0.87
1981	5.39	5.02	89.75		10.87	21.83	0.97
1982	5.29	5.05	90.70		10.86	23.27	1.04
1983	5.41	5.16	91.51		10.89	22.91	1.08
1984	5.45	5.17	92.67		10.93	26.02	1.10
1985	5.50	5.21	94.24		10.91	27.72	1.17
1986	5.57	5.25	96.28		10.94	32.43	1.30
1987	5.58	5.26	98.22		10.98	38.91	1.38
1988	5.61	5.28	99.96	0.01	10.94	37.38	1.43
1989	5.69	5.32	101.43	0.03	10.90	47.19	1.51

续上表

年 份	铁路营业里程		公 路	高 速	内 河	民 航	管 道
	合计	国家铁路					
1990	5.78	5.34	102.83	0.05	10.92	50.68	1.59
1991	5.78	5.34	104.11	0.06	10.97	55.91	1.62
1992	5.81	5.36	105.67	0.07	10.97	83.66	1.59
1993	5.86	5.38	108.35	0.11	11.02	96.08	1.64
1994	5.90	5.40	111.78	0.16	10.27	104.56	1.68
1995	5.97	5.46	115.70	0.21	11.06	112.90	1.72
1996	6.49	5.67	118.58	0.34	11.08	116.65	1.93
1997	6.60	5.76	122.64	0.48	10.98	142.50	2.04
1998	6.64	5.76	127.85	0.87	11.03	150.58	2.31
1999	6.74	5.79	135.17	1.16	11.65	152.22	2.49
2000	6.87	5.87	140.27	1.63	11.93	150.29	2.47
2001	7.01	5.91	169.8	1.94	12.15	155.36	2.76
2002	7.19	5.95	176.52	2.51	12.16	163.77	2.98
2003	7.3	6.04	180.98	2.97	12.4	174.95	3.26
2004	7.44	6.1	187.07	3.43	12.33	204.94	3.82
2005	7.54	6.2	334.52	4.10	12.33	199.85	4.40
2006	7.71	6.3	345.70	4.53	12.34	211.35	4.81
2007	7.80	6.4	358.37	5.39	12.35	234.30	5.45

表 9-1-2　各种运输线网质量

指标＼年度	1978	1990	1995	2 000	2005	2006	2007
铁路营业里程(km)	51 700 (48 618)	58 000 (53 378)	62 615 (54 616)	68 650 (58 656)	75 438 (62 200)	77 084 (63 412)	77 966 (63 637)
复线里程(km)	7 630 (7 630)	13 024 (13 024)	16 909 (16 909)	21 408 (21 408)	25 566 (24 497)	26 404 (25 244)	27 031 (25 794)
复线里程比重(%)	14.8 (15.7)	22.5 (24.4)	27.0 (31)	31.2 (36.5)	33.9 (39.4)	34.3 (39.8)	34.7 (40.5)
电气化(km)	5 981 (5 981)	6 941 (6 941)	9 703 (9 703)	14 864 (14 864)	20 151 (19 408)	24 433 (23 435)	25 457 (24 047)
电气化(%)	11.6 (12.3)	11.2 (12.9)	15.5 (17.8)	21.7 (25.3)	26.7 (31.2)	31.7 (37.0)	32.7 (37.8)

续上表

年度 / 指标	1978	1990	1995	2 000	2005	2006	2007
公路线路里程(km)	890 236	1 028 348	1 157 009	1 402 698	1 930 543	3 456 999	3 583 715
等级公路里程(km)		741 040	910 754	1 216 013	1 591 791	2 282 872	2 535 383
等级公路里程比重(%)		72.1	78.7	86.7	82.5	66.0	70.7
内河航道里程(km)	135 952	109 192	110 562	119 325	123 263	123 388	123 495
等级航道里程(km)			56 587	61 367	61 013	61 035	61 197
等级航道里程比重(%)			51.2	51.4	49.5	49.5	49.6

注:括号内为国家铁路。

表 9-1-3　分地区运输线网长度(2007 年底)　　单位:km

地区	铁路营业里程	内河航道里程	公路里程					
			合计	＃等级路				＃等外路
				小计	＃高速	＃一级	＃二级	
全国	77 965.9	123 495	3 583 715	2 535 383	53 913	50 093	276 413	104 832
北京	1 119.9		20 754	20 535	628	768	2 799	219
天津	694.2	88	11 531	11 521	682	524	2 296	10
河北	4 837.8		147 265	133 123	2 853	2 940	14 867	14 142
山西	3 114.5	467	119 869	107 102	1 893	1 265	12 628	12 767
内蒙古	6 694.2	2 403	138 610	90 823	1 768	2 836	10 778	47 787
辽宁	4 200.8	413	98 101	76 512	1 975	2 032	14 695	21 589
吉林	3 622.4	1 456	85 445	71 031	542	1 918	8 262	14 413
黑龙江	5 755.2	5 131	140 909	93 850	1 044	1 453	7 443	47 059
上海	331.2	2 226	11 163	11 163	635	342	2 690	
江苏	1 618.8	24 336	133 732	117 698	3 558	6 490	19 399	16 034
浙江	1 319.3	9 667	99 812	92 027	2 651	3 617	8 207	7 784
安徽	2 387	5 596	148 372	128 241	2 206	362	9 824	20 130
福建	1 616.3	3 245	86 926	63 275	1 366	388	6 575	23 651
江西	2 566.4	5 638	130 515	72 374	2 006	872	9 258	58 141
山东	3 302.2	1 012	212 237	207 719	4 033	6 352	23 836	4 518
河南	4 041.7	1 267	238 676	164 909	4 556	541	22 931	73 767
湖北	2 565.0	8 181	183 780	147 152	2 365	1 371	15 732	36 628
湖南	2 899.1	11 495	175 415	91 453	1 764	626	5 942	83 962
广东	2 174.8	11 844	182 005	151 692	3 518	8 987	18 252	30 312

续上表

地区	铁路营业里程	内河航道里程	公路里程						
			合计	＃等级路					＃等外路
				小计	＃高速	＃一级	＃二级		
广西	2 734.2	5 413	94 202	62 861	1 879	734	7 326		31 341
海南	388.4	343	17 789	9 296	625	191	1 304		8 494
重庆	1 290.6	4 218	104 705	49 958	1 049	386	6 300		54 747
四川	2 999.4	10 720	189 395	115 674	1 938	1 855	10 278		73 721
贵州	2 011.6	3 425	123 247	55 517	924	120	2 658		67 730
云南	2 308.4	2 539	200 333	104 771	2 507	600	4 370		95 562
西藏	550.0		48 611	19 510			952		29 101
陕西	3 185.1	1 066	121 297	90 829	2 063	568	6 203		30 469
甘肃	2 435.2	860	100 612	50 662	1 316	141	5 076		49 950
青海	1 652.4	329	52 626	30 636	215	176	4 868		21 990
宁夏	789.4	117	20 562	18 934	811	234	2 220		1 628
新疆	2 760.5		145 219	74 534	541	1 400	8 444		70 685

表 9-1-4 沿海主要港口航运里程(单位:海里)

	海口	东方	北海	湛江	广州	厦门	福州	宁波	上海	连云港	青岛	天津	秦皇岛
东方	143												
北海	124	152											
湛江	136	275	255										
广州	347	486	467	288									
厦门	589	732	714	535	376								
福州	719	860		691	530	201							
宁波	995	1 138	1 112	967	807		372						
上海	1 083	1 213	1 200	1 055	896	564	472	140					
连云港	1 367	1 496	1 483	1 338	1 180	919	827	495	383				
青岛	1 376	1 506	1 493	1 348	1 189	940	848	516	404	107			
天津	1 674	1 804	1 796	1 645	1 488	1 250	1 158	826	714	491	423		
秦皇岛	1 624	1 754	1 741	1 596	1 437	1 224	1 132	800	688	482	400	138	
大连	1 519	1 649	1 636	1 491	1 332	1 094	1 002	670	558	342	274	210	156

表 9-1-5 长江主要港口航运里程(单位:km)

重庆																									
120	涪陵																								
172	52	丰都																							
239	119	67	忠县																						
327	207	155	88	万县																					
382	262	210	143	55	云阳																				
481	361	309	242	154	99	巫山																			
538	418	366	299	211	156	57	巴东																		
648	528	476	409	321	266	167	110	宜昌																	
704	584	532	465	377	322	223	166	56	枝城																
796	676	624	557	469	414	315	258	148	92	荆沙															
1 043	923	871	804	716	661	562	505	395	339	247	城陵矶														
1 274	1 154	1 102	1 035	947	892	793	736	626	570	478	231	汉口													
1 417	1 297	1 245	1 178	1 090	1 035	936	879	769	713	621	374	143	黄石												
1 493	1 373	1 321	1 254	1 166	1 111	1 012	955	845	789	697	450	219	76	武穴											
1 543	1 423	1 371	1 304	1 216	1 161	1 062	1 005	895	839	747	500	269	126	50	九江										
1 642	1 522	1 470	1 403	1 315	1 260	1 161	1 104	994	938	846	599	368	225	149	99	华阳									
1 707	1 587	1 535	1 468	1 380	1 325	1 226	1 169	1 059	1 003	911	654	433	290	214	164	65	安庆								
1 767	1 647	1 595	1 528	1 440	1 385	1 286	1 229	1 119	1 063	971	724	493	350	274	224	125	60	池州							
1 803	1 683	1 631	1 564	1 476	1 421	1 322	1 265	1 155	1 099	1 007	760	529	386	310	260	161	96	36	铜陵						
1 911	1 791	1 739	1 672	1 584	1 529	1 430	1 373	1 263	1 207	1 115	868	637	494	418	368	269	204	144	108	芜湖					
1 959	1 839	1 787	1 720	1 632	1 577	1 478	1 421	1 311	1 255	1 163	916	685	542	466	416	317	252	192	156	48	马鞍山				
2 007	1 887	1 835	1 768	1 680	1 625	1 526	1 469	1 359	1 303	1 211	964	733	590	514	464	365	300	240	204	96	48	南京			
2 194	2 074	2 022	1 955	1 867	1 812	1 713	1 656	1 546	1 390	1 298	1 051	820	677	601	551	452	387	327	291	183	135	87	镇江		
2 371	2 251	2 099	2 032	1 944	1 889	1 790	1 733	1 623	1 567	1 475	1 228	997	854	778	728	629	564	504	468	360	312	264	177	南通	
2 499	2 379	2 227	2 160	2 072	2 017	1 918	1 861	1 751	1 695	1 603	1 356	1 125	982	906	856	757	692	632	596	488	440	392	305	128	上海

(二)各种运输方式运量(表 9-1-6～表 9-1-17)

表 9-1-6 各种运输方式客运量 单位:万人

年份	总 计	铁路				公路	水运	民航
		小计	国家	地方	合资			
1952	24 518	16 352	16 352			4 559	3 605	2
1957	63 821	31 262	31 262			23 772	8 780	7
1962	122 154	75 003	74 067	936		30 737	16 397	17
1965	96 334	41 245	40 708	537		43 693	11 369	27
1970	130 056	52 455	51 646	809		61 812	15 767	22
1975	192 969	70 465	69 648	817		101 350	21 015	139
1978	253 993	81 491	80 729	762		149 229	23 042	231
1979	289 665	86 389	85 611	778		178 618	24 360	298
1980	341 785	92 204	91 246	958		222 799	24 639	343
1981	384 763	95 219	94 239	980		261 559	27 584	401
1982	428 964	99 922	98 888	1 034		300 610	27 987	445
1983	470 614	106 044	104 946	1 098		336 965	27 214	391
1984	530 217	113 353	112 265	1 088		390 336	25 974	554
1985	620 206	112 110	110 913	1 197		476 486	30 863	747
1986	688 212	108 579	107 358	1 221		544 259	34 377	997
1987	746 422	112 479	111 414	1 065		593 682	38 951	1 310
1988	809 592	122 645	121 595	1 050		650 473	35 032	1 442
1989	791 376	113 807	112 798	1 009		644 508	31 778	1 283
1990	772 682	95 712	94 888	824		648 085	27 225	1 660
1991	806 048	95 080	94 208	872		682 681	26 109	2 178
1992	860 855	99 693	98 788	905		731 774	26 502	2 886
1993	996 634	105 458	104 580	878		860 719	27 074	3 383
1994	1 092 883	108 738	108 009	729		953 940	26 165	4 038
1995	1 172 596	102 745	102 081	664		1 040 810	23 924	5 117
1996	1 245 356	94 796	93 550	612	634	1 122 110	22 895	5 555
1997	1 326 094	93 304	91 919	659	730	1 204 583	22 573	5 630
1998	1 378 717	95 085	92 991	629	1 465	1 257 332	20 545	5 755
1999	1 394 413	100 164	97 725	528	1 911	1 269 004	19 151	6 094
2000	1 478 573	105 073	101 847	519	2 707	1 347 392	19 386	6 722

续上表

年份	总 计	铁 路				公路	水运	民航
		小计	国家	地方	合资			
2001	1 534 122	105 155	101 680	558	2 917	1 402 798	18 645	7 524
2002	1 608 150	105 606	101 741	516	3 349	1 475 257	18 693	8 594
2003	1 587 497	97 260	93 634	412	3 214	1 464 335	17 142	8 759
2004	1 767 453	111 764	107 346	378	4 040	1 624 526	19 040	12 123
2005	1 847 018	115 583	110 651	319	4 613	1 697 381	20 227	13 827
2006	2 024 158	125 656	119 728	423	5 505	1 860 487	22 047	15 968
2007	2 227 761	135 670	128 712	451	6 507	2 050 680	22 835	18 576

表 9-1-7 各种运输方式完成旅客周转量 单位:亿人公里

年份	总 计	铁 路				公路	水运	民航
		小计	国家	地方	合资			
1952	248.0	200.6	200.6			22.6	24.5	0.2
1957	496.6	361.3	361.3			88.1	46.4	0.8
1962	1 085.6	859.0	857.3	1.8		141.5	83.9	1.2
1965	697.0	479.0	477.8	1.2		168.2	47.4	2.5
1970	1 031.1	718.2	715.9	2.3		240.1	71.0	1.8
1975	1 434.6	954.1	952.6	1.5		374.5	90.6	15.4
1978	1 743.1	1 093.2	1 090.8	2.4		521.3	100.6	27.9
1979	1 968.5	1 216.2	1 213.7	2.4		603.3	114.0	35.0
1980	2 281.3	1 383.2	1 380.4	2.8		729.5	129.1	39.6
1981	2 499.6	1 472.6	1 469.9	2.8		839.0	137.8	50.2
1982	2 742.7	1 574.8	1 572.0	2.8		963.9	144.5	59.5
1983	3 095.0	1 776.5	1 773.4	3.1		1 105.6	153.9	59.0
1984	3 620.3	2 046.4	2 043.2	3.2		1 336.9	153.5	83.5
1985	4 436.4	2 416.1	2 412.5	3.6		1 724.9	178.7	116.7
1986	4 896.8	2 586.7	2 583.1	3.6		1 981.7	182.1	146.3
1987	5 411.5	2 843.1	2 840.0	3.1		2 190.4	195.9	182.1
1988	6 209.4	3 260.3	3 257.3	3.0		2 528.2	203.9	217.0
1989	6 074.6	3 037.4	3 034.4	3.0		2 662.1	188.3	186.8
1990	5 628.3	2 612.6	2 610.1	2.5		2 620.3	164.9	230.5

续上表

年份	总计	铁路				公路	水运	民航
		小计	国家	地方	合资			
1991	6 178.4	2 828.1	2 824.8	3.2		2 871.7	177.2	301.3
1992	6 949.4	3 152.2	3 148.3	4.0		3 192.6	198.4	406.1
1993	7 858.1	3 483.3	3 479.4	3.9		3 700.7	196.5	477.6
1994	8 591.4	3 636.1	3 632.8	3.2		4 220.3	183.5	551.6
1995	9 001.9	3 545.7	3 542.6	3.1		4 603.1	171.8	681.3
1996	9 164.8	3 347.6	3 322.0	3.4	22.2	4 908.8	160.6	747.8
1997	10 055.5	3 584.9	3 543.5	4.7	36.6	5 541.4	155.7	773.5
1998	10 636.7	3 773.4	3 691.0	5.0	77.4	5 942.8	120.3	800.2
1999	11 299.8	4 136.0	4 046.3	4.4	85.3	6 199.2	107.3	857.3
2000	12 261.0	4 532.6	4 414.7	4.6	113.3	6 657.4	100.5	970.5
2001	13 155.1	4 766.8	4 636.5	5.2	125.1	7 207.1	89.9	1 091.4
2002	14 125.7	4 969.4	4 803.1	5.3	161.1	7 805.8	81.8	1 268.7
2003	13 810.5	4 788.61	4 622.8	4	161.8	7 695.6	63.1	1 263.2
2004	16 309.1	5 712.2	5 512	4	196.2	8 748.4	66.3	1 782.3
2005	17 466.7	6 062.0	5 833.2	3.5	225.2	9 292.1	67.8	2 044.9
2006	19 197.2	6 622.1	6 353.3	4.7	264.2	10 130.8	73.6	2 370.7
2007	21 592.6	7 216.3	6 896.2	5.3	314.8	11 506.8	77.8	2 791.7

表 9-1-8　旅客运输平均运距　　单位:km

年份	总计	铁路	公路	水运	民航
1952	101	123	50	68	1 200
1957	78	116	37	53	1 143
1962	89	115	46	51	688
1965	72	116	38	42	919
1970	79	137	39	45	814
1975	74	135	37	43	1 107
1978	69	134	35	44	1 208
1979	68	141	34	47	1 174
1980	67	150	33	49	1 153
1981	65	155	32	50	1 252

续上表

年份	总计	铁路	公路	水运	民航
1982	64	158	32	52	1 337
1983	66	168	33	57	1 509
1984	68	181	34	59	1 507
1985	72	216	36	58	1 563
1986	71	238	36	53	1 468
1987	72	253	37	50	1 390
1988	77	266	39	58	1 505
1989	77	267	41	59	1 456
1990	73	273	40	61	1 388
1991	77	297	42	68	1 383
1992	81	316	44	75	1 407
1993	79	330	43	73	1 412
1994	79	334	44	70	1 366
1995	77	345	44	72	1 331
1996	74	353	44	70	1 346
1997	76	384	46	69	1 347
1998	77	406	47	59	1 391
1999	82	413	49	56	1 407
2000	83	431	49	52	1 444
2001	86	453	51	48	1 450
2002	88	471	53	44	1 476
2003	87	492	53	37	1 442
2004	92	511	53	35	1 470
2005	95	524	55	34	1 479
2006	95	527	54	33	1 485
2007	97	532	56	34	1 503

表 9-1-9　各地区全社会客运量(2007 年)　单位:万人

地区	总计	铁路				公路	水运
		小计	国家	地方	合资		
全　国	2 227 761	135 670	128 712	451	6 507	2 050 680	22 835
北　京	16 190	6 915	6 915			9 275	
天　津	6 829	1 573	1 573			5 253	3
河　北	88 886	6 238	6 238			82 648	
山　西	43 866	4 183	4 182		1	39 632	51
内蒙古	38 678	3 639	3 467		172	35 039	
辽　宁	70 659	10 446	10 427	18		59 562	651
吉　林	31 477	4 855	4 855			26 506	116
黑龙江	64 480	9 631	9 500	131		54 592	257
上　海	9 086	4 795	4 795			2 872	1 419
江　苏	187 270	8 037	7 361		676	179 206	27
浙　江	190 026	7 361	5 557		1 804	179 501	3 164
安　徽	86 907	4 242	3 961		281	82 247	418
福　建	63 669	2 261	1 872		389	60 088	1 320
江　西	43 616	4 606	4 606			38 644	366
山　东	123 982	5 146	4 949	197		117 309	1 527
河　南	122 242	6 622	6 554	68		115 460	160
湖　北	82 374	4 133	4 071		62	77 514	727
湖　南	122 242	6 029	5 853	10	166	116 780	525
广　东	199 162	10 256	8 802		1 454	186 835	2 071
广　西	60 793	2 329	2 284		45	57 351	1 113
海　南	40 239	46			46	39 050	1 143
重　庆	76 945	2 263	2 153		110	73 316	1 366
四　川	207 174	6 190	5 543		647	196 871	4 113
贵　州	74 440	2 979	2 829		150	70 377	1 084
云　南	45 668	2 156	1 962	26	168	42 913	599
西　藏	549	89	89			460	
陕　西	48 772	4 848	4 558		291	43 555	369
甘　肃	20 483	1 727	1 681		46	18 510	246
青　海	5 607	393	393			5 214	
宁　夏	8 134	382	382			7 752	
新　疆	27 648	1 300	1 300			26 348	

表 9-1-10　分地区全社会旅客周转量(2007 年)　　单位:亿人公里

地　区	总　计	铁路				公　路	水　运
		小计	国家	地方	合资		
全　国	21 592.6	7 216.3	6 896.2	5.3	314.8	11 506.8	77.8
北　京	238.3	90.8	90.8			147.4	
天　津	147.4	102.3	102.3			44.7	0.4
河　北	1165.3	595.5	595.5			569.8	
山　西	329.7	122.5	122.5			207.1	
内蒙古	354.4	135.0	124.4		10.6	219.5	
辽　宁	708.5	436.6	436.6	0.1		263.5	8.4
吉　林	294.5	181.8	181.8			112.5	0.1
黑龙江	528.1	213.9	211.6	2.3		313.9	0.3
上　海	151.5	51.3	51.3			94.0	6.1
江　苏	1 551.3	309.8	290.1		19.8	1 241.1	0.3
浙　江	1 026.5	258.5	214.0		44.5	761.1	6.9
安　徽	946.7	341.8	329.7		12.1	604.1	0.8
福　建	478.2	101.0	84.4		16.5	375.5	1.7
江　西	700.2	480.1	477.1		3.0	219.5	0.6
山　东	1 071.5	343.1	339.9	2.4	0.8	720.2	8.2
河　南	1 253.1	650.5	650.1	0.4		601.8	0.8
湖　北	776.1	347.0	343.0		4.0	423.8	5.3
湖　南	1 153.2	603.9	582.4		21.5	548.1	1.2
广　东	1 810.5	388.8	271.7		117.0	1 410.7	11.0
广　西	676.9	153.6	152.5		1.0	520.0	3.3
海　南	105.2	0.9			0.9	101.9	2.4
重　庆	353.0	76.0	76.0		1.4	263.0	12.6
四　川	797.2	189.9	189.9		33.9	570.5	2.9
贵　州	369.2	154.8	154.8		5.7	206.4	2.3
云　南	337.5	65.0	65.0	0.1	5.3	265.8	1.2
西　藏	27.0	8.0	8.0			19.0	
陕　西	564.4	319.5	304.1		15.4	244.3	0.6
甘　肃	375.8	254.6	253.4		1.2	120.9	0.2
青　海	66.7	38.7	38.7			28.1	
宁　夏	73.0	26.5	26.5			46.5	
新　疆	370.1	128.1	128.1			242.0	

表 9-1-11　各种运输方式货运量　　　单位:10^4 t

年份	总计	铁路				公路	水运		民航	管道
		小计	国家	地方	合资		小计	#远洋		
1952	31 516	13 217	13 217			13 158	5 141		0. 2	
1957	80 365	27 421	27 421			37 505	15 438		0. 8	
1962	85 521	35 261	34 598	663		32 794	17 464		1. 8	
1965	121 083	49 100	48 358	742		48 987	22 993		2. 7	
1970	150 359	681. 32	66 552	1 580		56 779	25 444		3. 7	
1975	202 478	88 955	86 746	2 209		72 499	34 987		4. 7	6 032
1978	248 946	110 119	107 492	2 627		85 182	43 292	3 659	6. 4	10 347
1980	546 537	111 279	108 584	2 695		382 048	42 676	4 292	8. 9	10 525
1985	745 763	130 709	127 516	3 193		538 062	63 322	6 627	19. 5	13 650
1989	988 435	151 489	146 804	4 685		733 781	87 493	9 027	31	15 641
1990	970 602	150 681	146 209	4 472		724 040	80 094	9 408	37	15 750
1991	985 793	152 893	147 898	4 995		733 907	83 370	10 567	45. 2	15 578
1992	1 045 899	157 627	152 317	5 310		780 941	92 490	11 191	57. 5	14 783
1993	1 115 902	162 794	156 791	6 003		840 256	97 938	12 508	69. 4	14 845
1994	1 180 396	163 216	157 278	5 938		894 914	107 091	13 421	82. 9	15 092
1995	1 234 937	165 982	159 473	6 509		940 387	113 194	15 251	101. 1	15 274
1996	1 298 421	171 024	161 787	7 125	2 112	983 860	127 430	14 213	115	15 992
1997	1 278 218	172 149	162 010	7 854	2 285	976 536	113 406	20 287	124. 7	16 002
1998	1 267 427	164 309	153 435	8 035	2 839	976 004	109 555	18 892	140. 1	17 419
1999	1 293 008	167 554	157 239	7 296	3 019	990 444	114 608	22 621	170	20 232
2000	1 358 682	178 581	166 056	8 369	4 156	1 038 813	122 391	22 949	196. 7	18 700
2001	1 401 786	193 189	179 201	9 542	4 446	1 056 312	132 675	27 573	171	19 439
2002	1 483 446	204 955	187 578	11 241	6 136	1 116 324	141 832	29 896	202. 1	20 133
2003	1 561 422	221 178	199 814	13 064	8 300	1 159 957	158 070	34 002	219	21 997
2004	1 706 412	249 017	217 816	14 924	16 277	1 244 990	187 394	39 469	276. 7	24 734
2005	1 862 066	269 296	231 839	17 802	19 655	1 341 778	219 648	48 549	306. 7	31 037
2006	2 037 060	288 224	245 476	19 593	23 154	1 466 347	248 703	54 413	349. 4	33 436
2007	2 275 822	314 237	262 400	24 390	27 447	1 639 432	281 199	58 903	401. 8	40 552

注:从 1979 年起,公路运输包括社会车辆完成数量,从 1984 年起,还包括私营运输完成的数量。

表 9-1-12 各种运输方式货物周转量 单位：10^8 t · km

年份	总计	铁路				公路	水运	民航	管道
			国家	地方	合资				
1952	762	601.6	601.6			14.5	145.8	0.02	
1957	1 810	1 345.9	1 345.9			48.0	415.6	0.08	
1962	2 236	1 721.1	1 719.1	2.0		62.1	452.6	0.15	
1965	3 464	2 698.7	2 696.4	2.3		95.1	670.2	0.25	
1970	4 566	3 496.0	3 491.4	4.6		138.1	931.3	0.35	
1975	7 296	4 255.7	4 246.1	9.5		202.7	2 574.7	0.60	262
1978	9 829	5 345.2	5 333.5	11.7		274.1	3 779.2	0.97	430
1979	11 385	5 598.7	5 588.7	10.0		745.0	4 564.2	1.23	476
1980	12 026	5 716.9	5 707.3	9.6		764.0	5 052.8	1.41	491
1981	12 143	5 712.0	5 701.3	10.7		780.0	5 149.9	1.70	499
1982	13 049	6 119.9	6 109.0	10.8		949.0	5 477.1	1.98	501
1983	14 054	6 646.5	6 634.5	12.1		1 084.0	5 787.6	2.29	534
1984	15 694	7 247.6	7 234.8	12.9		1 536.0	6 355.0	3.11	572
1985	18 365	8 125.7	8 111.6	14.1		1 903.2	7 729.3	4.15	603
1986	20 148	8 764.8	8 750.1	14.7		2 118.0	8 647.9	4.81	612
1987	22 228	9 471.5	9 455.7	15.8		2 660.4	9 465.1	6.50	625
1988	23 825	9 877.6	9 860.2	17.4		3 220.4	10 070.4	7.30	650
1989	25 591	10 394.2	10 373.0	21.2		3 374.8	11 186.8	6.90	629
1990	26 207	10 622.4	10 601.2	21.2		3 358.1	11 591.9	8.20	627
1991	27 986	10 972.0	10 948.1	23.9		3 428.0	12 955.4	10.10	621
1992	29 218	11 575.6	11 548.5	27.0		3 755.4	13 256.2	13.42	617
1993	30 510	11 954.6	11 923.4	31.2		4 070.5	13 860.8	16.61	608
1994	33 261	12 457.5	12 426.2	31.4		4 486.3	15 686.6	18.59	612
1995	35 730	12 870.3	12 836.0	34.2		4 694.9	17 552.2	22.30	590
1996	36 528	13 044.4	12 921.9	48.6	122.5	5 011.2	17 862.5	24.93	585
1997	38 368	13 253.3	13 046.4	50.7	156.2	5 271.5	19 235.0	29.10	579
1998	38 046	12 517.1	12 261.5	50.7	204.8	5 483.4	19 405.8	33.45	606
1999	40 496	12 838.4	12 577.9	37.6	222.9	5 724.3	21 263.0	42.30	628
2000	44 452	13 902.1	13 336.1	43.6	522.4	6 129.4	23 734.2	50.27	636
2001	47 709.9	14 694.1	14 368.8	55.4	269.95	6 330.4	25 988.9	43.72	653

续上表

年份	总计	铁路	国家	地方	合资	公路	水运	民航	管道
2002	50 685.9	15 658.4	15 219.1	62.8	376.51	6 782.5	27 510.6	51.55	683
2003	53 859.2	17 246.7	16 475.6	69	702.08	7 099.5	28 715.8	57.9	739
2004	69 445	19 288.8	18 285.5	89.1	914.2	7 840.9	41 428.7	71.8	815
2005	80 258	20 726.0	19 533.4	99.2	1 093.5	8 693.2	49 672.3	78.90	1 088
2006	88 840	21 954.4	20 557.2	105.7	1 291.6	9 754.2	55 485.7	94.28	1 551
2007	101 419	23 797.0	22 112.5	132.7	1 551.8	11 354.7	64 284.8	116.39	1 866

注：从 1979 年起，公路运输包括社会车辆完成数量，从 1984 年起，还包括私营运输完成的数量。

表 9-1-13　货物运输平均运距　　　　单位：km

年份	总计	铁路	公路	水运	管道	民航
1952	242	452	11	284		1 188
1957	225	502	13	269		1 034
1962	263	488	19	259		836
1965	286	549	19	291		924
1970	304	513	24	366		954
1975	360	478	28	736	434	1 292
1978	395	485	32	873	416	1 521
1979	212	500	20	1 052	420	1 538
1980	220	514	20	1 184	467	1 573
1981	231	530	21	1 241	457	1 809
1982	238	539	25	1 236	449	1 941
1983	244	560	27	1 284	460	1 974
1984	219	584	29	1 351	456	2 073
1985	243	636	31	1 216	442	2 128
1986	236	646	34	1 042	413	2 143
1987	234	673	37	1 174	413	2 183
1988	243	681	44	1 128	416	2 226
1989	258	686	46	1 281	402	2 226
1990	270	705	46	1 447	398	2 218
1991	284	718	46	1 554	399	2 234
1992	279	734	48	1 433	417	2 330

续上表

年份	总计	铁路	公路	水运	管道	民航
1993	274	735	48	1 415	409	2 393
1994	282	791	50	1 465	406	2 241
1995	289	807	50	1 551	386	2 206
1996	282	766	51	1 402	366	2 168
1997	300	770	54	1 696	362	2 334
1998	300	763	56	1 771	348	2 388
1999	313	768	58	1 855	310	2 482
2000	327	781	59	1 939	340	2 556
2001	340	757	60	1 959	336	2 557
2002	341	760	61	1 940	339	2 551
2003	345	780	61	1 817	336	2 644
2004	407	775	63	2 211	329	2 595
2005	431	770	65	2 261	350	2 572
2006	436	762	67	2 231	464	2 698
2007	446	757	69	2 286	460	2 896

表 9-1-14 分地区全社会货运量(2007 年) 单位：10^4 t

地区	总计	铁路				公路	水运
		小计	国家	地方	合资		
全国	2 275 822	314 237	262 400	24 390	27 447	1 639 432	281 199
北京	19 877	2 005	1 925	80		17 872	
天津	50 261	11 328	3 741	7 588		23 500	15 433
河北	96 891	14 906	13 422	1 242	242	79 822	2 163
山西	155 143	73 032	57 589	583	14 860	82 084	27
内蒙古	98 682	25 382	22 159	1 715	1 507	73 300	
辽宁	116 917	17 752	16 552	1 199		90 387	8 778
吉林	37 935	6 278	6 199	79		31 573	84
黑龙江	70 137	16 891	16 069	790	31	51 996	1 250
上海	78 340	1 163	1 143		20	35 634	41 543
江苏	141 158	5 826	5 155	573	98	97 474	37 858
浙江	154 286	4 415	3 224	75	1 116	98 742	51 129

续上表

地 区	总 计	铁路				公 路	水 运
		小计	国家	地方	合资		
安 徽	83 361	11 468	9 560	1 666	242	62 065	9 828
福 建	51 263	4 304	3 402		902	34 829	12 130
江 西	40 921	6 483	5 606	877		30 032	4 406
山 东	195 259	16 675	14 692	1 948	35	163 959	14 625
河 南	101 341	15 946	13 483	2 462		83 537	1 858
湖 北	54 909	6 314	5 751	477	86	39 568	9 027
湖 南	100 076	6 410	5 854	300	255	85 432	38 234
广 东	151 282	7 778	5 964	549	1 265	112 611	30 893
广 西	48 860	7 954	5 448	489	2 016	34 190	6 716
海 南	17 876	687			687	10 158	7 031
重 庆	50 273	2 358	2 051	158	149	42 011	5 904
四 川	81 426	8 621	7 881	443	297	69 163	3 642
贵 州	26 787	7 288	6 436		853	18 834	665
云 南	71 512	5 713	5 300	224	190	65 537	262
西 藏	372	12	12			360	
陕 西	49 175	9 321	6 784		2 537	39 736	118
甘 肃	30 528	5 150	5 149		1	25 325	53
青 海	8 050	1 772	1 772			6 278	
宁 夏	10 540	3 957	3 086	871		6 583	
新 疆	32 669	5 829	5 829			26 840	
不分地区	49 715	1 219	1 161		58		7 542

注:不分地区合计中,包括民航、管道及中国远洋运输集团总公司海外公司完成数。

表 9-1-15 分地区全社会货物周转量(2007 年) 单位:10^8 t · km

地 区	总 计	铁路				公 路	水 运
		小计	国家	地方	合资		
全 国	101 418.8	23 797.0	22 112.5	132.7	1 551.8	11 354.7	64 284.8
北 京	724.8	645.5	645.4	0.1		79.3	
天 津	15 289.0	483.7	444.3	32.4	7.1	88.0	14 717.2
河 北	6 006.4	3 105.6	2 549.1	5.3	551.2	843.2	2057.6
山 西	1 839.7	1 412.2	1 173.6	1.8	236.8	427.5	

续上表

地区	总计	铁路				公路	水运
		小计	国家	地方	合资		
内蒙古	2 023.3	1 531.3	1 332.6	11.7	187.0	492.0	
辽宁	5 817.8	1 295.9	1 293.3	2.6		568.1	3 953.8
吉林	655.0	530.4	529.9	0.5		124.0	0.6
黑龙江	1 282.4	978.9	969.9	8.9	0.1	289.9	13.6
上海	16 053.6	35.0	34.9		0.1	84.8	15 933.9
江苏	3 988.4	419.7	354.8	0.6	64.3	638.6	2 930.1
浙江	4 962.5	336.2	283.7	0.1	52.4	493.6	4 132.7
安徽	1 988.7	997.2	968.5	8.7	20.1	542.8	448.6
福建	2 080.9	209.7	173.4		36.2	317.4	1 553.8
江西	1 029.1	682.9	677.9	2.4	2.6	240.6	105.6
山东	6 413.4	1 296.3	1 232.4	10.6	53.4	1 069.3	4 047.8
河南	2 736.9	1 971.1	1 943.0	28.2		681.9	84.0
湖北	1 644.7	884.8	877.1	2.0	5.7	302.1	457.8
湖南	1 922.3	979.5	947.6	0.8	31.2	682.7	260.1
广东	4 292.2	341.9	206.7	2.8	132.4	906.8	3 043.5
广西	1 404.3	798.8	743.1	2.5	53.2	320.1	285.5
海南	823.8	6.4			6.4	85.4	732.0
重庆	1 051.6	146.3	142.8	0.5	2.9	205.4	699.9
四川	1 059.1	659.8	642.7	2.1	15.0	343.4	56.0
贵州	721.3	583.9	573.5		10.3	128.0	9.4
云南	801.5	346.1	335.2	1.4	9.4	450.8	4.6
西藏	41.6	4.1	4.1			37.5	
陕西	1 191.1	935.7	935.7		69.5	255.2	0.3
甘肃	1 149.9	993.4	993.3		0.1	156.5	0.1
青海	176.3	120.7	120.7			55.6	
宁夏	291.6	213.4	206.7	6.7		78.2	
新疆	956.1	589.8	589.8			366.2	
不分地区	10 999.7	260.9	256.3		4.5		8 756.6

注：不分地区合计中，包括民航、管道及中国远洋运输集团总公司海外公司完成数。

表 9-1-16　沿海主要港口分货类吞吐量　单位：10^4 t

货物种类	2006			2007		
	合　计	出　港	进　港	合　计	出　港	进　港
总　　计	342 191	159 362	182 829	388 200	182 500	205 700
煤　　炭	70 468	44 214	26 254	81 924	51 035	30 889
石　　油	39 661	13 402	26 259	41 718	14 325	27 393
金属矿石	51 272	11 781	39 491	57 967	12 578	45 389
钢　　铁	15 497	9 709	5 788	18 626	12 040	6 586
矿建材料	27 597	10 224	17 373	24 028	8 786	15 242
水　　泥	2 960	1 564	1 396	3 362	1 674	1 689
木　　材	1 603	701	902	2 052	1 090	961
非金属矿石	5 003	2 184	2 820	6 339	2 449	3 890
化肥和农药	1 741	708	1 034	2 344	1 260	1 084
盐	770	220	550	629	101	528
粮　　食	8 193	3 117	5 076	8 591	3 464	5 127
其　　他	117 426	61 538	55 886	140 620	73 698	66 922

表 9-1-17　沿海主要港口历年货物吞吐量　单位：10^4 t

港口	1980	1985	1990	1995	2000	2005	2006	2007
总计	21 731	31 154	48 321	80 166	125 603	29 277	342 191	388 200
大连	3 263	4 381	4 952	6 417	9 084	17 085	20 046	22 286
营口	24	98	237	1 156	2 268	7 537	9 477	12 207
秦皇岛	2 641	4 419	6 945	8 382	9 743	16 900	20 489	24 893
天津	1 192	1 856	2 063	5 787	9 566	24 069	25 760	30 946
烟台	506	689	668	1 361	1 774	4 506	6 076	10 129
青岛	1 708	2 611	3 034	5 103	8 636	18 678	22 415	26 502
日照			925	1 452	2 674	8 421	11 007	13 063
连云港	739	929	1 137	1 716	2 708	6 016	7 232	8 507
上海	8 483	11 291	13 959	16 567	20 440	44 317	47 040	49 227
宁波	326	1 040	2 554	6 853	11 547	26 881	42 387	47 336
汕头	176	201	279	716	1 284	1 736	2 015	2 301
广州	1 210	1 772	4 163	7 299	11 128	25 036	30 282	34 325
湛江	1 075	1 231	1 557	1 885	2 038	4 647	5 664	6 075

续上表

港口	1980	1985	1990	1995	2000	2005	2006	2007
海口	72	170	288	468	808	2 118	2 127	2 373
八所	278	388	431	275	378	486	479	546
三亚	38	78	37	42	48	49	50	43
其他港口			5 092	14 687	31 479	84 295	89 645	97 441

二、铁路运输主要指标(表 9-1-18)

表 9-1-18

指　标	单位	1990	1995	2000	2005	2006	2007
1. 国民生产总值与铁路货运量							
国内生产总值(当年价)	亿元	18 548	58 478	89 468	183 868	211 924	249 530
铁路货运量	10^4 t	146 209	159 394	178 581	269 296	288 224	314 237
每万元国内生产总值货运量	t	7.88	2.73	2.00	1.46	1.36	1.26
2. 全国人口与铁路客运量							
全国总人口	万人	114 333	121 121	126 743	130 756	131 448	132 129
铁路客运量	万人	94 888	102 081	105 073	115 583	125 656	135 670
每人平均乘车次数	次	0.83	0.84	0.83	0.88	0.96	1.03
3. 铁路运量占现代化运输比重							
(1)全国货运量(不含远洋)	10^8 t	27.58	122.9	135.9	186.2	203.7	227.6
铁路货运量	10^8 t	14.62	15.93	17.86	26.9	28.8	31.4
铁路占全国比重	%	53.0	13.0	13.1	14.4	14.1	13.8
(2)全国货物周转量	10^8 t·km	14 862	23 600	44 321	80 258	88 840	101 419
铁路货物周转量	10^8 t·km	10 601	12 836	13 771	20 726	21 954	23 797
铁路占全国比重	%	71.3	54.4	31.1	25.8	24.7	23.5
(3)全国客运量	亿人	53.9	117.4	147.9	184.7	202.4	222.8
铁路客运量	亿人	9.5	10.2	10.5	11.6	12.6	13.6
铁路占全国比重	%	17.6	8.7	7.1	6.2	6.2	6.1
(4)全国旅客周转量	亿人公里	4 891	9 127	12 261	17 467	19 197	21 593
铁路旅客周转量	亿人公里	2 610	3 543	4 533	6 062	6 622	7 216
铁路占全国比重	%	53.4	38.8	37.0	34.7	34.5	33.4
4. 铁路营业里程	km	53 378	54 616	58 656	62 200.0	63 411.7	63 636.5

续上表

指　标	单位	1990	1995	2000	2005	2006	2007
5. 双线及以上里程	km	13 024	16 909	21 408	24 497. 2	25 243. 8	25 793. 9
占营业里程比重	%	24. 4	31. 0	36. 5	39. 4	39. 8	40. 5
6. 电气化铁路里程	km	6 940. 8	9 702. 6	14 864	19 408. 2	23 435. 4	24 046. 6
占营业里程比重	%	13. 0	17. 8	25. 3	31. 2	37. 0	37. 8
7. 内燃牵引线路里程	km	16 097	24 749	39 497	42 791. 8	3 9976. 3	
占营业里程比重	%	30. 2	45. 3	67. 3	68. 8	63. 0	
8. 客运							
(1)旅客平均行程	km	275	347	433	527	531	536
(2)旅客列车技术速度	km/h	56. 6	58. 3	66. 6	74. 2	74. 7	78. 8
(3)旅客列车旅行速度	km/h	46. 3	49. 0	56. 8	65. 2	65. 4	68. 9
(4)客运密度	万人	489	649	753	938	1 002	1 084
9. 货运							
货物平均运程	km	725	806	767	838	832	837
货物列车技术速度	km/h	44. 0	44. 3	46. 4	46. 3	46. 2	47. 6
货物列车旅行速度	km/h	29. 2	30. 2	31. 8	32. 1	32. 1	33. 2
货运密度	10^4 t	1 986	2 350	2 274	3 140	3 242	3 475
货车平均标记载重	t	56. 7	57. 9	59. 6	60. 8	61. 3	61. 7
货车静载重	t	55. 0	56. 8	57. 9	60. 1	60. 9	61. 3
货车周转时间	天	4. 09	4. 48	5. 4	4. 90	4. 87	4. 76
集装箱运量	10^4 t	1 107	2 251	3 893	5 565	6 449	7 116
货运机车平均牵引总量	t	2 414	2 597	2 676	3 038	3 105	3 193
蒸气机车每万吨公里耗煤	kg	125. 1	137. 4	207. 8			
内燃机车每万吨公里耗油	kg	24. 5	24. 2	25. 8	24. 6	24. 3	24. 6
电力机车每万吨公里耗电	kWh	111	109. 4	113. 2	111. 8	110. 0	109. 5
10. 每万换算吨公里收入率	元	311. 14	381. 73	614. 52	795. 98	878. 64	897. 79
每万人公里收入率	元	424. 69	554. 79	836. 46	1 093. 85	1 145. 78	1 194. 77
每万吨公里收入率	元	250. 62	287. 79	424. 90	571. 54	630. 35	637. 12
11. 每万换算吨公里营业支出	元	194. 22	397. 00	581. 93	774	823	849. 05
每万人公里客运支出	元	270. 19	548. 00	773. 19	1 146	1 213	1 301. 2
每万吨公里货运支出	元	175. 39	354. 00	521. 98	605	636	699. 47

注：第 8 项以下技术经济指标为国家铁路数据。

第二节　社会经济参考资料

一、国内经济(见表 9-2-1～表 9-2-16)

表 9-2-1　社会经济主要指标

项目	单位	1978	1980	1985	1990	1995	2000	2005	2006	2 007
人口	万人	96 259	98 705	105 851	114 333	121 121	126 583	130 756	131 448	132 129
GDP	亿元	3 624	4 518	8 964	18 548	58 478	89 404	183 217	211 924	249 530
第一产业	亿元	1 018	1 359	2 542	5 017	11 993	14 212	22 420	24 040	28 095
第二产业	亿元	1 745	2 192	3 867	7 717	28 538	45 448	87 365	103 162	121 381
第三产业	亿元	861	966	2 556	5 814	17 947	29 704	73 433	84 721	100 054
工农业总产值	亿元	5 634	7 077	13 335	31 586	112 235	109 787	261 767	357 400	454 070
工业	亿元	4 237	5 154	9 716	23 924	91 894	84 871	222 316	316 589	405 177
农业	亿元	1 397	1 923	3 619	7 662	20 341	24 916	39 451	40 811	48 893
主要工农业产品产量										
原煤	10^8 t	6.18	6.20	8.72	10.80	13.61	12.99	22.05	23.73	25.26
原油	10^4 t	10 405	10 595	12 490	13 831	15 005	16 300	18 135	18 477	18 632
发电量	10^8 kWh	2 566	3 006	4 107	6 212	10 070	13 556	25 003	28 657	32 816
水电	10^8 kWh	446	582	924	1 267	1 906	2 224	3 970	4 358	4 853
生铁	10^4 t	3 479	3 802	4 384	6 238	10 529	13 101	34 375	41 245	47 652
钢	10^4 t	3 178	3 712	4 679	6 635	9 536	12 850	35 324	41 915	48 929
钢材	10^4 t	2 208	2 716	3 693	5 153	8 980	13 146	37 771	46 893	56 561
水泥	10^4 t	6 524	7 986	14 595	20 971	47 561	59 700	106 885	123 677	136 117
平板玻璃	万重量箱	1 784	2 466	4 942	8 067	15 732	18 352	40 210	46 575	53 918
木材	10^4 m^3	5 162	5 359	6 323	5 571	6 767	4 724	5 560	6 612	6 977
农用化肥	10^4 t	884	1 269	1 776	2 590	3 594	4 146	4 766	4 928	5 108
粮食	10^4 t	30 477	32 056	37 911	44 624	46 662	46 218	48 402	49 804	50 160
棉花	10^4 t	217	271	415	451	477	442	571	753	762
油料	10^4 t	522	769	1 578	1 613	2 250	2 955	3 077	2 640	2 569
猪牛羊肉	10^4 t	856	1 205	1 761	2 512	4 265	4 743	5 474	5 591	5 284

续上表

项目	单位	1978	1980	1985	1990	1995	2000	2005	2006	2 007
水产品	10^4 t	466	450	705	1 237	2 517	3 706	4 420	4 584	4 748
货运量	10^8 t	24.9	54.7	74.6	97.0	123.5	135.9	186.2	203.7	227.6
货周量	10^8 t·km	9 829	12 026	18 365	26 207	35 909	44 321	80 258	88 840	101 419
客运量	亿人	25.4	34.1	62.0	77.3	117.3	147.9	184.7	202.4	222.8
旅周量	亿人公里	1 743	2 281	4 436	5 628	9 002	12 261	17 467	19 197	21 593
沿海港口吞吐量	10^8 t	1.98	2.17	3.12	4.83	8.02	12.56	29.28	34.22	38.82
＃出港	10^8 t	0.98	1.1	1.58			6.16	13.61	15.93	18.25
全社会固定资产投资总额	亿元		911	2 543	4 517	20 019	32 918	88 774	109 998	137 324
国内社会消费品零售总额	亿元	1 559	2 140	4 305	8 300	23 614	39 106	67 177	76 410	89 210
外贸进出口总额	亿美元	206.4	381.4	696.0	1154.4	2 808.6	4 742.9	14 219.1	17 604.0	21 737.3
出口额	亿美元	97.5	181.2	273.5	620.9	1 487.8	2 492.0	7 619.5	9 689.4	12 177.8
进口额	亿美元	108.9	200.2	422.5	533.5	1 320.8	2 250.9	6 599.5	7 914.6	9 559.5
财政收入	亿元	1 132.3	1 159.9	2 004.8	2 937.1	6 242.2	13 395.2	31 649.3	38 760.2	51 321.8
财政支出	亿元	1 122.1	1 228.8	2 004.3	3 083.6	6 823.7	15 886.5	33 930.3	40 422.7	49 781.4

表 9-2-2　分省区面积、人口

地　区	土地面积（10^4 km^2）	2007 年人口（万人）	人口密度（人/km^2）
全国	960	132 129	137.63
北京	1.68	1 633	972.02
天津	1.19	1 115	936.97
河北	18.77	6 943	369.90
山西	15.63	3 393	217.08
内蒙古	118.00	2 405	20.38

续上表

地 区	土地面积 (10^4 km^2)	2007 年人口 (万人)	人口密度 (人/km^2)
辽宁	14.75	4 298	291.39
吉林	18.74	2 730	145.68
黑龙江	46.90	3 824	81.54
上海	0.63	1 858	2 949.21
江苏	10.26	7 625	743.18
浙江	10.18	5 060	497.05
安徽	13.96	6 118	438.25
福建	12.14	3 581	294.98
江西	16.69	4 368	261.71
山东	15.67	9 367	597.77
河南	16.70	9 360	560.48
湖北	18.59	5 699	306.56
湖南	21.18	6 355	300.05
广东	17.80	9 449	530.84
广西	23.60	4 768	202.03
海南	3.39	845	249.26
重庆	8.24	2 816	341.75
四川	48.41	8 127	167.88
贵州	17.62	3 762	213.51
云南	39.40	4 514	114.57
西藏	122.84	284	2.31
陕西	20.56	3 748	182.30
甘肃	45.44	2 617	57.59
青海	72.23	552	7.64
宁夏	5.18	610	117.76
新疆	166.04	2 095	12.62

表 9-2-3　全国国内生产总值

单位:亿元

年份	国民总收入	国内生产总值	第一产业	第二产业	工业	建筑业	第三产业	#交通运输仓储邮电通信业	#批发和零售贸易餐饮业	人均国内生产总值(元)
1952	679	679	343	142	120	22	194	29	80	119
1957	1 068	1 068	430	317	271	46	321	49	133	168
1962	1 149	1 149	453	359	325	34	337	57	81	173
1965	1 716	1 716	651	602	547	56	463	77	118	240
1966	1 868	1 868	702	710	649	61	456	85	148	254
1967	1 774	1 774	714	603	545	58	457	72	154	235
1968	1 723	1 723	726	537	490	47	460	71	139	222
1969	1 938	1 938	736	689	626	63	513	85	164	243
1970	2 253	2 253	793	912	828	84	547	100	178	275
1971	2 426	2 426	826	1 023	927	96	577	108	178	288
1972	2 518	2 518	827	1 084	990	94	607	118	194	292
1973	2 721	2 721	908	1 173	1 073	101	640	126	211	309
1974	2 790	2 790	945	1 192	1 084	108	653	126	207	310
1975	2 997	2 997	971	1 371	1 245	126	656	142	176	327
1976	2 944	2 944	967	1 337	1 205	133	640	140	147	316
1977	3 202	3 202	942	1 509	1 372	137	751	157	214	339
1978	3 624	3 624	1 018	1 745	1 607	138	861	173	266	379
1979	4 038	4 038	1 259	1 914	1 770	144	866	184	220	417
1980	4 518	4 518	1 359	2 192	1 997	196	966	205	214	460
1981	4 860	4 862	1 546	2 256	2 048	207	1 061	2 11	256	48 9
1982	5 302	5 295	1 762	2 383	2 162	221	1 150	237	199	526
1983	5 957	5 935	1 961	2 646	2 376	271	1 328	265	231	582
1984	7 207	7 171	2 296	3 106	2 789	317	1 770	327	412	695
1985	8 989	8 964	2 542	38 967	3 449	418	2 556	407	878	855
1986	10 201	10 202	2 764	4 493	3 967	526	2 946	476	943	956
1987	11 955	11 963	3 204	5 252	4 586	666	3 507	545	1 159	1 103
1988	14 922	14 928	3 831	6 587	5 777	810	4 510	661	1 618	1 355
1989	16 918	16 909	4 228	7 278	6 484	794	5 403	786	1 687	1 512

续上表

年份	国民总收入	国内生产总值	第一产业	第二产业	工业	建筑业	第三产业	＃交通运输仓储邮电通信业	＃批发和零售贸易餐饮业	人均国内生产总值(元)
1990	18 598	18 548	5 017	7 717	6 858	859	5 814	1 148	1 420	1 634
1991	21 663	21 618	5 289	9 102	8 087	1 015	7 227	1 410	2 087	1 879
1992	26 652	26 638	5 800	11 700	10 285	1 415	9 139	1 682	2 735	2 287
1993	34 561	34 634	6 882	16 429	14 144	2 285	11 324	2 123	3 091	2 939
1994	46 670	46 759	9 457	22 372	19 360	3 013	14 930	2 686	4 050	3 923
1995	57 495	58 478	11 993	28 538	24 718	3 820	17 947	3 055	4 932	4 854
1996	66 851	67 885	13 844	33 613	29 083	4 531	20 428	3 494	5 560	5 576
1997	73 143	74 463	14 211	37 223	32 412	4 811	23 029	3 797	6 160	6 054
1998	76 967	78 345	14 552	38 619	33 388	5 231	25 174	4 121	6 579	6 307
1999	80 579	82 068	14 472	40 558	35 087	5 471	27 038	4 460	6 910	6 547
2000	88 254	89 468	14 628	44 935	39 047	5 888	29 905	5 409	7 316	7 078
2001	95 728	97 315	15 412	4 875.0	42 375	6 375	33 153	5 968	7 919	7 651
2002	103 935	105 172	16 117	52 980	45 975	7 005	36 075	6 420	8 477	8 214
2003	116 741	117 390	16 928	61 274	53 093	8 181	39 188	6 644	9 238	9 111
2004	136 584	136 876	20 768	72 387	62 815	9 572	43 721	7 694	10 099	10 561
2005	184 089	183 217	22 420	87 365	77 231	10 134	73 433	10 836	17 728	14 053
2006	213 132	211 924	24 040	103 162	91 311	11 851	84 721	12 481	20 263	16 165
2007	251 483	249 530	28 095	121 381	107 367	14 014	100 054	14 604	23 875	18 934

注：1980年以后国民总收入(原称国民生产总值)与国内生产总值的差额为国外净要素收入，本表数字为当年价格。

表 9-2-4 国内生产总值构成

单位：％

年份	国内生产总值	第一产业	第二产业	工业	建筑业	第三产业	＃交通运输仓储邮电通信业	＃批发和零售贸易餐饮业
1952	100.0	50.5	20.9	17.6	3.2	28.6	4.3	11.8
1957	100.0	40.3	29.7	25.4	4.3	30.1	4.6	12.5
1962	100.0	39.4	31.3	28.3	2.9	29.3	5.0	7.0
1965	100.0	37.9	35.1	31.8	3.2	27.0	4.5	6.9

续上表

年份	国内生产总值	第一产业	第二产业	工业	建筑业	第三产业	#交通运输仓储邮电通信业	#批发和零售贸易餐饮业
1966	100.0	37.6	38.0	34.7	3.3	24.4	4.6	7.9
1967	100.0	40.3	34.0	30.7	3.3	25.8	4.1	8.7
1968	100.0	42.2	31.2	28.5	2.7	26.7	4.1	8.1
1969	100.0	38.0	35.6	32.3	3.3	26.5	4.4	8.4
1970	100.0	35.2	40.5	36.8	3.7	24.3	4.4	7.9
1971	100.0	34.1	42.2	38.2	4.0	23.8	4.5	7.3
1972	100.0	32.9	43.1	39.3	3.7	24.1	4.7	7.7
1973	100.0	33.4	43.1	39.4	3.7	23.5	4.6	7.8
1974	100.0	33.9	42.7	38.8	3.9	23.4	4.5	7.4
1975	100.0	32.4	45.7	41.5	4.2	21.9	4.7	5.9
1976	100.0	32.8	45.4	40.9	4.5	21.7	4.7	5.0
1977	100.0	29.4	47.1	42.9	4.3	23.4	4.9	6.7
1978	100.0	28.1	48.2	44.3	3.8	23.7	5.0	6.6
1979	100.0	31.2	47.4	43.8	3.6	21.4	4.7	4.9
1980	100.0	30.1	48.5	44.2	4.3	21.4	4.6	4.2
1981	100.0	31.8	46.4	42.1	4.3	21.8	4.5	4.7
1982	100.0	33.3	45.0	40.8	4.2	21.7	4.6	3.2
1983	100.0	33.0	44.6	40.0	4.6	22.4	4.6	3.3
1984	100.0	32.0	43.3	38.9	4.4	24.7	4.7	5.0
1985	100.0	28.4	43.1	38.5	4.7	28.5	4.6	8.8
1986	100.0	27.1	44.0	38.9	5.2	28.9	4.8	8.2
1987	100.0	26.8	43.9	38.3	5.6	29.3	4.7	8.7
1988	100.0	25.7	44.1	38.7	5.4	30.2	4.5	9.8
1989	100.0	25.0	43.0	38.3	4.7	32.0	4.8	9.0
1990	100.0	27.1	41.6	37.0	4.6	31.3	6.2	6.7
1991	100.0	24.5	42.1	37.4	4.7	33.4	6.5	8.4
1992	100.0	21.8	43.9	38.6	5.3	34.3	6.2	8.8
1993	100.0	19.9	47.4	40.8	6.6	32.7	6.0	7.7
1994	100.0	20.2	47.9	41.4	6.4	31.9	5.5	7.4

续上表

年份	国内生产总值	第一产业	第二产业	工业	建筑业	第三产业	＃交通运输仓储邮电通信业	＃批发和零售贸易餐饮业
1995	100.0	20.5	48.8	42.3	6.5	30.7	5.0	7.3
1996	100.0	20.4	49.5	42.8	6.7	30.1	4.9	7.2
1997	100.0	19.1	50.0	43.5	6.5	30.9	4.8	7.2
1998	100.0	18.6	49.3	42.6	6.7	32.1	4.9	7.3
1999	100.0	17.6	49.4	42.7	6.7	33.0	5.0	7.3
2000	100.0	16.4	50.2	43.6	6.6	33.4	5.3	7.0
2001	100.0	15.8	50.1	43.5	6.6	34.1	5.3	7.0
2002	100.0	15.3	50.4	43.7	6.7	34.3	5.1	6.9
2003	100.0	14.4	52.2	45.2	7.0	33.4	4.7	6.6
2004	100.0	15.2	52.9	45.9	7.0	31.9	4.6	6.2
2005	100.0	12.2	47.7	42.2	5.5	40.1	5.9	7.4
2006	100.0	11.3	48.7	43.1	5.6	40.0	5.9	7.3
2007	100.0	11.3	48.6	43.0	5.6	40.1	5.9	7.3

注：1. 本表按当年价格计算，2004 年为未调整数。

2. 1978 年以后年份第三产业统计数据中"＃交通运输仓储邮电通信业"调整为"＃交通运输仓储邮政业"，"＃批发和零售贸易餐饮业"调整为"＃批发和零售业"。

表 9-2-5 国内生产总值指数

年份	国民总收入	国内生产总值	第一产业	第二产业	工业	建筑业	第三产业	＃交通运输仓储邮电通信业	＃批发和零售贸易餐饮业
1957	105.1	105.1	103.1	108.0	111.4	92.9	104.8	107.2	98.9
1962	94.4	94.4	104.5	89.2	86.7	123.8	90.8	81.1	96.0
1965	117.0	117.0	109.7	124.2	125.8	110.6	115.8	134.5	99.5
1966	110.7	110.7	107.2	122.4	123.8	109.4	98.2	110.3	120.4
1967	94.3	94.3	101.9	85.7	84.9	95.0	100.5	86.0	104.1
1968	95.9	95.9	98.4	90.8	91.8	81.1	100.6	97.7	90.7
1969	116.9	116.9	100.8	133.1	133.0	134.5	113.3	122.7	119.2
1970	119.4	119.4	107.7	134.8	135.2	130.4	107.1	116.8	109.4
1971	107.0	107.0	101.9	112.3	112.3	112.1	105.8	108.3	99.9

续上表

年份	国民总收入	国内生产总值	第一产业	第二产业	工业	建筑业	第三产业	#交通运输仓储邮电通信业	#批发和零售贸易餐饮业
1972	103.8	103.8	99.1	106.7	107.6	97.9	105.0	109.6	108.8
1973	107.9	107.9	109.0	108.3	108.8	103.4	105.5	106.3	109.0
1974	102.3	102.3	104.1	101.4	101.0	106.2	101.6	100.3	98.0
1975	108.7	108.7	102.0	115.8	116.0	113.8	104.9	111.4	99.9
1976	98.4	98.4	98.2	97.5	96.9	104.3	100.4	98.4	96.3
1977	107.6	107.6	97.8	113.3	114.4	101.7	109.5	112.6	113.4
1978	111.7	111.7	104.1	115.0	116.4	99.4	113.7	108.9	123.1
1979	107.6	107.6	106.1	108.2	108.7	102.0	107.7	107.7	108.8
1980	107.8	107.8	98.5	113.6	112.7	126.7	105.9	105.7	98.7
1981	105.2	105.2	107.0	101.9	101.7	103.2	110.4	101.9	130.0
1982	109.3	109.1	111.5	105.6	105.8	103.4	113.0	111.7	103.9
1983	111.1	110.9	108.9	110.4	109.7	117.1	115.2	110.0	121.9
1984	115.3	115.2	112.9	114.5	114.9	110.9	119.4	115.0	121.5
1985	113.2	113.5	101.8	118.6	118.2	122.2	118.3	113.5	128.9
1986	108.5	108.8	103.3	110.2	109.6	115.9	112.1	112.8	110.6
1987	111.5	111.6	104.7	113.7	113.2	117.9	114.4	110.0	113.5
1988	111.3	111.3	102.5	114.5	115.3	108.0	113.2	113.3	114.3
1989	104.2	104.1	103.1	103.8	105.1	91.6	105.4	104.7	91.7
1990	104.2	103.8	107.3	103.2	103.4	101.2	102.3	108.6	95.2
1991	109.1	109.2	102.4	113.9	114.4	109.6	108.8	111.2	104.5
1992	114.1	114.2	104.7	121.2	121.2	121.0	112.4	110.5	113.1
1993	113.1	113.5	104.7	119.9	120.1	118.0	110.7	112.4	106.6
1994	112.6	112.6	104.0	118.4	118.9	113.7	109.6	109.5	107.7
1995	109.0	110.5	105.0	113.9	114.0	112.4	108.4	112.0	105.9
1996	109.8	109.6	105.1	112.1	112.5	108.5	107.9	111.4	105.4
1997	108.6	108.8	103.5	110.5	111.3	102.6	109.1	110.8	108.5
1998	107.8	107.8	103.5	108.9	108.9	109.0	108.3	110.6	107.7
1999	107.2	107.1	102.8	108.1	108.5	104.3	107.7	111.3	107.2
2000	108.3	108.0	102.4	109.4	109.8	105.7	108.1	111.5	108.4

续上表

年份	国民总收入	国内生产总值	第一产业	第二产业			第三产业		
					工业	建筑业		#交通运输仓储邮电通信业	#批发和零售贸易餐饮业
2001	107.2	107.5	102.8	108.4	108.7	106.8	108.4	109.5	107.5
2002	108.9	108.3	102.9	109.8	110.0	108.8	108.7	107.9	108.1
2003	110.2	109.5	102.5	112.7	112.8	112.1	107.8	106.3	109.1
2004	109.9	109.5	106.3	111.1	111.5	108.1	108.3	114.9	106.3
2005	111.2	110.4	105.2	111.7	111.6	112.6	110.5	111.3	107.8
2006	111.8	111.6	105.0	113.0	112.9	113.7	112.1	111.1	111.9
2007	112.2	111.9	103.7	113.4	113.5	112.6	112.6	112.0	112.5

注:本表按可比价格计算(上年=100)。

表 9-2-6 分地区生产总值(2007 年) 单位:亿元

地区	地区生产总值	第一产业	第二产业			第三产业	人均地区生产总值(元/人)
				工业	建筑业		
北京	9 353.32	101.26	2 509.40	2 082.76	426.64	6 742.66	58 204
天津	5 050.40	110.19	2 892.53	2 661.87	230.66	2 047.68	46 122
河北	13 709.50	1 804.72	7 241.80	6 555.24	686.56	4 662.98	19 877
山西	5 733.35	269.68	3 438.58	3 141.89	296.68	2 025.09	16 945
内蒙古	6 091.12	762.10	3 154.56	2 742.67	411.89	2 174.46	25 393
辽宁	11 023.49	1 133.40	5 853.10	5 199.89	653.21	4 036.99	25 729
吉林	5 284.69	783.80	2 475.45	2 170.74	304.71	2 025.44	19 383
黑龙江	7 065.00	915.38	3 695.58	3 326.90	368.68	2 454.04	18 478
上海	12 188.85	101.84	5 678.51	5 298.08	380.43	6 408.50	66 367
江苏	25 741.15	1 816.24	14 306.40	13 016.84	1 289.56	9 618.52	33 928
浙江	18 780.44	986.02	10 148.45	9 095.65	1 052.80	7 645.96	37 411
安徽	7 364.18	1 200.18	3 289.12	2 752.08	537.04	2 874.88	12 045
福建	9 249.13	1 002.11	4 549.42	4 018.42	531.00	3 697.60	25 908
江西	5 500.25	905.77	2 840.92	2 277.69	563.23	1 753.56	12 633
山东	25 965.91	2 509.14	14 776.53	13 412.72	1 363.81	8 680.24	27 807
河南	15 012.46	2 217.66	8 282.83	7 508.33	774.50	4 511.97	16 012
湖北	9 230.68	1 378.00	3 966.68	3 451.62	515.06	3 886.00	16 206

续上表

地区	地区生产总值	第一产业	第二产业	工业	建筑业	第三产业	人均地区生产总值(元/人)
湖　南	9 200.00	1 626.52	3 916.44	3 375.87	540.57	3 657.04	14 492
广　东	31 084.40	1 695.57	15 939.10	14 910.03	1 029.07	13 449.73	33 151
广　西	5 955.65	1 241.35	2 425.29	2 090.10	335.19	2 289.00	12 555
海　南	1 223.28	361.07	364.26	278.37	85.89	497.95	14 555
重　庆	4 122.51	482.39	1 892.10	1 572.26	319.84	1 748.02	14 660
四　川	10 505.30	2 032.00	4 641.30	3 913.92	727.38	3 832.00	12 893
贵　州	2 741.90	446.38	1 148.27	1 007.75	140.52	1 147.25	6 915
云　南	4 741.31	837.35	2 051.08	1 711.78	339.30	1 852.88	10 540
西　藏	342.19	54.89	98.48	27.62	70.86	188.82	12 109
陕　西	5 465.79	592.63	2 964.56	2 544.42	420.14	1 908.60	14 607
甘　肃	2 702.40	385.97	1 279.32	1 063.84	215.48	1 037.11	10 346
青　海	783.61	83.41	417.78	344.52	73.26	282.42	14 257
宁　夏	889.20	97.89	451.82	380.22	71.60	339.49	14 649
新　疆	3 523.16	628.72	1 647.55	1 405.11	242.44	1 246.89	16 999

注:本表为当年价格。

表 9-2-7　分地区国内生产总值和指数

地区	地区生产总值(亿元)				指数(上年=100)			
	2003	2005	2006	2007	2003	2005	2006	2007
北京	3 663.10	6 886.31	7 861.04	9 353.32	110.7	111.8	112.8	113.3
天津	2 447.66	3 697.62	4 344.27	5 050.40	114.8	114.7	114.5	115.2
河北	7 098.56	10 096.11	11 515.76	13 709.50	111.6	113.4	113.4	112.8
山西	2 456.59	4 179.52	4 714.99	5 733.35	113.9	112.6	111.8	114.4
内蒙古	2 150.41	3 895.55	4 841.82	6 091.12	116.8	123.8	119.0	119.1
辽宁	6 002.54	7 860.85	9 214.21	11 023.49	111.5	112.3	113.8	114.5
吉林	2 522.62	3 620.27	4 275.12	5 284.69	110.2	112.1	115.0	116.1
黑龙江	4 430.00	5 511.50	6 201.45	7 065.00	110.3	111.6	112.1	112.0
上海	6 250.81	9 164.10	10 366.37	12 188.85	111.8	111.1	112.0	114.3
江苏	12 460.83	18 305.66	21 645.08	25 741.15	113.6	114.5	114.9	114.9
浙江	9 395.00	13 437.85	15 742.51	18 780.44	114.4	112.8	113.9	114.7

续上表

地区	地区生产总值(亿元)				指数(上年=100)			
	2003	2005	2006	2007	2003	2005	2006	2007
安徽	3 972.38	5 375.12	6 131.10	7 364.18	109.2	111.6	112.8	113.9
福建	5 232.17	6 568.93	7 584.36	9 249.13	111.6	111.6	114.8	115.2
江西	2 830.46	4 056.76	4 670.53	5 500.25	113.0	112.8	112.3	113.0
山东	12 435.93	18 516.87	22 077.36	25 965.91	113.7	115.2	114.8	114.3
河南	7 048.59	10 587.42	12 362.79	15 012.46	110.8	114.2	114.4	114.6
湖北	5 401.71	6 520.14	7 581.32	9 230.68	109.4	112.1	113.2	114.5
湖南	4 638.73	6 511.34	7 508.87	9 200.00	109.6	111.6	112.2	114.5
广东	13 625.87	22 366.54	26 159.52	31 084.40	114.3	113.8	114.6	114.7
广西	2 735.13	4 075.75	4 828.51	5 955.65	110.2	113.2	113.6	115.1
海南	670.93	894.57	1 031.85	1 223.28	110.5	110.2	112.5	114.8
重庆	2 250.56	3 066.92	3 452.14	4 122.51	111.5	111.5	112.2	115.6
四川	5 456.32	7 385.11	8 637.81	10 505.30	111.8	112.6	113.3	114.2
贵州	1 356.11	1 979.06	2 270.89	2 741.90	110.1	111.6	111.6	113.7
云南	2 465.29	3 472.89	3 981.31	4 741.31	108.6	109.0	111.9	112.5
西藏	184.50	250.21	291.01	342.19	112.1	112.1	113.3	114.0
陕西	2 398.58	3 772.69	4 520.07	5 465.79	110.9	112.6	112.8	114.6
甘肃	1 304.60	1 933.98	2 276.70	2 702.40	110.1	111.8	111.5	112.3
青海	390.21	543.32	639.50	783.61	112.1	112.2	112.2	112.5
宁夏	385.34	606.26	710.76	889.20	112.2	110.9	112.7	112.7
新疆	1 877.61	2 604.19	3 045.26	3 523.16	110.8	110.9	111.0	112.2

注:本表绝对数按当年价格计算,指数按可比价格计算。

表 9-2-8 全国进出口贸易总额

年份	人民币(亿元)				美元(亿元)			
	进出口总额	出口总额	进口总额	差额	进出口总额	出口总额	进口总额	差额
1952	64.6	27.1	37.5	—10.4	19.4	8.2	11.2	—3
1957	104.5	54.5	50	4.5	31	16	15	1
1962	80.9	47.1	33.8	13.3	26.6	14.9	11.7	3.2
1965	118.4	63.1	55.3	7.8	42.5	22.3	20.2	2.1
1970	112.9	56.8	56.1	0.7	45.9	22.6	23.3	—0.7

续上表

年份	人民币(亿元)				美元(亿元)			
	进出口总额	出口总额	进口总额	差额	进出口总额	出口总额	进口总额	差额
1975	290.4	143	147.4	−4.4	147.5	72.6	74.9	−2.3
1978	335	167.6	187.4	−19.8	206.4	97.5	108.9	−11.4
1979	454.6	211.7	242.9	−31.2	293.3	136.6	156.7	−20.1
1980	570	271.2	298.8	−27.6	381.4	181.2	200.2	−19
1981	735.3	367.6	367.7	−0.1	440.3	220.1	220.2	−0.1
1982	771.3	413.8	357.5	56.3	416.1	223.2	192.9	30.3
1983	860.1	438.3	421.8	16.5	436.2	222.3	213.9	8.4
1984	1 201	580.5	620.5	−40	535.5	261.4	274.1	−12.7
1985	2 066.7	808.9	1 257.8	−448.9	696	273.5	422.5	−149
1986	2 580.4	1 082.1	1 498.3	−416.2	738.5	309.4	429.1	−119.7
1987	3 084.2	1 470	1 614.2	−114.2	826.5	394.4	432.1	−37.7
1988	3 281.8	1 766.7	2 055.1	−288.4	1 027.9	475.2	552.7	−77.5
1989	4 155.9	1 956	2 199.9	−243.9	1 116.8	525.4	591.4	−66
1990	5 560.1	2 985.8	2 574.3	411.5	1 154.4	620.9	533.5	87.4
1991	7 225.8	3 827.1	3 398.7	428.4	1 356.3	718.4	637.9	80.5
1992	9 119.6	4 676.3	4 443.3	233	1 655.3	849.4	805.9	43.5
1993	11 271	5 284.8	5 986.2	−701.4	1 957	917.4	1039.6	−122.2
1994	20 381.9	10 421.8	9 960.1	461.7	2 366.2	1 210.1	1 156.1	54
1995	23 499.9	12 451.8	11 048.1	1 403.7	2 808.6	1 487.8	1 320.8	167
1996	24 133.8	12 576.4	11 557.4	1 019	2 898.8	1 510.5	1 388.3	122.2
1997	26 967.2	15 160.7	11 806.5	3 354.2	3 251.6	1 827.9	1 423.7	404.2
1998	26 857.7	15 231.6	11 626.1	3 605.5	3 239.5	1 837.1	1 402.4	434.7
1999	29 896.3	16 159.8	13 736.5	2 423.3	3 606.3	1 949.3	1 657	292.3
2000	39 274.2	20 635.2	18 639	1 996.2	4 742.9	2 492	2 250.9	241.1
2001	42 183.6	22 024.4	20 159.2	1 865.2	5 096.5	2 661	2 435.5	225.5
2002	51 378.2	26 947.9	24 430.3	2 517.6	6 207.7	3 256	2 951.7	304.3
2003	70 483.5	36 287.9	34 195.6	2 092.3	8 509.9	4 382.3	4 127.6	254.7
2004	95 539.1	49 103.3	46 435.8	2 667.5	11 545.5	5 933.2	5 612.3	320.9
2005	116 921.8	62 648.1	54 273.7	8 374.4	14 219.1	7 619.5	6 599.5	1 020.0
2006	140 971.4	77 594.6	63 376.9	14 217.7	17 604.0	9 689.4	7 914.6	1 774.8
2007	166 740.2	93 455.6	73 284.6	20 171.1	21 737.3	12 177.8	9 559.5	2 618.3

表 9-2-9 分地区主要工业产品产量

年份 地区	原煤 (10^8 t)	原油 (10^4 t)	发电量 (10^8 kW·h)	#水电	生铁 (10^4 t)	钢材 (10^4 t)	水泥 (10^4 t)	天然气 (10^8 m^3)
1978	6.18	10 405.00	2 566.00	446.00	3 479.00	2 208.00	6 524.00	137.30
1980	6.20	10 595.00	3 006.00	582.00	3 802.00	2 716.00	7 986.00	142.70
1985	8.72	12 490.00	4 107.00	924.00	4 384.00	3 693.00	14 595.00	129.30
1990	10.80	13 831.00	6 212.00	1 267.00	6 238.00	5 153.00	20 971.00	152.98
1995	13.61	15 004.95	10 070.30	1 905.77	10 529.27	8 979.80	47 560.59	179.47
2000	9.98	16 300.00	13 556.00	2 224.14	13 101.48	13 146.00	59 700.00	272.00
2001	11.61	16 395.87	14 808.02	2 774.32	15 554.25	16 067.61	66 103.99	303.29
2002	13.80	16 700.00	16 540.00	2 879.74	17 084.60	19 251.59	72 500.00	326.61
2003	16.67	16 959.98	19 105.75	2 836.81	21 366.68	24 108.01	86 208.11	350.15
2004	19.56	17 500.00	21 870.00	3 280.00	25 185.05	29 723.12	97 000.00	414.93
2005	22.05	18 135.29	25 002.60	3 970.17	34 375.19	37 771.14	106 884.79	493.20
2006	23.73	18 476.57	28 657.26	4 357.86	41 245.19	46 893.36	123 676.48	585.53
2007	25.26	18 631.82	32 815.53	4 852.64	47 651.63	56 560.87	136 117.25	692.40
北 京	0.06	0.00	228.08	4.93	780.51	1 031.02	1 168.60	0.00
天 津	0.00	1 924.28	393.27	0.14	1 435.40	2 888.19	614.79	13.34
河 北	0.87	660.01	1 646.24	5.68	10 523.01	10 313.65	9 758.28	7.14
山 西	6.30	0.00	1 760.50	47.32	3 727.64	2 097.27	2 780.91	0.00
内蒙古	3.54	0.00	1 931.95	11.86	1 260.09	912.32	2 871.17	0.00
辽 宁	0.63	1 207.17	1 115.03	43.81	4 057.59	4 364.31	3 893.20	8.72
吉 林	0.34	623.93	494.76	61.83	545.66	632.00	1 903.81	5.22
黑龙江	1.01	4 169.83	685.21	10.41	374.11	407.53	1 645.06	25.50
上 海	0.00	20.69	739.14	0.00	1 790.36	2 185.41	959.44	5.07
江 苏	0.25	195.72	2 674.60	2.95	3 802.15	7 322.68	11 849.78	0.58
浙 江	0.00	0.00	1 915.15	118.15	238.08	1 630.57	10 548.51	0.00
安 徽	0.93	0.00	873.43	19.67	1 517.70	1 778.52	5 402.23	0.00
福 建	0.21	0.00	1 038.28	311.59	477.88	1 047.56	4 500.10	0.00
江 西	0.30	0.00	502.01	85.06	1 047.36	1 351.45	5 008.54	0.00
山 东	1.45	2 793.05	2 698.03	0.77	4 906.67	4 961.85	15 023.89	7.84
河 南	1.93	485.08	1 918.26	88.53	1 974.95	2 514.71	9 471.36	15.76
湖 北	0.11	85.54	1 588.39	937.70	1 679.79	1 857.93	5 638.85	1.17

续上表

年份 地区	原煤 (10^8 t)	原油 (10^4 t)	发电量 (10^8 kW·h)	＃水电	生铁 (10^4 t)	钢材 (10^4 t)	水泥 (10^4 t)	天然气 (10^8 m^3)
湖　南	0.62	0.00	860.15	312.56	1 247.76	1 303.10	5 683.28	0.00
广　东	0.00	1 261.13	2 731.97	241.03	755.25	2 026.88	9 799.57	52.48
广　西	0.07	2.88	682.81	323.52	639.30	984.91	4 350.48	0.00
海　南	0.00	10.66	114.82	13.09	18.84	11.55	633.32	2.03
重　庆	0.43	0.00	374.55	83.75	328.38	443.96	3 000.05	5.00
四　川	0.96	18.14	1 262.92	814.13	1 470.73	1 592.47	6 375.60	187.46
贵　州	1.09	0.00	1 166.32	340.62	363.19	328.99	2 059.06	0.00
云　南	0.78	0.00	904.50	430.95	1 202.78	789.99	3 568.53	0.14
西　藏	0.00	0.00	15.17	13.99	0.00	0.00	159.66	0.00
陕　西	2.04	2 265.87	706.87	55.45	365.55	559.82	3 175.49	110.10
甘　肃	0.39	82.88	618.85	189.08	592.78	597.89	1 540.21	0.63
青　海	0.10	220.66	307.66	207.76	90.09	109.53	436.85	34.02
宁　夏	0.38	0.00	452.96	17.47	46.25	44.58	817.36	0.00
新　疆	0.49	2 604.31	413.62	58.84	391.82	470.24	1 479.28	210.20

表 9-2-10　分地区耕地面积

地　　区	耕地面积(万公顷)	地　　区	耕地面积(万公顷)
全国总计	121 735.2	福建	1 333.1
北京	232.2	江西	2 826.7
天津	443.7	山东	7 507.1
河北	6 315.1	河南	7 926.0
山西	4 053.4	湖北	4 663.4
内蒙古	7 146.3	湖南	3 789.0
辽宁	4 085.2	广东	2 847.7
吉林	5 535.0	广西	4 214.7
黑龙江	11 838.4	海南	727.5
上海	259.6	重庆	2 239.1
江苏	4 763.8	四川	5 950.1
浙江	1 917.5	贵州	4 487.5
安徽	5 728.2	云南	6 072.4

续上表

地区	耕地面积(万公顷)	地区	耕地面积(万公顷)
西藏	361.1	青海	542.2
陕西	4 049.0	宁夏	1 106.3
甘肃	4 659.8	新疆	4 114.2

表 9-2-11 分地区农业基础情况

年份地区	有效灌溉耕地面积(万公顷)	化肥施用量(10^4 t)					农村用电量(10^8 kW·h)
			氮肥	磷肥	钾肥	复合肥	
1978	4 496.5	884.0					253.1
1980	4 488.81	1 269.4	934.2	273.3	34.6	27.2	320.8
1985	4 403.59	1 775.8	1 204.9	310.9	80.4	179.6	508.9
1990	4 740.31	2 590.3	1 638.4	462.4	147.9	341.6	844.5
1995	4 928.12	3 593.7	2 021.9	632.4	268.5	670.8	1 655.7
2000	5 382.03	4 146.4	2 161.6	690.5	376.5	917.9	2 421.3
2001	5 424.94	4 253.8	2 164.1	705.7	399.6	983.7	2 610.8
2002	5 435.48	4 339.4	2 157.3	712.2	422.4	1 040.4	2 993.4
2003	5 401.42	4 411.6	2 149.9	713.9	438.0	1 109.8	3 432.9
2004	5 447.84	4 636.6	2 221.9	736.0	467.3	1 204.0	3 933.0
2005	55 029.3	4 766.2	2 229.3	743.8	489.5	1 303.2	4 375.7
2006	55 750.5	4 927.7	2 262.5	769.5	509.7	1 385.9	4 895.8
2007	56 518.3	5 107.8	2 297.2	773.0	533.6	1 503.0	5 509.9
北 京	173.6	14.0	7.2	1.1	0.7	5.0	41.1
天 津	349.3	25.8	12.7	4.2	2.0	7.0	52.5
河 北	4 579.0	311.9	156.1	48.2	25.1	82.5	430.1
山 西	1 255.7	100.8	40.5	18.7	7.5	34.0	75.9
内蒙古	2 816.6	140.3	67.6	25.2	13.5	34.0	34.1
辽 宁	1 490.5	127.5	65.4	11.5	10.9	39.7	265.4
吉 林	1 640.6	154.4	62.7	6.5	11.1	74.1	32.6
黑龙江	2 950.3	175.2	65.9	39.3	22.7	47.3	41.0
上 海	206.1	14.1	8.3	1.3	0.6	3.9	171.7
江 苏	3 835.2	342.0	182.8	48.1	21.0	90.1	1 159.0
浙 江	1 431.4	92.8	53.9	12.0	7.8	19.1	650.0

续上表

年份地区	有效灌溉耕地面积（万公顷）	化肥施用量（10^4 t）	氮肥	磷肥	钾肥	复合肥	农村用电量（10^8 kW·h）
安　徽	3 403.2	305.0	111.5	37.0	32.9	123.7	82.0
福　建	952.9	119.7	48.4	16.3	24.9	30.1	183.4
江　西	1 839.9	132.7	45.3	22.7	21.4	43.4	63.1
山　东	4 836.8	500.3	193.1	57.7	49.3	200.3	408.2
河　南	4 955.8	569.7	239.0	109.8	55.7	165.2	223.4
湖　北	2 095.4	299.9	142.8	63.5	24.0	69.6	87.8
湖　南	2 696.6	219.6	107.7	25.9	37.2	48.8	76.4
广　东	1 312.0	219.6	94.5	21.0	43.1	61.0	937.3
广　西	1 522.3	220.8	67.3	27.5	51.8	74.2	40.3
海　南	169.9	41.7	11.6	2.7	6.2	21.1	4.7
重　庆	633.7	84.3	48.0	18.4	4.3	13.4	48.4
四　川	2 499.8	238.2	127.9	48.0	14.8	46.6	123.3
贵　州	779.7	82.1	45.9	10.7	6.7	18.7	30.2
云　南	1 517.1	158.3	86.6	24.8	13.6	33.2	48.5
西　藏	156.4	4.6	1.9	1.1	0.5	1.2	0.6
陕　西	1 287.4	158.8	81.1	14.8	11.4	51.5	102.0
甘　肃	1 063.0	80.1	38.2	15.7	4.8	21.4	36.9
青　海	176.6	7.6	3.2	1.5	0.3	2.6	3.5
宁　夏	426.2	34.6	16.6	4.0	1.5	12.6	10.6
新　疆	3 465.4	131.5	63.5	33.9	6.5	27.5	45.8

表 9-2-12　分地区主要农产品产量(2007 年)　　单位：10^4 t

年　份	粮　食	棉　花	油　料	麻　类	甘　蔗	甜　菜	水　果
1978	30 476.5	216.7	521.8	135.1	2 111.6	270.2	657.0
1980	32 055.5	270.7	769.1	143.6	2 280.7	630.5	679.3
1985	37 910.8	414.7	1 578.4	444.8	5 154.9	891.9	1 163.9
1990	44 624.0	450.8	1 613.2	109.7	5 762.0	1 452.5	1 874.4
1995	46 661.8	476.8	2 250.3	89.7	6 542.0	1 398.4	4 214.6
2000	46 217.5	441.7	2 954.8	52.9	6 828.0	807.3	6 225.1
2001	45 263.7	532.4	2 864.9	68.1	7 566.3	1 088.9	6 658.0
2002	45 705.8	491.6	2 897.2	96.4	9 010.7	1 282.0	6 952.0
2003	43 069.5	486.0	2 811.0	85.3	9 023.5	618.2	14 517.4
2004	46 946.9	632.4	3 065.9	107.4	8 984.9	585.7	15 340.9

续上表

年 份	粮 食	棉 花	油 料	麻 类	甘 蔗	甜 菜	水 果
2005	48 402.2	571.4	3 077.1	110.5	8 663.8	788.1	16 120.1
2006	49 804.2	753.3	2 640.3	89.1	9 709.2	750.8	17 102.0
2007	50 160.3	762.4	2 568.7	72.8	11 295.1	893.1	18 136.3
北 京	102.1	0.2	2.2				124.9
天 津	147.2	9.3	0.5				61.9
河 北	2 841.6	72.5	138.1	0.4		53.1	1 491.5
山 西	1 007.1	11.5	13.5			21.1	342.2
内蒙古	1 810.7	0.4	79.4	1.4		118.2	208.1
辽 宁	1 835.0	0.2	26.4			5.0	532.7
吉 林	2 453.8	0.1	28.7	0.1		5.0	232.8
黑龙江	3 462.9		21.3	18.0		207.2	373.3
上 海	109.2	0.3	3.6		1.0		112.4
江 苏	3 132.2	34.8	145.1	0.4	6.6		642.7
浙 江	728.6	2.6	33.0	0.1	57.4		701.5
安 徽	2 901.4	37.4	199.2	4.5	23.9		749.5
福 建	635.1	0.1	23.3		56.4		594.2
江 西	1 904.0	12.8	82.7	1.2	48.1		381.2
山 东	4 148.8	100.1	328.6	0.1			2 541.2
河 南	5 245.2	75.0	484.0	4.8	16.6		2 088.6
湖 北	2 185.4	55.7	254.8	5.3	14.9		654.7
湖 南	2 692.2	24.4	110.1	14.4	70.0		630.6
广 东	1 284.7		77.7	0.1	1 180.7		1 057.2
广 西	1 396.6	0.2	33.8	1.2	7 737.5		861.5
海 南	177.5		6.8	0.1	405.8		306.8
重 庆	1 088.0		30.7	1.5	11.3		175.9
四 川	3 027.0	1.7	204.3	6.9	102.0	0.2	592.0
贵 州	1 100.9	0.1	69.7	0.1	67.0		112.9
云 南	1 460.7		22.1	2.4	1491.1	0.1	252.0
西 藏	93.9		5.2				1.1
陕 西	1 067.9	9.0	39.1	0.1	5.0	0.4	1 125.0
甘 肃	824.0	12.9	42.4	0.9		27.8	358.4
青 海	106.2		28.0			0.7	3.3
宁 夏	323.5		7.7			0.3	153.8
新 疆	867.0	301.3	26.9	8.9		453.9	672.5

注:2003 年起水果产量包括瓜果类产量。

表 9-2-13 全国能源生产总量及构成

年份	能源生产总量（10^4 t 标煤）	占能源生产总量的比重(%)			
		原煤	原油	天然气	水电
1978	62 770	70.3	23.7	2.9	3.1
1979	64 562	70.2	23.5	3	3.3
1980	63 735	69.4	23.8	3	3.8
1981	63 227	70.2	22.9	2.7	4.2
1982	66 778	71.3	21.8	2.4	4.5
1983	71 270	71.6	21.3	2.3	4.8
1984	77 855	72.4	21	2.1	4.5
1985	85 546	72.8	20.9	2	4.3
1986	88 124	72.4	21.2	2.1	4.3
1987	91 266	72.6	21	2	4.4
1988	95 801	73.1	20.4	2	4.5
1989	101 639	74.1	19.3	2	4.6
1990	103 922	74.2	19.0	2.0	4.8
1991	104 844	74.1	19.2	2.0	4.7
1992	107 256	74.3	18.9	2.0	4.8
1993	111 059	74.0	18.7	2.0	5.3
1994	118 729	74.6	17.6	1.9	5.9
1995	129 034	75.3	16.6	1.9	6.2
1996	132 616	75.2	17.0	2.0	5.8
1997	132 410	74.1	17.3	2.1	6.5
1998	124 250	71.9	18.5	2.5	7.1
1999	109 126	68.3	21.0	3.1	7.6
2000	109 000	67.2	21.4	3.4	8.0
2001	120 900	68.6	19.4	3.3	8.7
2002	138 369	71.2	17.3	3.1	8.4
2003	159 912	74.5	15.1	2.9	7.5
2004	184 600	75.6	13.5	3.0	7.9
2005	205 876	76.5	12.6	3.2	7.7
2006	221 056	76.7	11.9	3.5	7.9
2007	235 445	76.6	11.3	3.9	8.2

注:水电折算标准煤的系数根据当年平均发电煤耗计算。

表 9-2-14 全国能源消费总量及构成

年份	能源消费总量(10⁴ t 标煤)	占能源消费总量的比重(%)			
		煤炭	石油	天然气	水电
1978	57144	70.7	22.7	3.2	3.4
1979	58 588	71.3	21.8	3.3	3.6
1980	60 275	72.2	20.7	3.1	4
1981	59 447	72.7	20	2.8	4.5
1982	62 067	73.7	18.9	2.5	4.9
1983	66 040	74.2	18.1	2.4	5.3
1984	70 904	75.3	17.4	2.4	4.9
1985	76 682	75.8	17.1	2.2	4.9
1986	80 850	75.8	17.2	2.3	4.7
1987	86 632	76.2	17	2.1	4.7
1988	92 997	76.2	17	2.1	4.7
1989	96 934	76	17.1	2	4.9
1990	98 703	76.2	16.6	2.1	5.1
1991	103 783	76.1	17.1	2	4.8
1992	109 170	75.7	17.5	1.9	4.9
1993	115 993	74.7	18.2	1.9	5.2
1994	122 737	75	17.4	1.9	5.7
1995	131 176	74.6	17.5	1.8	6.1
1996	138 948	74.7	18	1.8	5.5
1997	137 798	71.5	20.4	1.7	6.2
1998	132 214	69.6	21.5	2.2	6.7
1999	130 119	68	23.2	2.2	6.6
2000	130 297	66.1	24.6	2.5	6.8
2001	134 914	65.3	24.3	2.7	7.7
2002	148 222	65.6	24.0	2.6	7.8
2003	170 943	67.6	22.7	2.7	7.0
2004	197 000	67.7	22.7	2.6	7.0
2005	224 682	69.1	21.0	2.8	7.1
2006	246 270	69.4	20.4	3.0	7.2
2007	265 583	69.5	19.7	3.5	7.3

表 9-2-15　能源生产弹性系数

年份	能源生产比上年增长%	电力生产比上年增长%	国内生产总值比上年增长%	能源生产弹性系数	电力生产弹性系数
1984	9.2	7.3	15.2	0.61	0.48
1985	9.9	8.9	13.5	0.73	0.66
1986	3	9.5	8.8	0.34	1.08
1987	3.6	10.6	11.6	0.31	0.91
1988	5	9.6	11.3	0.44	0.85
1989	6.1	7.3	4.1	1.49	1.78
1990	2.2	6.2	3.8	0.58	1.63
1991	0.9	9.1	9.2	0.1	1
1992	2.3	11.3	14.2	0.16	0.8
1993	3.6	15.3	13.5	0.31	1.13
1994	6.9	10.7	12.6	0.55	0.85
1995	8.7	8.6	10.5	0.83	0.82
1996	2.8	7.2	9.6	0.29	0.75
1997	−0.2	5	8.8	/	0.57
1998	−6.2	2.9	7.8	/	0.37
1999	−12.2	6.3	7.1	/	0.89
2000	−2.0	9.4	8.0	/	1.18
2001	13.0	8.6	7.5	1.73	1.15
2002	14.4	11.5	8.3	1.73	1.34
2003	15.8	16.5	9.3	1.7	1.77
2004	15.4	14.5	9.5	1.62	1.53
2005	9.9	13.5	10.4	0.95	1.30
2006	7.4	14.6	11.6	0.64	1.26
2007	6.5	14.5	11.9	0.55	1.22

注:国内生产总值增长速度按可比价格计算。

表 9-2-16 能源消费弹性系数

年份	能源消费比上年增长%	电力消费比上年增长%	国内生产总值比上年增长%	能源消费弹性系数	电力消费弹性系数
1984	7.4	7.4	15.2	0.49	0.49
1985	8.1	9	13.5	0.6	0.67
1986	5.4	9.5	8.8	0.61	1.08
1987	7.2	10.6	11.6	0.62	0.91
1988	7.3	9.7	11.3	0.65	0.86
1989	4.2	7.3	4.1	1.02	1.78
1990	1.8	6.2	3.8	0.47	1.63
1991	5.1	9.2	9.2	0.55	1
1992	5.2	11.5	14.2	0.37	0.81
1993	6.3	11	13.5	0.21	0.7
1994	5.8	9.9	12.6	0.46	0.79
1995	6.9	8.2	10.5	0.66	0.78
1996	5.9	7.4	9.6	0.62	0.77
1997	—0.8	4.8	8.8	/	0.55
1998	—4.1	2.8	7.8	/	0.36
1999	—1.6	6.1	7.1	/	0.86
2000	0.1	9.4	8.0	0.02	1.19
2001	3.5	8.6	7.5	0.47	1.15
2002	9.9	11.6	8.3	1.19	1.40
2003	15.3	16.5	9.5	1.61	1.74
2004	15.2	14.5	9.5	1.60	1.53
2005	10.6	13.5	10.4	1.02	1.30
2006	9.6	14.6	11.6	0.83	1.26
2007	7.8	14.4	11.9	0.66	1.21

注:国内生产总值增长速度按可比价格计算,2004 年为估算数。

二、国际经济（表 9-2-17～表 9-2-22）

表 9-2-17　世界各国国土面积和人口（2007 年）

国家和地区	国土面积（10^4 km^2）	人口（万人）	国内生产总值（亿美元）
世　界	**13 394.6**	**653 808**	
亚　洲	**3 187.0**	**382 339**	
中　国	960.0	131 180	32 508
日　本	37.8	12 776	43 838
印　度	328.7	110 981	10 989
印度尼西亚	190.5	22 304	4 329
菲律宾	30.0	8 626	1 441
泰　国	51.3	6 344	2 457
马来西亚	33.0	2 611	1 865
新加坡	0.1	448	1 613
巴基斯坦	79.6	15 900	1 438
缅　甸	67.7	4 838	135
孟加拉国	14.4	15 599	724
土耳其	77.5	7 298	6 634
蒙　古	156.7	258	39
朝　鲜	12.1	2 371	
韩　国	9.9	4 842	9 571
越　南	33.2	8 411	700
非　洲	**3 030.9**	**85 056**	
埃　及	100.1	7 417	1 279
尼日利亚	92.4	14 472	1 668
欧　洲	**2 297.6**	**72 634**	
德　国	35.7	8 237	33 221
英　国	24.3	6 055	27 726
法　国	55.2	6 126	25 603
意大利	30.1	5 884	21 047
捷　克	7.9	1 027	1 753
波　兰	31.3	3 813	4 203

续上表

国家和地区	国土面积($10^4 km^2$)	人口(万人)	国内生产总值(亿美元)
罗马尼亚	23.8	2 159	1 660
保加利亚	11.1	769	396
俄罗斯联邦	1 707.5	14 250	12 896
北美洲	**2 272.5**	**50 667**	
美国	962.9	29 940	138 438
加拿大	997.1	3 265	14 321
墨西哥	195.8	10 422	8 934
南美洲	**1783.4**	**36 228**	
巴西	854.7	18 932	13 136
阿根廷	278.0	3 913	2 600
大洋洲	**856.4**	**3 223**	
澳大利亚	774.1	2 070	9 088
新西兰	27.1	418	1 281

注:1. 国土面积是指有定居人口的各大洲面积,未包括尚无定居人口的南极洲。如包括南极洲,全世界陆地面积为 14 950 万 km^2。

2. 人口栏中国为 2007 年底总人口,其他为 2007 年年中数。

3. 国内生产总值为 2007 年数据。

表 9-2-18 主要农业产品产量(2003 年) 单位:10^4 t

资料来源:联合国粮农组织数据库

国家或地区	谷物	大豆	棉花	蔬菜(含瓜类)	水果	肉类	奶	蛋
世界总计	207 530	18 923.4	5 609.7	84 220.4	48 025.0	25 353	60 089	5 583
中国	37 746.3	1 650.0	486.0	41 090.0	7 220.3	7 104	1 832	2 233
日本	1 082.3	23.2		1 209.8	378.2	299	836	250
朝鲜	436.3	36.0	3.6	393.8	140.2	22.0	9	14
韩国	646.0	11.5		1 115.8	274.9	177	236	54
越南	3 745.2	22.5	3.5	827.5	509.6	249	16	23
泰国	3 173.2	26.8	4.6	323.9	752.1	221	62	50
马来西亚	221.7				115.5			
菲律宾	1 850.9	0.1	0.2	503.6	1 180.4			

续上表

国家或地区	谷物	大豆	棉花	蔬菜（含瓜类）	水果	肉类	奶	蛋
印尼	6 298.9	67.2	3.1	607.0	901.3			
缅甸	2 566.4	13.0			157.0			
印度	23 204.8	680.0	630	8 189.1	4 591.1			
孟加拉	3 968.3		4.5	182.7	146.7	44	216	13
巴基斯坦	2 775.3	1.0	507	484.9	545.9			
伊朗	2 111.0	11.5	33.0	1 179.7	1 271.2	160	594	59
伊拉克								
土耳其	3 079.8	6.5		2 567.2	1 120.0	135	816	54
沙特				184.2		64	104	13
埃及	1 923.1	1.7	80.0	1 411.5	339.0	145	409	20
尼日利亚	2 445.7	48.4			913.4	104	43	46
埃塞俄比亚								
喀麦隆								
南非	1 174.0	14.8	5.0	218.2	497.5	169	275	37
俄罗斯	6 546.4	39.3		1 531.3	445.5	494	3 310	204
乌克兰	1 962.2	11.0		573.5	164.2	165	1 366	64
波兰	2 339.1			489.5	329.0			
德国	3 954.3	0.1		348.2	445.5	660	2 838	84
法国	5 492.5	14.7		864.1	973.0	652	2 542	92
英国	2 151.1				24.7	329	1 506	70
意大利	1 811.3	42.4		1 515.0	1 572.8	422	1 204	67
西班牙	2 141.1				1 707.1	544	692	68
葡萄牙								
美国	34 864.4	6 579.5	1 004.1	3 704.3	2 912.5	3 875	7 725	512
加拿大	5 016.8	226.8		238.6	66.2			
墨西哥	3 056.6	7.6	18.6	960.4	1 471.6	491	999	188
巴西	6 638.8	5 153.2	219.8	797.6	3 406.4	1 868.0	2 345	155
阿根廷	3 415.1	3 481.9			708.4			
委内瑞拉	280.5				277.8			
秘鲁			13.6					

续上表

国家或地区	谷物	大豆	棉花	蔬菜（含瓜类）	水果	肉类	奶	蛋
哥伦比亚			10.0		675.7			
澳大利亚	3 804.5	4.0	69.3	186.4	545.9	385.0	1 064	14
新西兰	89.9				98.2	143	1 435	5

表 9-2-19　主要工业产品产量(2003 年)

国家或地区	发电量（10×10^9 kW・h）	粗钢（10^4 t）	水泥（10^4 t）	化肥（10^4 t）	新闻纸（10^4 t）	汽车（万辆）
世界总计	16 663	79 244	179 720	14 705	3 770	5 072
中国	1 911	18 237	72 500	3 791	140	325
日本	1 085	10 747	7 201	104	360	1 019
朝鲜				4		
韩国	355		5 682	75	165	294
越南				28		
泰国	61		3 224			
马来西亚			1 433	58		
菲律宾	48		1 138	39		
印尼	115		3 120	308	48	
缅甸	5		47	2		
印度	597	1 865	10 814	1 446	60	75
孟加拉			174	16	4	
巴基斯坦	68		994	228		
伊朗	149			92		
伊拉克						
土耳其	128	1 609	3 258			
沙特	151					
埃及	92		2 681	174		
尼日利亚				9		
埃塞俄比亚						
喀麦隆						
南非	232	910	871	58	33	

续上表

国家或地区	发电量（10×10^9 kW·h）	粗钢（10^4 t）	水泥（10^4 t）	化肥（10^4 t）	新闻纸（10^4 t）	汽车（万辆）
俄罗斯	912	6 491	3 967	1 291	170	115
乌克兰	180					
波兰	152	838	1 093	162	21	31
德国	597	4 338	2 800	448	208	1 374
法国	567	2 040	2 000	113	98	363
英国	395	1 082	1 132	113	104	182
意大利	293	2 593	4 205	45	18	142
西班牙	262	1 634	4 234	160	32	286
葡萄牙						
美国	4 039	10 096	11 425	1 846	525	1 145
加拿大	560	1 601	1 306	1 189	846	235
墨西哥	190	1 445	3 335	48	14	172
巴西	365	2 951	4 219	261	25	181
阿根廷		284	394	52	18	18
委内瑞拉		416				
秘鲁						
哥伦比亚						
澳大利亚	227	750	772	101	41	32
新西兰	36				35	

表 9-2-20　能源生产及消费（2003 年）

国家或地区	煤炭			石油			天然气		
	产量（10^6 t）	储采比	消费（10^6 t 标油）	产量（10^6 t）	储采比	消费（10^6 t 标油）	产量（10×10^9 m^3）	储采比	消费（10^6 t 标油）
世界总计	5 118.8	192	2 578.4	3 697.0	41.0	3 636.6	2 618.5	67.1	2 356.6
中国	1 667.0	69	799.7	169.3	19.1	275.2	34.1	53.4	30.7
日本	3.2		112.2	0.61		248.7			
朝鲜									
韩国	3.34		51.1			105.7			

续上表

国家或地区	煤炭			石油			天然气		
	产量 (10^6 t)	储采比	消费 (10^6 t 标油)	产量 (10^6 t)	储采比	消费 (10^6 t 标油)	产量 (10×10^9 m^3)	储采比	消费 (10^6 t 标油)
越南									
泰国	18.7	68				38.7	196		
马来西亚	0.54			38.8	12.5		53.4	45.0	48.1
菲律宾	1.64								
印尼	114.6	47	18.9	57.5	10.3	53.9	72.6	35.2	65.3
缅甸									
印度	367.3		185.3	36.7	19.3	113.3	30.1	28.4	27.1
孟加拉									
巴基斯坦									19.0
伊朗				190.1		54.0	79.0	338	71.1
伊拉克				65.9					
土耳其	49.3	75	15.5	2.44					
沙特				474.8	73.3		61.0	109	54.9
埃及				36.8	13.2	25.9			22.5
尼日利亚				107.2	43.1				17.3
埃塞俄比亚									
喀麦隆									
南非	238.8	207	88.9			24.2			
俄罗斯	274.8	571.0	111.3	421.4	22.2	124.7	578.6	81.2	520.8
乌克兰	80.3	426	39.0			13.1	163		
波兰	162.8	136	58.8						
德国	205.0	322	87.1			125.1	17.7	11.7	15.9
法国	2.2	16	12.4				17		
英国	28.2	53	39.1	105.6	5.4	76.8	102.7	6.1	92.5
意大利			15.3			92.1	142		12.4
西班牙			20.6			75.5			
葡萄牙			3.9						
美国	970.0	258	573.9	341.1	11.3	914.3	549.5	9.5	494.5
加拿大	62.2	106	38.8	141.9	15.5	96.4	180.5	9.2	162.5

续上表

国家或地区	煤炭			石油			天然气		
	产量（10^6 t）	储采比	消费（10^6 t 标油）	产量（10^6 t）	储采比	消费（10^6 t 标油）	产量（10×10^9 m^3）	储采比	消费（10^6 t 标油）
墨西哥				188.8	11.6	82.6	36.4	11.4	32.7
巴西			11.0	76.8	18.7	84.1	10.1	24.3	9.1
阿根廷				39.0	11.0	17.5	41.0	16.2	36.9
委内瑞拉				153.4	71.5	23.9	29.4		26.4
秘鲁									
哥伦比亚									
澳大利亚	347.2	236	50.2	26.6	19.3	38.1	33.2	76.9	29.8
新西兰							63		

表 9-2-21　中国农业主要产品产量居世界位次

项目	1949 年	1978 年	1980 年	1985 年	1990 年	1995 年	2 000 年	2004 年	2005 年	2006 年	2007 年
谷物		2	1	2	1	1	1	1	1	1	1
肉类①	3	3	3	2	1	1	1	1	1	1	1
棉花	4	3	2	1	1	1	1	1	1	1	1
大豆	2	3	3	3	3	3	4	4	4	4	4
花生	2	2	2	2	2	1	1	1	2	1	1
油菜籽	2	2	2	1	1	1	1	1	1	1	1
甘蔗		9	9	4	4	3	3	3	3	3	3
茶叶	3	2	2	2	2	2	2	2	1	1	1
水果			10	8	4	1	1	1	1	1	1

注：①1993 年以前为猪、牛、羊肉产量的位次。

表 9-2-22　中国工业主要产品产量居世界位次

产品名称	1949	1978	1980	1985	1990	1995	1999②	2000	2001	2003	2005	2006	2007
钢	26	5	5	4	4	2	1	1	1	1	1	1	1
煤	9	3	3	2	1	1	1	1	1	1	1	1	1
原油	27①	8	6	6	5	5	5	5	5	5	5	6	6
发电量	25	7	6	5	4	2	2	2	2	2	2	2	2
水泥		4	4	1	1	1	1	1	1	1	1	1	1
化肥		3	3	3	3	2	1	1	1	1	1		

续上表

产品名称	1949	1978	1980	1985	1990	1995	1999②	2000	2001	2003	2005	2006	2007
化学纤维		7	5	4	2	2	2	2					
棉布		1	1	1	1	1	2	2	2	1	1	1	1
糖		8	10	6	6	4	3	4	3	3			
电视机		8	5	3	1	1	1	1	1	1			

注:①1950 年数字。②估计数。

第三节 经济名词知识

自然资源:指人类可以直接从自然界获得,并用于生产和生活的物质资源。自然资源一般可以分成可再生资源和非再生资源两大类。可再生资源指在较短时间内可以再生、可以循环利用的资源,包括土地资源、水资源、气候资源、生物资源和海洋资源等。非再生资源指在使用后不能再生的资源,包括矿产资源和地热能源。

国土资源:国土资源指在国家的领土主权范围内,包括土地、水、矿物、气候、生物等地表、地下、空中和海洋中各种自然资源的总和。据统计,截止 2007 年底我国国土面积 960×10^4 km^2,耕地面积 1.3×10^8 ha,森林面积约 1.75×10^8 ha,森林覆盖率 18.22%,林木蓄积量 124.56×10^8 m^3;草地面积约 4×10^8 ha;淡水面积约 $1\,747\times10^4$ ha;大陆海岸线长 1.8×10^4 km。每年平均降水总量 $24\,422\times10^8$ m^3;水资源总量 $25\,255\times10^8$ m^3。水力资源蕴藏量 6.8×10^8 kW,其中可发电的为 3.78×10^8 kW。已发现的矿藏有 171 种。煤炭保有储量 $3\,261.26\times10^8$ t,铁矿石保有储量 223.64×10^8 t,磷矿石 36.73×10^8 t,盐 $1\,880.05\times10^8$ t,钨矿、锌矿、稀土矿等探明储量居世界第一位。我国国土辽阔,从南到北跨热带、亚热带、暖温带、温带、寒温带等几个不同的气候带。其中亚热带、暖温带、温带面积约占 70.5%,优越的气温、热量条件有利于各种作物的生长。

对自然资源的开发利用,同社会、政治、经济、技术条件有密切关系,如人口、劳动力、文化传统、物质技术基础和生产关系等等,这些条件与自然资源的开发利用有着不可分割的联系。我国人口众多,按人口平均的自然资源数量有限。加强统一规划,合理利用和保护自然资源,有着特别重大的意义。

国土开发和整治:国土开发和整治指对国土资源进行开发、利用、治理和保护。为了保证经济与人口、资源、环境之间的协调发展,取得更好的经济效益和生态效益,满足人民日益增长的物质生活和文化生活的需要,必须从国家的整体利益和长远利益出发,充分合理地利用各种资源,并对环境进行有效的治理和保护。

国土规划:国土规划以全国的国土或国家的地域作为一个整体,按照自然特点和经济条件,制定一定时期内进行开发利用国土资源、治理和保护环境的总体规划方案,并在此基础上对地区生产力、城镇和人口提出合理配置的研究意见和建议,使社会和经济发展尽可能地符合自然规律和经济规律,为人们创造一个良好的生产和生活环境,使经济的发展与人口、资源、环境相协调。

国土规划一般有全国的规划和某一地区的规划。地区的规划包括跨省、市、自治区的,以一个省、自治区为范围的和一个省、自治区内一定地区的规划。任何地区性的规划都具有战略性和综合性的特点,都必然要涉及各部门、各行业的专业规划,涉及生产力(如工业、交通等)的布局问题。

区域规划:区域规划指根据国民经济发展的长期规划或远景设想,在综合分析、评价各种自然、技术、经济因素和条件的基础上,对一定地区范围内以工业为主的经济建设所进行的总体布置。主要内容包括:资源的综合开发和利用,区域的发展方向,工业企业的合理组合与布点,区域性交通、动力、水利、农村、环境保护等各项工程设施和建设基地的综合安排,居民点体系的规划等。区域规划包括经济区规划和省(自治区、直辖市)规划两种。

土地资源:土地指陆地的表层部分,它主要由岩石、岩石的风化物和土壤构成。土地资源按利用类型可以分为农用地、建筑用地和未利用地。农用地包括耕地、园地、林地、牧草地和水面。建筑用地包括居民点及工矿用地、交通用地和水利用地。未利用地指农用地和建筑用地以外的土地,包括滩涂、荒漠、戈壁、冰川和石山等。

森林资源:指森林、林木、林地以及依托森林、林木、林地生存的野生动物、植物和微生物。林木指树木和竹子。森林指以乔木为主体的植物群落,是集生的乔木及与共同作用的植物、动物、微生物和土壤、气候等的总体。

水资源:水在自然界以固体、液体和气体三种聚集状态存在,分布于海洋、陆地(包括土壤)以及大气之中,通过水循环形成水资源。水资源包括经人类控制并直接可供灌溉、发电、航运、养殖等用途的地表水和地下水,以及江河、湖泊、井、泉、潮汐、港湾和养殖水域等。

矿产资源:矿产指由地质作用形成,富集于地壳中或出于地表达到工农业利用要求的有用矿物。矿产是一种重要的自然资源,是社会发展的重要物质基础。

耕地面积:经过开垦用以种植农作物并经常进行耕耘的土地面积。包括种有作物的土地面积、休闲地、新开荒地和抛荒未满三年的土地面积。

活林木总蓄积量:指一定范围内土地上全部树木蓄积的总量,包括森林蓄积、疏林蓄积、散生木蓄积和四旁树蓄积。

森林覆盖率:指一个国家或地区森林面积占土地面积的百分比。森林覆盖率是反映森林资源的丰富程度和生态平衡状况的重要指标。在计算森林覆盖率时,森林面积包括郁闭度 0.2 以上的乔木林地面积,国家特别规定的灌木林地面

积、农田林网以及四旁(村旁、路旁、水旁、宅旁)林木的覆盖面积。计算公式为:

森林覆盖率(%)=森林面积/土地面积×100%

可比价格:指计算各种总量指标所采用的扣除了价格变动因素的价格,可进行不同时期总量指标的对比。按可比价格计算总量指标有两种方法:一种是直接用产品产量乘某一年的不变价格计算;另一种是用价格指数进行缩减。

不变价格:指同类产品某年的平均价格作为固定价格,用于计算各年的产品价值。按不变价格计算的产品价值消除了价格变化因素,不同时期对比可以反映生产的发展速度。

平均增长速度:平均增长速度计算一般有两种方法:一种是习惯上经常使用的"水平法",又称几何平均法,是以间隔期最后一年的水平同基期水平对比来计算平均每年增长(或下降)速度;另一种是"累计法",又称代数平均法或方程法,是以间隔期内各年水平的总和同基期水平对比来计算平均每年增长(或下降)速度。在一般正常情况下,两种方法计算的平均每年增长速度比较接近;但在经济发展不平衡、出现大起大落时,两种方法计算结果差别较大。

生产配置:又称生产力布局,指在一定时期内,社会物质资料生产能力在一国或一个地区范围内的空间和组合,是各种客观因素(如自然、社会、经济、技术等条件)与人的主观因素相结合的产物,它随着生产的发展而不断变化。生产力布局的核心是工业生产力的布局。

生产力布局在欧美各国称为区位论、区位经济学或空间经济学;在日本称为国土规划和产业立地论;在苏联称为生产力配置。

工业布局:又称工业分布或工业配置,指工业生产在一国或一个地区范围内的空间分布和组合。工业布局是生产力布局的基本组成部分,是生产力布局的核心问题。它受生产方式和自然、经济、技术和政治、军事等多种因素的影响和制约。

三次产业:是根据社会生产活动历史发展的顺序对产业结构的划分,产品直接取自自然界的部门称为第一产业,对初级产品进行再加工的部门称国第二产业,为生产和消费提供各种服务的部门称为第三产业。它是世界上较为通用的产业结构分类,但各国的划分不尽一致。

我国的三次产业划分是:

第一产业:农业(包括种植业、林业、牧业和渔业)。

第二产业:工业(包括采掘业、制造业、电力、煤气及水的生产和供应业)和建筑业。

第三产业:除第一、第二产业以外的其他各业。由于第三产业包括的行业多、范围广,根据我国的实际情况,第三产业可分为两大部分;一是流通部门,二是服务部门。具体又可分为四个层次:

第一层次:流通部门,包括交通运输、仓储及邮电通信业,批发和零售贸易、餐饮业。

第二层次:为生产和生活服务的部门,包括金融、保险业,地质勘察业、水利管理业,房地产业,社会服务业,农、林、牧、渔服务业,交通运输辅助业,综合技术服务业等。

第三层次:为提高科学文化水平和居民素质服务的部门,包括教育、文化艺术及广播电影电视业,卫生、体育和社会福利业,科学研究业等。

第四层次:为社会公共需要服务的部门,包括国家机关、政党机关和社会团体以及军队、警察等。

经济和社会发展战略:简称发展战略或经济战略,是指一个较长历史时期内经济和社会发展全局的总目标和总任务。一个完整的经济和社会发展战略,包括战略目标、战略重点和战略步骤。战略目标既包括发展生产方面的目标,也包括改善人民生活方面的目标。我国的经济和社会发展战略是党和国家确定的,是制定计划的主要依据。

国民经济和社会发展计划:是党和政府领导全国人民进行现代化建设的重要工具。其基本任务是:根据党和国家的路线、方针、政策,科学地规定经济、科学技术和社会发展方向、目标、重点、布局、比例、速度、规模、效益,并规定实行这些任务的措施,以逐步实现社会主义现代化,不断增加社会财富,增强国防力量,提高各民族物质文化生活水平。

国民经济统计:以研究物质新产品为主要对象,收集、整理反映一定时期内社会新产品的生产、分配、交换和消费情况的数量方面的指标,经分析使之能够提供比较完整可行的反映社会再生产全过程的资料,作为编制及检查国民经济和社会发展计划,制定政策,加强经济和社会管理的依据。

我国现行经济统计的主要范围包括:社会总产品、国民收入、土地面积、自然资源、农业、工业、建筑业、固定资产投资、交通运输和邮电、物质供应、商业、外贸、物价、企业财务、财政金融、综合财政、国际收支、国民经济综合平衡等。统计的时序一般分为月、季、年,统计的手段一般包括基本报表、典型调查、统计抽样等。

我国目前已制定统计法,以确保统计的严肃性。对统计资料的要求是及时性、科学性、准确性。

国内生产总值(GDP):指按市场价格计算的一个国家(或地区)所有常住单位在一定时期内生产活动的最终成果。国内生产总值有三种表现形态,即价值形态、收入形态和产品形态。从价值形态看,它是所有常住单位在一定时期内生产的全部货物和服务价值超过同期中间投入的全部非固定资产货物和服务价值的差额,即所有常住单位的增加值之和;从收入形态看,它是所有常住单位在一定时期内创造并分配给常住单位和非常住单位的初次收入分配之和；从产品形态看，它是所有常住单位在一定时期内最终使用的货物和服务价值与货物和服务净出口价值之和。在实际核算中，国内生产总值有三种计算方法，即生产法、收入法和支出法。三种方法分别从不同的方面反映国内生产总值及其构成。

资产合计：指企业拥有或控制的能以货币计量的经济资源。包括各种财产、债权和其他权利。资产按其流动性划分为流动资产、长期投资、固定资产、无形及递延资产和其他资产。

固定资产原价：指企业在建造、购置、安装、改建、扩建、技术改造某项固定资产时所支出的全部货币总额。它一般包括买价、包装费、运杂费和安装费等。

固定资产净值：是指固定资产原价减去历年已提折旧额后的净额。

消费与积累：消费是指用于居民个人的生活消费和社会公共消费的那部分国民收入，其物质形态为一定时期内用于个人消费和社会消费的消费品总量和非生产性固定资产（包括住宅）的磨损。

居民消费也包括个人日常生活中消费的食品、衣着、鞋袜、家庭耐用消费品、日用杂品、文教卫生用品、水、电、燃料以及住房磨损等物质消费，还包括直接为居民服务的文化生活服务性企业（如影剧院、理发馆、浴池、公共汽车公司等）的物质消费。

社会消费包括现行国家行政机关、国防单位、文教卫生、科学研究事业单位、经济建设部门的事业单位、人民团体等非生产性机构使用的燃料、电力、办公用品、图书等一般设备购置等物质消耗和这些单位的房屋磨损。

积累是指用于扩大再生产和非生产性建设以及增加社会非生产性储备和生产性储备的那部分国民收入。其物质形态为一定时期内物质生产部门和非物质生产部门新增加的固定资产（扣除固定资产磨损）和流动资产。积累按用途可分为生产性积累和非生产性积累；按性能可分为固定资产积累和流动资产积累。

生产性积累包括物质生产部门新增加的生产用固定资产（扣除固定资产磨损）以及各生产企业的原材料、燃料、半成品和属于生产资料的成品库存、商业库存、物质储备库存等流动资产的增加额。

非生产性积累包括新增加的各种非生产用固定资产和居民住宅（扣除磨损）以及生产消费品工业企业的产成品库存和商业部门消费品库存的增加额。

全社会固定资产投资：固定资产投资是社会固定资产再生产的主要手段。通过建造和购置固定资产的活动，国民经济不断采用先进技术装备，建立新兴部门，进一步调整经济结构和生产力的地区分布，增强经济实力，为改善人民物质文化生活创造物质条件。这对我国的社会主义现代化建设具有重要意义。

固定资产投资额是以货币表现的建造和购置固定资产活动的工作量，它是反映固定资产投资规模、速度、比例关系和使用方向的综合性指标。全社会固定资产投资按经济类型可分为国有、集体、个体、联营、股份制、外商、港澳台商、其他等。按照管理渠道,全社会固定资产投资总额分为基本建设、更新改造、房地产开发投资和其他固定资产投资四个部分。

基本建设投资:基本建设指企业、事业、行政单位以扩大生产能力或工程效益为主要目的新建、扩建工程及有关工作。其综合范围为总投资 50 万元以上(含 50 万元,下同)的基本建设项目。具体包括:

(1)列入中央和各级地方本年基本建设计划的建设项目,以及虽未列入本年基本建设计划,但使用以前的年度基建计划内结转投资(包括利用基建库存设备材料)在本年继续施工的建设项目。

(2)本年基本建设计划内投资与更新改造计划内投资结合安排的新建项目和新增生产能力(或工程效益)达到大中型项目标准的扩建项目。

(3)国有单位既未列入基建计划,也未列入更新改造计划的总投资在 50 万元以上的新建、扩建、恢复项目和为改变生产力布局而进行的全厂性迁建项目,以及行政、事业单位增建业务用房和行政单位增建生活福利设施的项目。

更新改造投资:更新改造指企业、事业单位对原有设施进行固定资产更新和技术改造,以及相应配套的工程和有关工作(不包括大修理和维护工程)。其综合范围为总投资 50 万元以上的更新改造项目。具体包括:

(1)列入中央和各级地方本年更新改造计划的投资单位虽未列入本年更新改造计划,但使用上年更新改造计划内结转的投资在本年继续施工的项目。

(2)本年更新改造计划内投资与基本建设计划内投资结合安排的对企、事业单位原有设施进行技术改造或更新的项目和增建主要生产车间、分厂等其新增生产能力(或工程效益)未达到大中型项目标准的项目,以及由于城市环境保护和安全生产的需要而进行的迁建工程。

(3)国有企、事业单位既未列入基建计划也未列入更新改造计划,总投资在 50 万元以上的属于改建或更新改造性质的项目,以及由于城市环境保护和安全生产的需要而进行的迁建工程。

资本形成总额:指常住单位在一定时期内获得的减去处置的固定资产加存货的变动,包括固定资本形成总额和存货增加。

固定资本形成总额:指常住单位购置、转入和自产自用的固定资产,扣除固定资产的销售和转出后的价值,分有形固定资产形成总额和无形固定资产形成总额。有形固定资产形成总额包括一定时期内完成的建筑工程、安装工程和设备工器具购置(减处置)价值,以及土地改良、新增役、种、奶、毛、娱乐用牲畜和新增经济林木价值。无形固定资产形成总额包括矿藏的勘探、计算机软件、娱乐和文学艺术品原件等获得减处置。

人口自然增长率：是指在一定时期内(通常为1年)人口自然增加数(出生人数减死亡人数)与平均人数(或期中人数)之比，一般用千分率表示。计算公式为：

$$人口自然增长率=\frac{本年度出生人口数-本年死亡人口数}{年平均人数}\times 1\,000‰$$

$$人口自然增长率=人口出生率-人口死亡率$$

人口机械增长率：是指人口在空间位置上的迁移变动差额与平均人数之比，一般用于千分率表示。计算公式为：

$$人口机械增长率=\frac{人口迁移差额}{平均人口数}\times 1\,000‰$$

平均人口数通常用上一期末人口数加本时期末人口数，除2求得。

人口平均增长率：亦称为人口平均增长速度。指在两年以上的时期内，平均每年人口增长的程度或增长速度(包括人口机械变动因素)。最常用的计算方法是几何平均法，计算公式为：

$$\begin{aligned}人口平均增长率&=\left(\sqrt{\frac{报告年度人口数}{基年人口数}}-1\right)\times 100\%\\&=人口平均发展速度-1\end{aligned}$$

社会消费品零售总额：指国民经济各行业直接售给城乡居民和社会集团的消费品总额。它反映各行业通过多种商品流通渠道向居民和社会集团供应的生活消费品总量，是研究国内零售市场变动情况、反映经济景气程度的重要指标。

财政收入：指国家财政参与社会产品分配所取得的收入，是实现国家职能的财力保证。财政收入所包括的内容几经变化，目前主要包括：各项税收、专项收入、其他收入、国有企业亏损补贴。

财政支出：国家财政将筹集起来的资金进行分配使用，以满足经济建设和各项事业的需要，主要包括：

基本建设支出、企业挖潜改造资金、地质勘探费用、科技三项费用、支援农村生产支出、农林水利气象等部门的事业费用、工业交通商业等部门的事业单位费、文教科学卫生事业费、抚恤和社会福利救济费、国防支出、行政管理费、价格补贴支出。

能源生产总量：指一个国家或地区一定时期内一次能源生产量的总和，是观察能源生产水平、规模、构成和发展速度的总量指标。一次能源生产量包括原煤、原油、天然气、水电、核能及其他动力能(如风能、地热能)发电量，不包括低热值燃料生产量、生物质能、太阳能等的利用和由一次能源加工转换而成的二次能源产量。

能源消费总量：指一个国家或地区一定时期内物质生产部门、非物质生产部门和生活消费的各种能源的总和，是观察能源消费水平、构成和增长速度的总量指标。能源消费总量包括原煤和原油及其制品、天然气、电力，不包括低热值燃料、生物质能和太阳能等的利用。能源消费总量分为终端能源消费量、能源加工转换损失量和损失量三部分。

能源生产弹性系数：是研究能源生产增长速度与国民经济增长速度之间关系的指标。计算公式为：

能源生产弹性系数＝能源生产总量年平均增长速度/国民经济年平均增长速度

国民经济年平均增长速度，可根据不同的目的或需要，用国民生产总值、国内生产总值等指标来计算。

电力生产弹性系数：是研究电力生产增长速度与国民经济增长速度之间关系的指标。一般来说，电力的发展应当快于国民经济的发展，也就是说电力应超前发展。计算公式为：

电力生产弹性系数＝电力生产量年平均增长速度/国民经济年平均增长速度

能源消费弹性系数：是反映能源消费增长速度与国民经济增长速度之间的比例关系的指标。计算公式为：

能源消费弹性系数＝能源消费量年平均增长速度/国民经济年平均增长速度

电力消费弹性系数：反映电力消费增长速度与国民经济增长速度之间比例关系的指标。计算公式为：电力消费弹性系数＝电力消费量年平均增长速度/国民经济年平均增长速度

能源加工转换效率：指一定时期内能源经过加工、转换后，产出的各种能源产品的数量与同期内投入加工转换的各种能源数量的比率。它是观察能源加工转换装置和生产工艺先进与落后、管理水平高低等的重要指标。计算公式为：

能源加工转换效率＝能源加工、转换产出量/能源加工、转换投入量×100％

工业总产值：是以货币表现的工业企业在一定时期内生产的已出售或可供出售工业产品总量，它反映一定时间内工业生产的总规模和总水平。它包括在本企业内不再进行加工，经检验、包装入库（规定不需包装的产品除外）的成品价值，对外加工费收入，自制半成品、在产品期末初差额价值。工业总产值采用“工厂法”计算，即以工业企业作为一个整体，按企业工业生产活动的最终成果来计算，企业内部不允许重复计算，不能把企业内部各车间（分厂）生产的成果相加。但在企业之间、行业之间、地区之间存在着重复计算。

轻重工业总产值的划分也是按“工厂法”计算的，即一个工业企业在正常情况下生产的主要产品的性质属于轻工业，产的主要产品的性质属于重工业，则该企业的全部总产值作为重工业总产值。

工业增加值：是指工业行业在报告期内以货币表现的工业生产活动的最终

成果。

农林牧渔业总产值:指以货币表现的农、林、牧、渔业全部产品的总量,它反映一定时期内农业生产总规模和总成果。农业总产值的计算方法通常是按农林牧渔业产品及其副产品的产量分别乘以各自单位产品价格求得;少数生产周期长,当年没有产品或产品产量不易统计的,则采用间接方法匡算其产值;然后将四业产品产值相加即为农业总产值。

粮食产量:指全社会的产量,包括国有经济经营的、集体统一经营的和农民家庭经营的粮食产量,还包括工矿企业办的农场和其他生产单位的产量。粮食除包括稻谷、小麦、玉米、高粱、谷子及其他杂粮外,还包括薯类和豆类。其产量计算方法:豆类按去豆荚后的干豆计算;薯类(包括甘薯和马铃薯,不包括芋头和木薯)1963 年以前按每 4 kg 鲜薯折 1 kg 粮食计算,从 1964 年开始改为按 5 kg 鲜薯折 1 kg 粮食计算。城市郊区作为蔬菜的薯类(如马铃薯等)按鲜品计算,并且不作粮食统计。其他粮食一律按脱粒后的原粮计算。

油料产量:指全部油料作物的生产量。包括花生、油菜籽、芝麻、向日葵籽、胡麻籽(亚麻籽)和其他油料。不包括大豆、木本油料和野生油料。花生以带壳干花生计算。

水产品产量:指人工养殖的水产品和天然生长的水产品的捕捞量。包括海水的鱼类、虾蟹类和贝类,不包括淡水生植物。

猪、牛、羊肉产量:指当年出栏并已屠宰、出去头蹄下水后带骨肉(即胴体重)的重量。

农用化肥施用量:指本年内实际用于农业生产的化肥数量,包括氮肥、磷肥、钾肥和复合肥。化肥施用量要求按折纯量计算数量。折纯量是指把氮肥、磷肥、钾肥分别按含氮、含五氧化二磷、含氧化钾的百分之一百成分进行折算后的数量。复合肥按其所含主要成分折算。

农业机械总动力:指主要用于农、林、牧、渔业的各种动力机械的动力总和。包括耕作机械、排灌机械、收获机械、农业运输机械、植物保护机械、牧业机械、林业机械、渔业机械和其他农业机械[内燃机按引擎马力折成瓦(特)计算、电动机按功率折成瓦(特)计算]。不包括专门用于乡、镇、村、组办工业、基本建设、非农业运输、科教试验和教学等非农业生产方面用的动力机械与作业机械。

复种指数:复种指数指全年各种农作物的总播种面积与耕地面积之比。它是反映耕地利用程度的指标,用百分数表示。复种指数表示耕地在一年内被用来种植农作物的平均次数,也是反映种植制度的主要指标。如复种指数 200%,即为一年两熟制;如为 150%,即为两年三熟制。

农业商品率:农业商品率即农产品商品率,为各种作为商品的农产品产量的比重。它是反映农业商品性发展程度的指标。农产品商品率可以用实物和货币表现。商品农产品是农业生产单位或农民个人通过国营或集体商业以及在集市贸易市场上直接出售的农副产品两部分。

城市居民家庭全部收入:指被调查城市居民家庭全部的实际收入,包括经常或固定得到的收入和一次性收入。不包括周转性收入,如提取银行存款、向亲友借款、收回借出的款以及其他各种暂收款。

城市居民家庭可支配收入:指被调查城市居民家庭在支付个人所得税、记账补贴、家庭副业生产支出后所余下的实际收入。

农村居民家庭纯收入:指农村常住居民家庭总收入中,扣除从事生产和非生产经营费用支出、交纳税款和上缴承包集体任务金额以后剩余的,可直接用于进行生产性、非生产性建设投资、生活消费和积蓄的那一部分收入。农村居民家庭纯收入包括从事生产性和非生产性的经营收入取自在外人口寄回带回和国家财政救济、各种补贴等非经营性收入。但不包括向银行、信用社和向亲友借款等属于借贷性的收入。

进出口总额:海关进出口总额指实际进出我国国境的货物总金额。包括对外贸易实际进出口货物,来料加工装配进出口货物,国家间、联合国及国际组织无偿援助物资和赠送品,华侨、港澳台同胞和外籍华人捐赠品,租赁期满归承租人所有的租赁货物,进料加工进出口货物,边境地方贸易及边境地区小额贸易进出口货物(边民互市贸易除外),中外合资企业、中外合作经营企业、外商独资经营企业进出口货物和公用物品,到、离岸价格在规定限额以上的进出口货样和广告品(无商业价值、无使用价值和免费提供出口的除外),从保税仓库提取在中国境内销售的货物,以及其他进出口货物。进出口总额用以观察一个国家在对外贸易方面的总规模。我国规定出口货物按离岸价格统计,进口货物按到岸价格统计。

利用外资:指我国各级政府、部门、企业和其他经济组织通过对外借款、吸收外商直接投资以及用其他方式筹措的境外现汇、设备、技术等。

对外借款:是我国利用外资的重要部分。指通过对外正式签订借款协议,从境外筹措的资金,包括外国政府贷款、国际金融组织贷款、外国银行商业贷款、出口信贷以及对外发行债券等。1996 年及以前还包括对外发行股票。

外商直接投资:指外国企业和经济组织或个人(包括华侨、港澳台同胞以及我国在境外注册的企业)按我国有关政策、法规、用现汇、实物、技术等在我国境内开办外商独资企业、与我国境内的企业或经济组织共同举办中外合资经营企业、合作经营企业或合作开发资源的投资(包括外商投资收益的再投资),以及经政府有关部门批准的项目投资总额内企业从境外借入的资金。

对外承包工程:指各对外承包公司以招标议标承包方式承揽的下列业务:

(1)承包国外工程建设项目。

(2)承包我国对外经援项目。

(3)承包我国驻外机构的工程建设项目。

(4)承包我国境内利用外资进行建设的工程项目。

(5)与外国承包公司合营或联合承包工程项目时我国公司分包部分。

(6)对外承包兼营的房屋开发业务。

对外承包工程的营业额是以货币表现的本期内完成的对外承包的工作量，包括以前年度签订的合同和本年度在报告期内完成的工作量。

对外劳务合作:指以收取工资的形势向业主或承包商提供技术和劳动服务的活动。我国对外承包公司在境外开办的合营企业，中国公司同时又提供劳务的，其劳务部分也纳入劳务合作统计。劳务合作营业额按报告期内向雇主提交的结算数(包括工资、加班费和奖金等)统计。

旅游者人数:按旅行者出行地域划分，有入境国际旅游者人数、出境居民人数、国内旅游人数。

(1)入境国际旅游者人数，指来中国参观、访问、旅行、探亲、访友、休养、考察、参加会议和从事经济、科技、文化、教育、宗教等活动的外国人、华侨、港澳同胞和台湾同胞的人数。不包括外国在我国的常驻机构，如使领馆、通讯社、企业办事处的工作人员；来我国常住的外国专家、留学生以及在岸逗留的不过夜人员。

(2)出境居民人数，指大陆居民因公务活动或私人事务短期出境的人数。公务活动出境居民人数包括在国际交通工具上的中国服务员工，因私出境居民人数不包括在国际交通工具上的中国服务员工。

(3)国内旅游人数，指我国大陆居民和在我国常住 1 年以上的外国人、华侨、港澳台同胞离开常住地在境内其他地方的旅游设施内至少停留一夜，最长不超过 6 个月的人数。

国际旅游(外汇)收入:指入境旅游的外国人、华侨、港澳同胞和台湾同胞在中国大陆旅游过程中发生的一切旅游支出，对于国家来说就是国际旅游(外汇)收入。

矿产种类:地球上已发现的矿产达 160 多种，我国已发现的矿产有 134 种。矿石种类通常有以下几种。

(1)钢铁原料矿产:包括铁、锰、铬等。

(2)有色金属矿产:包括铜、铅、锌、铝、镁、钴、钨、锡、钼、铋、汞、锑、金、银、铂等。

(3)稀有金属矿产:钽、铌、铍、锂、锶等。

(4)分散元素矿产:锗、镓、铟等。

(5)放射性元素矿产:铀、钍等。

(6)燃料矿产:煤、油页岩、石油、天然气。

(7)非金属矿产:

①冶金辅助原料:石灰石、白云石、硅石、萤石、耐火黏土、菱镁矿等;

②特种非金属:金刚石、水晶、云母等;

③化工原料:磷、硫、钾盐、镁盐、盐、芒硝、碘、溴,蛇纹石、重晶石、明矾石等;

④建筑材料:石棉、石墨、石膏、水泥原料、玻璃原料、陶瓷原料等。

矿产储量及其级别:矿产储量是指埋藏在一定地球体内,呈自然状态的矿产储量。以矿石量、矿物量、化合物量、元素量或金属量等方式表示,以公斤、吨、立方米等为计量单位。根据地质工作对矿区的研究程度,勘探工作对矿体的控制程度,对矿石物质组分、选冶性能的研究程度,对矿床开采条件的了解程度及开发利用情况,可以把矿石储量划分为探明储量和预测储量。探明储量(也称累计探明储量)减去采出量和开采中的地下损失量称为保有储量。探明储量根据技术经济利用条件划分为当前能利用的储量(表内)和暂难利用储量(表外)。探明储量又可进一步划分为 A、B、C、D 级,有时也采用工业储量、远景储量、地质储量等名称。

工业储量是指能为矿山开采、建设设计作为依据的储量。它是经过详细勘探工作后,求得的 A 级、B 级、C 级和部分 D 级储量的总称。

远景储量是指能作为矿山建设远景规划和进一步布置地质勘探工作的储量,大致相当于 D 级储量。

地质储量(也称预测储量或推断储量)是指根据区域地质调查、矿床分布规律,或根据区域构造单元,结合已知矿产的成矿地质条件和物探、化探资料等所预测的储量。一般可作为进一步安排、规划地质普查工作的依据。各种储量关系也可由图表示,见图 9-3-1。

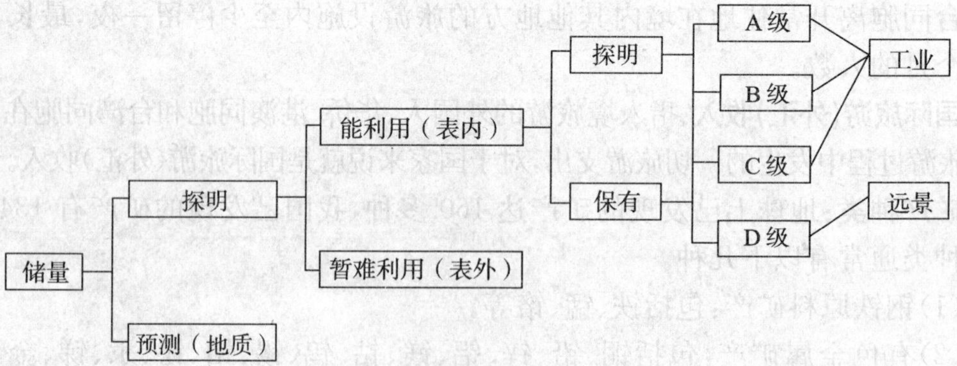

图 9-3-1

另外,有些矿产根据地质勘探的程度划分为普查储量、详查储量和精查储量。

矿床规模划分:(表 9-3-1)

表 9-3-1 矿床规模划分

矿体	计量单位		大型	中型	小型
铁矿	矿石	10^8 t	>1	0.1～1	<0.1
富铁矿	矿石	10^8 t	>0.2	0.02～0.2	<0.02
锰矿	矿石	10^4 t	>1 000	100～1 000	<100
铬矿	矿石	10^4 t	>100	10～100	<10
钒	V_2O_5	10^4 t	>10	5～10	<5
钛	TiO_2	10^4 t	>10	5～10	<5
铜	Cu	10^4 t	>50	5～50	<5
铅	Pb	10^4 t	>50	5～50	<5
锌	Zn	10^4 t	>50	5～50	<5
铝	矿石	10^4 t	>1 000	100～1 000	<100
镍	Ni	10^4 t	>5	1～5	<1
钴	Co	10^4 t	>2	0.1～2	<0.1
钨	WO_3	10^4 t	>4	0.5～4	<0.5
锡	Sn	10^4 t	>4	0.5～4	<0.5
钼	Mo	10^4 t	>5	0.5～5	<0.5
铋	Bi	10^4 t	>4	0.5～4	<0.5
汞	Hg	10^4 t	>0.1	0.02～0.1	<0.02
锑	Sb	10^4 t	>10	1～10	<1
铂	Pt	t	>5	0.5～5	<0.5
金	An	t	>10	1～10	<1
银	Ag	t	>100	10～100	<10
钽	Ta_2O_5	t	>500	100～500	<100
铌	Nb_2O_5	t	>5 000	500～5 000	<500
铍	BeO	t	>5 000	500～5 000	<500
锂	Li_2O	10^4 t	>5	1～5	<1
锆	ZnO_5	10^4 t	>5	1～5	<1
铯铷	氧化物	10^4 t	>0.2	0.05～0.2	<0.05
铈	独居石	10^4 t	>1	0.1～1	<0.1
钇	磷钇矿	10^4 t	>0.5	0.05～0.5	<0.05
锶	天青石	10^4 t	>10	5～10	<5
镉	Cd	10^4 t	>0.1	0.02～0.1	<0.02
煤(煤田)	矿石	10^8 t	>10	1～10	<1
油页岩	矿石	10^8 t	>10	1～10	<1

续上表

矿体	计量单位		大型	中型	小型
石油	原油	10^4 t	＞10 000	1 000～10 000	＜1 000
天然气	气量	$10^8 m^3$	＞100	10～100	＜10
菱镁矿	矿石	10^4 t	＞5 000	1 000～5 000	＜1 000
耐火粘土	矿石	10^4 t	＞1 500	100～1 500	＜100
白云石	矿石	10^4 t	＞5 000	1 000～5 000	＜1 000
硅石	矿石	10^4 t	＞1 000	100～1 000	＜100
铸型田砂	矿石	10^4 t	＞1 000	100～1 000	＜100
金刚石	矿物	万克拉	＞100	50～100	＜50
熔炼石英	矿物	kg	＞100 000	10 000～100 000	＜10 000
冰洲石	矿物	kg	＞1 000	100～1 000	＜100
硼矿	B_2O_3	10^4 t	＞80	10～80	＜10
兰石棉	矿物	t	＞1 000	100～1 000	＜100
云母	工业原料	10^4 t	＞0.55	0.2～0.55	＜0.2
磷	矿石	10^4 t	＞5 000	500～5 000	＜500
硫	矿石	10^4 t	＞1 000	100～1 000	＜100
钾盐	KCl	10^4 t	＞100	10～100	＜10
明矾	矿物	10^4 t	＞5 000	1 000～5 000	＜1 000
蛇纹岩	矿石	10^4 t	＞5 000	500～5 000	＜500
砷	矿物	10^4 t	＞1	0.1～1	＜0.1
重晶石	矿石	10^4 t	＞50	10～50	＜10
芒硝	矿石	10^4 t	＞1 000	100～1 000	＜100
石棉	矿物	10^4 t	＞100	10～100	＜10
石墨	矿物	10^4 t	＞1 000	100～1 000	＜100
石膏	矿石	10^4 t	＞1 000	100～1 000	＜100
滑石	矿石	10^4 t	＞50	10～50	＜10
水泥用石灰岩	矿石	10^4 t	＞5 000	1 000～5 000	＜1 000
熔剂用石灰岩	矿石	10^4 t	＞5 000	1 000～5 000	＜1 000
电石用石灰岩	矿石	10^4 t	＞1 000	500～1 000	＜500
玻璃用砂	矿石	10^4 t	＞1 000	100～1 000	＜100
水泥用砂粘土	矿石	10^4 t	＞1 000	100～1 000	＜100
膨润土	矿石	10^4 t	＞30	10～30	＜10
萤石	矿石	10^4 t	＞50	5～50	＜5
高岭土	矿石	10^4 t	＞1 000	100～1 000	＜10

矿石品位:品位是矿石中有用组分的单位含量(以百分比、每吨克、每立方米、每升克等表示),是衡量矿石质量的主要标志。

边界品位是划分矿与非矿界限的最低品位。

工业品位是工业上可利用的矿段或矿体的平均品位。只有矿段或矿体的平均品位达到规定的工业品位时,才能计算工业上可利用的储量。

矿石品级:根据矿石中有益、有害成分的含量或某些矿产矿石的物理性能及不同用途的要求,把矿石划分为不同品级,以便于合理开采利用。如铁矿石,可分为炼钢用的,炼铁用的、需选矿石等;石棉,一般根据纤维有效长度分级;云母,根据最大有效面积分级;有些矿石则按有用成分含量的高低分级。

矿石工业指标:

(1)黑色金属矿石工业指标(表 9-3-2)

表 9-3-2

矿种			工业指标(含量%)		
			边界品位	工业品位	可采厚度(m)
铁矿	平炉富矿	磁铁矿 赤铁矿	>50	>55	露天富矿 >1.0
	高炉富矿	磁铁矿 赤铁矿 褐铁矿 菱铁矿(自熔性矿石)	45 45 40 30	55 48 45 35	露天富矿 1.0~2.0 地下贫矿 >0.5
	贫矿石	磁铁矿 赤铁矿 褐铁矿 菱铁矿	20 25 20 18	30 30~35 30 25	地下贫矿 >1.0
锰矿	氧化锰	富矿 贫矿	≥20~25 ≥10~15	≥30 ≥20	0.5~0.7 堆积锰矿
	碳酸锰	富矿 贫矿	≥15~18 ≥8	≥20~25 ≥10~15	露天开采 0.3~0.5 含矿率≥20%
	铁锰矿 含锰灰岩			≥10~15 ≥4~10	
铬铁矿	原生矿	富矿 贫矿	≥25 ≥5~8	≥32 ≥8~10	0.5~1
	砂矿		≥1.5	≥3	
钛矿	原生矿 TiO_2%	金红石 钛磁铁矿	≥2 ≥5~6	≥3~4 ≥8~10	
	砂矿 矿物(kg/m^3)	金红石 钛铁矿	≥1.0 ≥10	≥2 ≥15	
钒矿	钒的独立矿床 V_2O_5 钒为伴生状态的矿床			≥0.5~0.7 ≥0.1~0.5	

(2)铁矿石入炉品位一般指标(表 9-3-3)

表 9-3-3

矿石类型	矿石入炉品位 Fe(%)	有害杂允许含量(%)		
		S	P	其他
磁铁矿 赤铁矿 褐铁矿	≥50 ≥48 ≥45	0.3	0.2	Pb≤0.1 Zn≤0.2 As≤0.07 Cu≤0.2 Su≤0.08
菱铁矿 自熔性矿	≥40 ≥40	0.2	0.15	

(3)有色金属矿产工业指标(表 9-3-4)

表 9-3-4

矿种	矿石类型	工业指标			备注
		边界品位(%)	工业品位(%)	可采厚度(m)	
铜	硫化矿	0.2～0.3	0.4～0.5	0.8～2	铜大于1%为富矿，小于可采厚度由米百分值计算
	氧化矿	0.5	0.7	1.0	
铅	硫化矿	0.3～0.5	0.7～1.0	0.8～1.2	铅锌矿一般共生，铅中含锌锌中含铅，若为单铅或单锌时，指标可适当提高
	氧化矿	0.5～0.7	1.0～1.5	0.8～1.2	
锌	硫化矿	0.5～1.0	1.0～2.0	0.8～1.2	
	氧化矿	2.0	3.0～4.0	0.8～1.2	
镍	硫化镍	0.2～0.3	0.3	0.7～1.0	
	硅酸镍	0.5～0.8	0.8～1.2	0.7～1.0	
钨	黑钨矿床	0.08～0.1	0.12～0.2	0.8～1.0	
	矽卡岩白钨矿	0.05～0.15	0.5～0.2	1.0～2.0	
	砂矿	0.02	0.04	0.5	
锡	原生矿	0.1～0.15	0.2～0.3	0.7～1.0	
	砂矿 化验品位	0.015～0.02	0.03～0.04	0.5～1.0	品位单位 g/m³
	砂矿 淘洗品位(矿物)	150～250	300～350	0.5	
铝	三氧化二铝 >40%	铝硅比 >2.1	铝硅比 ≥2.6～3	0.5～0.8	
钴	硫化矿	0.02～0.0.3	0.03～0.06	1.0	
	钴土矿	0.3	0.5	0.3～1.0	

(4)化工原料一般工业要求(表 9-3-5)

表 9-3-5

矿种	矿床类型				工业指标			
					组分	边界品位(%)	工业品位(%)	可采厚度(m)
磷矿	一般指标	磷灰岩及磷矿石			P_2O_5	5~6	10~11	0.7~2.0
		磷块岩矿床			P_2O_5	8~12	12~15	0.7~2.0
	缺磷地区指标	磷灰岩及磷矿石	综合矿床	坑采	P_2O_5	2.0~2.5	4.0~6.0	1.0~2.0
				露采	P_2O_5	2.0~2.5	3.5~4.0	2.0~5.0
			单一矿床		P_2O_5	4.0~5.0	6.0~7.0	1.0~2.0
		磷块岩矿床			P_2O_5	5.0~8.0	9.0~10.0	0.5~1.0
硫矿					S	8	12	0.7~1.5
钾盐	固体矿				KCl	2	6	0.3~0.5
	卤 水				KCl	1	2	
盐矿	盐湖固体矿				NaCl	≥30.0	≥50.0	0.3
	岩 盐				NaCl	≥10.0~15.0	≥20.0~30.0	0.3
	天然卤水				NaCl	≥5.0~10.0		
碱	天然碱				$Na_2CO_3+NaHCO_3$	20	25	0.5~1.0
	钠硝盐				$NaNO_3$	2	5	0.08
	芒 硝				Na_2SO_4	60		0.1~0.2
钾长石	制钾肥料				K_2O		>9.0	
	研磨材料				K_2O		>10.0	SiO_2>60%

注:1. 硫矿品级划分:一级>35%,二级 25~35%,三级 12~25%。
2. 钾盐品级划分:富矿≥12%,贫矿 6~12%。

(5)冶金辅助原料及非金属矿一般工业要求

① 菱镁矿(表 9-3-6)

表 9-3-6

用途及品级		工业要求					备 注
		氧化镁 MgO(%)	氧化钙 CaO(%)	二氧化硅 SiO_2(%)	可采厚度(m)	用途	
耐火材料	Ⅰ	≥46	≤0.8	≤1.5	2	镁砖	CaO, SiO_2 都会降低耐火度 只有在制造含镁水泥时,CaO 和 SiO_2 可略高
	Ⅱ	≥44	≤1.5	≤2.5	2	冶金砂	
	Ⅲ	≥42	≤1.2	≤6	2	冶金砖砂	
	Ⅳ	38	≤6~8	≤3	2	冶金砂	
提炼金属镁用		36~88%				轻烧镁	

② 白云岩(表 9-3-7)

表 9-3-7

耐火材料用	一般要求				备　注
	MgO ≤%	酸性不溶物 ≤%	SiO_2 ≤%	可采厚度 (m)	
特级	19	4	2	2	酸不溶物包括：Al_2O_3，Fe_2O_3，Mn_3O_4，SiO_2。
Ⅰ级	19	7	4	2	
Ⅱ级	17	10	6	2	
Ⅲ级	16	12	7	2	

③石灰石(表 9-3-8)

表 9-3-8

用途及品级			化学成分(%)				
			氧化钙 CaO	氧化镁 MgO	二氧化硅＋三氧化二铝 $SiO_2+Al_2O_3$	五氧化二磷 P_2O_5	三氧化硫 SO_3
冶金用石灰石	石灰石	Ⅰ级	≥52	≤3.5	≤2.0	≤0.02	≤0.25
		Ⅱ级	≥50	≤3.0	≤3.0	≤0.04	≤0.25
		Ⅲ级	≥49	≤3.5	≤3.5	≤0.06	≤0.25
	白方化石灰岩		35～44	6～10	≤5.0		
	制铝氧用石灰岩		≥52	≤1.5	SiO_2＜2		
化工制碱用			$CaCO_3$ 工业品位 88	$MgCO_3$ ≤4.0	$Fe_2O_3+Al_2O_3$ ≤1.0		
制电石用石灰岩			≥54	≤1.0	$Fe_2O_3+Al_2O_3$ ≤1.0	P≤0.06 SiO_2≤1.0	≤0.1
水泥用石灰石			≥47	≤ 3.0～3.5	SiO_2 3.0～4.0	K_2O+Na_2O ≤0.01	≤3.0
玻璃用原料			≥47～54				
陶瓷用原料			$CaCO_3$ 96	$MgCO_3$ ＜0.01			0.1

④硅石(表 9-3-9)

表 9-3-9

用途及品级		化学成分(%)				
		SiO_2	Al_2O_3	Fe_2O_3	CaO	P_2O_5
硅砖用	特级	≥98	≤0.5	≤0.5	≤0.5	
	Ⅰ级	≥97.5	≤1.0	≤1.0	≤0.5	
	Ⅱ级	≥96	≤1.5	≤1.5	≤1.0	
硅铁用	Ⅰ级	≥97.5	≤1.0		≤0.3	≤0.02
	Ⅱ级	≥96	≤1.5		≤1.0	≤0.03
熔剂用		≥90～95	≤2～5	≤1～3	≤3.0	
硅铝用		≥98.5	≤0.5			
结晶硅用		≥98～99	≤0.5	≤0.5	≤0.5	≤0.03
石英玻璃用		≥99.95	极微	极微	极微	极微

⑤萤石(表 9-3-10)

表 9-3-10

矿种	化学成分(%)				备注
	CaF_2		SiO_2 ≤	S ≤	
	边界品位	工业品位			
富矿	55	60	20	1.5	为炼钢用萤石，Pb、Zn、Ba、Bd、SO_4 为有害杂质
贫矿	10～20	20～30			
化工用萤石	>93～98		<0.8～1.5	$CaCO_3$<1～1.5	S、Pb、Zn、Ba、SO_4 等为有害杂质

精矿的品位标准：精矿品位是指精矿产品中，所含金属量占精矿数量的百分比。它是反映精矿质量的指标。

精矿品位应以精矿取样、化验后加权算术平均数字求得，见表 9-3-11。用公式表示如下：

$$精矿品位(\%)=\frac{精矿金属量(t)}{精矿量(t)}\times 100\%$$

表 9-3-11 主要矿种精矿品位标准

矿种	精矿品位(%)	杂质品位(<%)	备 注
铜	8～24	Pb12，Zn9	
铅	45～70	Cu 1.5～3，Zn 5～10	
锌	40～55	Ca 0.8～2，Pb 1～2.5	
镍	3～5		

续上表

矿种	精矿品位(%)	杂质品位(<%)	备注
镍硫精矿	62~65	Cu 3.5~5	
钨(WO_3)	65	Sn0.2~0.4,As 0.1~0.2,P 0.05~0.1×$Mo^{0.05}$ Cu0.13~0.25,Mn1,Ca3~5,SiO5~7	
锡	40~60	A30.1~0.2,Bi0.07~2,Cu0.15~4,Fe5~13	
硫精矿	30~40	As0.1~3.0,F0.1~3.0	
朱砂(汞)	96~98	Se0.1~0.4	
钛	48		
钼	45~47	SiO_2 6~12,As0.07~0.25,Sn0.07~0.25,CaO2~3,Cu0.15~3,P0.05~0.15 Pb0.4~1.5	
磷精矿(P_2O_5)	35~36	Co_2<6~7,MgO<2~3,P_2O_3<8.5	
铝土矿(Al_2O_3)	28~52 Al_2O_3~SiO_2 4~12		国外标准

标准煤:标准煤指每公斤发热量为29 330 kJ(7 000大卡)的煤炭。由于煤炭、石油、天然气、电力等各种能源的发热量不同,为了使它们能够互相比较,并能综合计算国民经济各部门能源消费量及其经济效果,通常都以标准煤为单位,对他们进行计算。我国各种煤炭平均发热量按20 950 kJ/kg计算,折合标准煤0.714 kg;原油按41 900 kJ/kg计算,折合标准煤为1.43 kg;天然气按39 009 kJ/m^3计算,折合标准煤1.33 kg;水电按历年火电标煤消耗定额折合标准煤。能源平均发热量见表9-3-12,煤炭分类见表9-3-13,煤炭的一般性质和用途见表9-3-14。

表9-3-12 能源平均发热量(供参考)

品种	单位	平均低位发热量	折标准煤(kg)	品种	单位	平均低位发热量	折标准煤(kg)
煤炭	kJ/kg	20 950	0.714	天然气	kJ/m^3	39 009	1.33
原油	同上	41 900	1.429	焦炉气	同上	18 017	0.614
汽油	同上	43 157	1.471	城市煤气	同上	16 760	0.571
柴油	同上	46 090	1.571	焦炭	kJ/kg	28 492	0.971
煤油	同上	43 157	1.471	蒸气	同上	3 771 (2 849~4 190)	0.129
重油	同上	41 900	1.429	电	kW·h	2 940	0.42

表 9-3-13 煤炭分类

名称		分类指标：可燃性挥发分（vr）%	分类指标：胶质层最大厚度（y）(mm)	名称		分类指标：可燃性挥发分（vr）%	分类指标：胶质层最大厚度（y）(mm)
无烟煤		0～10		肥煤	2号焦肥煤	≤26	＞25～30
贫煤		＞10～20	0(粉状)	肥煤	气肥煤	＞37	＞25
瘦煤	1号瘦煤	＞14～20	0(成块)～8	气煤	1号肥气煤	＞30～37	＞9～14
瘦煤	2号瘦煤	＞14～20	＞8～12	气煤	2号肥气煤	＞30～37	＞14～25
焦煤	瘦焦煤	＞14～18	＞12～25	气煤	1号气煤	＞37	＞5～9
焦煤	主焦煤	＞18～26	＞12～25	气煤	2号气煤	＞37	＞9～14
焦煤	焦瘦煤	＞20～26	＞8～12	气煤	3号气煤	＞37	＞14～25
焦煤	1号肥焦煤	＞26～30	＞9～14	弱粘结煤	1号弱粘煤	＞20～26	0(成块)～8
焦煤	2号肥焦煤	＞26～30	＞14～25	弱粘结煤	2号弱粘煤	＞26～37	0(成块)～9
肥煤	1号肥煤	＞26～37	＞25～30	弱粘结煤	不粘煤	＞26～37	0(粉状)
肥煤	2号肥煤	＞26～37	＞30	弱粘结煤	长焰煤	＞37	0～5
肥煤	1号焦肥煤	≤26	＞30	弱粘结煤	褐煤	＞40	

表 9-3-14 煤炭的一般性质和用途

名称		性质	用途
无烟煤	石煤	我国南方几省下古生界内含的一种高变质(部分变成隐晶质石墨)、高灰分(一般大于40%)的煤	有些地方或单位将发热量大于1300cal/g的用来发电;大于2 000cal/g的用来造煤气和试烧工业锅炉,大于4 000cal/g的用来炼白口铁和造氮肥,一般可民用、烧石灰或烧砖瓦
无烟煤	无烟煤	变质程度深,含碳量高,化学反应性较低,光泽强,硬度高,比重较烟煤大	用作民用和动力燃料,若化学反应较大,热稳定性较高,可作合成氮肥的原料,或用于炼铁、气化。低灰份、低硫份的高变质无烟煤,可用作电板炭素材料
烟煤	贫煤	变质程度最高的烟煤,加热不产生胶质体,不结焦,燃烧时火焰短	民用、动力燃料和气化用煤
烟煤	瘦煤	加热产生少量的胶质体,一般能单独结焦,焦炭性能较好,但耐磨强度低	均可作为配焦用煤,炼焦用煤要求灰分、硫、磷的含量愈低愈好,一般要求灰分小于10%,硫小于1%,磷小于0.05%。灰分、硫、磷高的炼焦用煤经过洗选后也可利用
烟煤	焦煤	加热形成稳定性很高的胶质体,单独结焦良好,强度稍差	
烟煤	气煤	加热有较多的挥发和焦油析出,胶质体的热稳定性差,能单独结焦,但块小易碎	焦炭除供冶金外,也可用于气化动力和制造氮肥等

续上表

名称		性　质	用　途
烟煤	弱粘结煤	低～中等变质程度，胶质体很少能单独结焦，焦块小而易碎	主要用作火力发电厂和气化用煤
	不粘结煤	低～中等变质程度，不结焦，发热量较一般烟煤低	作为民用和动力燃料及气化用煤
	长焰煤	变质程度最低的烟煤，不具或具弱粘性	作为民用和动力燃料、低温干馏和气化用煤
褐煤		褐色，水分高，发热量低，含原生腐质酸	作为民用及电厂用煤，若焦油率大于8%，可作低温干馏的气化有的用于生产合成氮
泥煤(泥炭、草煤、柴煤)		褐色，水分和腐植酸含量较褐煤高，发热量较褐煤低	作燃料、肥料、化工原料

煤炭的主要质量指标：

(1)水分：煤中含有表面水分(外在水分)、内存水分(内在水分)，合在一起叫"应用煤水分"(WC)。工业上一般采用"应用煤水分"指标。

(2)灰分：煤燃烧后残留的无机矿物质就是灰分。工业上一般采用"绝对干燥煤灰分"指标(AC)，即煤炭绝对干燥时(不包括应用煤水分)煤中灰分的含量。

煤中灰分是不能燃烧的成分，对煤炭质量影响很大。例如，冶金用煤灰分每增加1.0%，则炼铁多耗焦2.0%～2.5%，同时生产率降低2.0%，动力煤灰分过高，也增加额外运输量。因此，一般规定：

炼焦用煤灰分不宜超过10%；

气化用煤灰分不宜超过20%～25%；

动力煤灰分不超过20%～30%；如发热量达到要求时，灰分最高也不应超过40%。

(3)含硫：硫是煤中的有害物质，例如，焦炭中含硫增加1%就要使熔剂增加20%，高炉效率降低20%。

根据绝对干燥煤含硫量的高低，煤分为4类：

低硫煤：＜1.5%；

中硫煤：1.5%～2.5%；

高硫煤：2.5%～4.0%；

富硫煤：＞4.0%。

一般配规定：

炼焦用煤(洗煤)，最高不超过1.0%；

气化用煤不超过2.5%；

动力用煤宜不超过 2.5%(其中火电用煤达 4.0%时也可以)。

(4)含磷:磷也是有害物质,炼焦时也会转入焦炭,然后转入生铁,使钢铁发脆。炼焦用洗煤含磷不得超过 0.05%。

(5)发热量:发热量是煤炭完全燃烧时放出的热量。在实际工作中,我们应收集"应用煤低位发热量"(Q_D^Y)指标(见表 9-3-15),以便计算运输量。

表 9-3-15　应用煤低位发热量指标

指标 \ 煤种	褐　煤	烟　煤	无　烟　煤
发热量(kJ/kg)	9 600～16 800	21 800～29 700	25 600～31 400

(6)挥发分:挥发物是煤在空气隔离的高温条件下所排出氢、一氧化碳、甲烷及其他碳氢化合物。挥发分是挥发物在挥发物和固定炭总和中的比值。挥发分是煤炭热量的主要来源,又是一种可提取的主要物质。

(7)胶质层:胶质层是使焦炭粘结成块的主要物质,反映煤的结焦性能。胶质层是煤在密闭条件下,加热分解形成的胶状液体的数量,用最大胶质层厚度 Y(mm)表示。

煤炭可选性分级:煤炭可选性是指煤的洗选难易程度。目前我国评价煤的可选性的方法,主要采用中煤含量法。现行规范规定,炼焦用煤以比重为 1.4～1.8 的中煤含量为标准,动力用煤以比重为 1.5～1.8(烟煤)、1.8～2.0(无烟煤)的中煤含量为标准,其可选性等级见表 9-3-16。

表 9-3-16　煤炭可选性等级

可选性等级	夹矸煤(中煤)含量(%)	可选性等级	夹矸煤(中煤)含量(%)
易选煤	<10	难选煤	20～30
中等可选煤	10～20	极难选煤	>30